우리의 성경인 바울의 편지들 속에는 바울이라는 한 인간이 서 있다. 따라서 그의 편지를 생생하게 읽고 그가 선포한 복음을 선명하게 이해하는 과정에는, 이 편지를 쓴 바울의 전모를 명료하게 이해하려는 노력이 필요하다. 이 책은 그 작업을 위한 최적의 참고서다. 바울이 살았던 굴곡진 삶의 여정을 더듬고, 그가 지닌 신념의 표면과 심층을 그려 내며, 그의 편지에 대한 간략한 소개와 더불어 그가 선포한 복음의 주요 구조와 주제들을 큰 그림으로 보여 준다. 전통적 입장을 존중하면서도 새로운 연구의 통찰을 적극 수용하는 균형 감각이 돋보이고, 바울 이해에 필요한 핵심 요소들을 모아 오늘을 위한 진리로 재현해 내는 감각도 인상적이다. 적절한 분량 역시 이 책의 큰 장점이다. 이 책의 도움을 받아, 바울의 편지들과 그의 복음에 대해 더 깊은 이해를 얻을 수 있기를 바란다.

권연경 숭실대학교 기독교학 교수

바울. 나는 그가 소개한 복음으로 살아났고 또 살아왔는데, 그랬던 그가 나를 궁지에 몰아넣었다. 더 알려고 하면 할수록 오리무중이었다. 육지에서도 뱃멀미가 날 정도였고 흡사 늪에 빠진 것 같기도 했다. '그의 서신을 설교한 것이 언제가 마지막이었지?' 무지의 두려움 때문만이 아니었다. 진리를 향한 책임감 때문이었다. 그런데 이 책을 읽고 다시 슬그머니 바울을 설교할 엄두가 났다. 바울 복음에 담긴 다채로운 면모의 조화와 통일성을 균형 잡힌 설명과 명징한 필치로 그려 내어 안전하게 공감할 수 있어서다. 가뿐하지만 가볍지 않아서 좋고, 깊지만 무겁지 않아서 좋고, 친절하지만 잔소리가 없어서 좋다. 마이클 버드는 얄미울 정도로 글을 잘 쓴다. 다 읽고 나니 좋은 책만이 아니라, 좋은 사람 하나 만난 것 같다.

박대영 성서유니온 「묵상과설교」 편집장, 광주 소명교회 목사

호주 출신의 젊은 학자 마이클 버드는 이 책에서 바울 신학을 예리한 필력으로 설득력 있게 제시한다. 바울 신학을 교리적 진술로 나열하는 정도의 흔한 책일 것이라 생각하는 사람들에게 버드는 일침을 가한다. 바울 신학의 골격을 이루는 유대적 종말론 사상이 어떻게 예수 그리스도의 십자가 죽음과 부활에 기막히게 연결되는지 성경 신학자가 지닌 매의 눈으로 설명해 준다. 또한 그는 이 책을 통해, 기독교 복음에 담긴 함의를 성경 신학적 '창조와 새 창조'라는 전망 속에서 통전적으로 제시한다. 바울을 공부하는 학자, 목사, 신학도, 바울의 편지를 주의 깊고 참신하게 읽고 싶어 하는 평신도 독자들에게 일독을 권한다.

이강택 국제신학대학원대학교 신약학 교수

마이클 버드는 바울 사도에 관한 뛰어난 학문적 연구를 통해, 통찰력이 돋보이면서도 쉽게 읽히고, 진지하면서도 재치 넘치는 '바울 입문서'를 내놓았다. 이 책은 바울을 잘 안다고 확신하면서도 그에 대한 새로운 관점을 과감히 받아들이고 기존 전제에 도전하고자 하는 이들에게 특히 유용할 것이다. 칭의와 복음에 대한 버드의 논의들은 특히 중요한 요소다. 귀 있는 자는 갈수록 바울 시대를 닮아가는 세상을 향해 그리고 하나님의 백성들에게, 성령이—바울과 버드를 통해—하는 말을 들을지어다.

마이클 고먼 세인트메리 신학대학원대학교 교수, 「삶으로 담아내는 십자가」 저자

신학생 또는 평신도로서 바울에 관한 모든 것을 알고 싶다면, 이 책은 가장 먼저 손에 쥐어야 할 입문서다. 이 책이 주는 특별한 뜻밖의 즐거움은 독자에게 부담을 주지 않으면서도 바울에 관한 현안들을 다루고 있다는 점이다. 더불어, 저자의 재치로 인해 생기가 넘치는 책이다.

스캇 맥나이트 노던 신학교 신약학 교수, 「하나님 나라의 비밀」 저자

간결하고 실제적으로 사도 바울을 다루는 최고의 개론서다. 바울에 관한 책들이 주로 바울 서신에 나타난 신학에만 초점을 맞추거나 사도의 삶과 선교 여행에 관한 약력만을 다루는데, 이 책은 이 모든 접근법들을 훌륭하게 조화시켰다. 마이클 버드는 바울 신학, 바울 서신의 세부 사항, 바울의 생애 이야기를 깊이 파고든다. 겨우 300쪽 가량의 분량에 이 모든 것을 다 담아냈다.

트레빈 왁스 「크리스채너티투데이」 필진, 「일그러진 복음」 저자

손에 잡히는 바울

IVP(InterVarsity Press)는
캠퍼스와 세상 속의 하나님 나라 운동을 지향하는
IVF(InterVarsity Christian Fellowship)의 출판부로
생각하는 그리스도인을 위한 문서 운동을 실천합니다.

A Bird's-Eye View of Paul
Copyright © Michael F. Bird 2008
This translation of *A Bird's-Eye View of Paul* first published in 2008
is published by arrangement with Inter-Varsity Press, Nottingham, United Kingdom
All rights reserved.

This Korean Edition Copyright © 2016 by Korea InterVarsity Press
156-10 Donggyo-Ro, Mapo-Gu, Seoul 04031, Republic of Korea

손에 잡히는 바울

사도 바울의 생애와 편지와 복음

마이클 버드 | 백지윤 옮김

Ivp

차례

들어가는 말   9

약어   13

1. 바울은 무엇입니까?   17
2. 다마스쿠스 가는 길에 생긴 기이한 일   45
3. 숨어 있는 이야기들   59
4. 다른 사람의 편지 읽기   89
5. 왕이 오심을 선포함   113
6. 복음의 정수   139
7. 왕의 귀환   173
8. 한 분 하나님, 한 분 주님: 유일신 신앙과 메시아   189
9. 복음에 합당하게 살기: 바울의 윤리학   205
10. 복음화 개론 수업: 바울의 영성   245
11. 에필로그   259

참고문헌   265
이름 찾아보기   273
성구 찾아보기   276
고대문헌 찾아보기   288

들어가는 말

이 책은 바울에 관한 평신도와 대학생을 위한 개론서이자, 목회자와 사역자를 위한 재교육서로 쓰였다. 나의 목적은 바울 서신을 읽고 그의 복음을 설교하며 그가 생각했던 대로 그리스도인답게 사는 것이 얼마나 신나는 일인지 독자들에게 일깨우는 것이다. 또한 나의 목표는 바울을 심층적으로 다루면서도 독자들이 학문적 논쟁이나 복잡한 세부 조항의 늪에서 헤매지 않게 하는 것이다. 그리고 나는 바울이 말하는 것이 오늘날 교회에 여전히 적실하며 매력적임을 보여 주고 싶었다.

감사드려야 할 분들이 너무 많다. 먼저, 바울에 관한 쉽고 대중적인 책을 써 보라고 권해 준 노스파크 대학의 스캇 맥나이트(Scot McKnight)에게 감사드린다. 스캇 박사는 성경학자가 어떻게 연구를 통해 교회를 섬기고, 그리스도인에게 성경이 살아서 다가오게 해야 하는지 보여 준 훌륭한 모범이다. 또한 이 집필 과정을 처음부터 후원해 준 영국 IVP의 필 듀스에게도 감사드린다. 아내 나오미, 두 딸 알렉시스와 엘리사는 이 책을 쓰는 내내 한 번도 내 마음에서 떠난 적이 없으며, 이 여정의 시작부터 나와 함께했다. 특히 수없이 반복된 바울에 관한 똑같은 설교를 불평하지 않고 들어 준 사랑하는 나오미에게 고마움을 전한다. 하이랜드 신학대학 '로마서와 바울신학' 수업에서 한참 달아올라 있던 나의 지적 열의와 열변을 참고 들어 준 학생들에게도 감사를 전한다. 딩월 침례교회의 친구들은 내가 설교와 성경 공부를 통해 이 책에 담긴 많은 내용을 나눌 기회를 주었다. 아무쪼록 그들의 신앙이 풍성해지는 데 도움이 되었기를 바란다. 이 책을 쓰는 동안 조언과 격려를 아끼지 않았던 하이랜드 신학대학 동료들에게도 감사를 전한다. 그들은 '후마니타스'(humanitas)와 '카리타스'(caritas)의 정신을 구현했으며, 내 집필 과정이 사랑의 수고가 되게 해 주었다. 이 책의 여러 장을 읽고 조언해 준 마이클 고먼, 마이클 팔, 헥터 모리슨, 제이슨 후드, 헤더 로빈스, 조슈아 샤우, 데비 훈, 리차드 마이어스코프에게도 감사드린다.

　마지막으로, 늘 나를 아들처럼 대해 주시는 장인 어른과 장모님 스튜어트와 헬렌 랜욘, 나를 친남매처럼 사랑해 주는 티모시, 커트니, (빼놓을 수 없는) 사라에게도 이 책을 바친다. 이처럼 아름답고 경건한 아내를 나에게 허락해 준 이 가족에게 진심으로 감사드린다! 이 감사의 말로 장모님의 화가 좀 풀리기를 바랄 뿐이다. 자신의 큰딸과 손주들을 데리고 호주를 떠나 스코틀랜드로 이주해 온 것도 모자라, 우리 가족을 방문하러 왔던 처제까지 스코틀랜드로 이민을 하겠다고 나섰으니, 모르긴 몰라도 아마 장모님은 이 괘씸한 사위를 '손 좀 봐 줘야겠다'고 단단히 벼르고 계셨을 것이다. 그러나 어느 날 청부업자가 나를 찾아와 뾰족한 파인애플로 죽도록 패는 일이 생긴다 해도, 나는 이렇게 말할 것이다. "나는 내가 믿어 온 분을 잘 알고 있고, 또 내가 맡은 것을 그분이 그 날까지 지켜 주실 수 있음을 확신합니다"(딤후 1:12).

오직 하나님께 영광을

마이클 버드

약어

1 Macc.	1 Maccabees
2 Macc.	2 Maccabees
4 Macc.	4 Maccabees
1QS	*Rule of the Community*
2 Bar.	*2 Baruch*
1 Clem.	Clement of Rome, *1 Clement*
4Q521	*Messiah of Heaven and Earth*
11QtgJob	*Targum of Job*
ACCS	Ancient Christian Commentary on Scripture
Abr.	*De Abrahamo* (Philo)
ABRL	Anchor Bible Reference Library
Ant.	*Jewish Antiquities* (Josephus)
ANTC	Abingdon New Testament Commentaries
Apoc. Ab.	*Apocalypse of Abraham*
AUC	*Ab urbe condita* (Livy)
AV	Authorized (King James) Version
Bar.	Baruch
BBR	*Bulletin for Biblical Research*

BDAG	W. Bauer, W. F. Arndt, F. W. Danker and W. F. Gingrich, *A Greek-English Lexicon of the New Testament and Other Early Christian Literature*, 3rd ed. (Chicago: University of Chicago Press, 2000)
b. Šab.	*Babylonian Talmud, Šabbat*
BZNW	Beihefte zur Zeitschrift für die Neutestamentliche Wissenschaft
CBQ	*Catholic Biblical Quarterly*
Cels.	*Contra Celsum* (Origen)
Claud.	*Divus Claudius* (Suetonius)
Did.	*Didache*
DNTB	*Dictionary of New Testament Background* (Downers Grove, IL: IVP; Leicester: IVP, 2000)
DPL	*Dictionary of Paul and His Letters* (Downers Grove, IL: IVP; Leicester: IVP, 1993)
Ec.	*Eclogues* (Virgil)
Ep.	*Epistle* (Philostratus)
EQ	Evangelical Quarterly
ESV	English Standard Verision
Eth. nic	*Ethica nicomachea* (Aristotle)
FS	Festschrift
Gen. Rab.	*Genesis Rabbah*
Hist.	*Histories* (Tacitus)
Gos. Truth	*Gospel of Truth*
Hist. eccl.	*Historia ecclesiastica* (Eusebius)
ICC	International Critical Commentary
Interp	Interpretation Commentary Series
JB	Jerusalem Bible
JSNT	*Journal for the Study of the New Testament*
JTS	*Journal of Theological Studies*

Jub.	*Jubilees*
LAB	*Liber antiquitatum biblicarum*
LAE	*Life of Adam and Eve*
LANE	A. Deissmann, *Light from the Ancient Near East*, trans. L. R. M. Strachan (Peabody: Hendrickson, 1995)
Macc.	Maccabees
Mart. Pol.	*Martyrdom of Polycarp*
NAB	New American Bible
NASB	New American Standard Bible
NCB	New Century Bible
NCBC	New Cambridge Bible Commentary
NET	New English Translation
NICNT	New International Commentary on the New Testament
NIGTC	New International Greek Testament Commentary
NIV	New International Version
NIVAC	New International Version Application Commentary
NKJV	New King James Version
NRSV	New Revised Standard Version
NSBT	New Studies in Biblical Theology
PBM	Paternoster Biblical Monographs
Pel.	*Pelopidas* (Plutarch)
P.Oxy	Papyrus Oxyrhynchus
Pr. Azar.	Prayer of Azariah
Pss. Sol.	*Psalms of Solomon*
RSV	Revised Standard Version
SBET	*Scottish Bulletin of Evangelical Theology*
SCS	Septuagint Commentary Series
Sib. Or.	*Sybilline Oracles*
Sifra	*Sifra* (Midrash on Leviticus)
Sir.	Sirach

SJT	*Scottish Journal of Theology*
Symp.	*Symposium* (Plato)
T. Benj.	*Testament of Benjamin*
T. Levi	*Testament of Levi*
T. Mos.	*Testament of Moses*
Tusc.	*Tusculanae disputationes* (Cicero)
TynBul	*Tyndale Bulletin*
War	*Jewish War* (Josephus)
WBC	Word Biblical Commentary

1장 바울은 무엇입니까?

"바울은 무엇입니까?" 고린도 교회에 바울과 아볼로를 둘러싼 계파 분쟁이 있다는 소식을 들은 바울이 그들을 향해 던진 수사적 질문이다(고전 1:10-17; 3:4-5). 그렇다면 정말로 바울은 무엇인가? 바울 자신의 말로 하면, 복음의 메시지를 전하는 '종'이다. 바울 서신의 서두에는 이와 같은 호칭이 자주 등장하는데, 로마서에 나오는 "그리스도 예수의 종인 나 바울"(롬 1:1)이 그 예다.[1] 바울은 자신의 사역과 정체성을 복음 전파의 소명과 대의를 위해 헌신한 예수 그리스도의 종으로 규정한다. 바울을 높이는 일은 그가 그토록 열정을 다해 섬기는 구주를 깎아내리는 일이다. 그는 자신이 개인숭배의 중심이 되는 것을 허용하지 않는다. 바울은 자신의 사역을 심고 물 주는 일에 비유하면서, 궁극적으로 모든 것을 자라게 하시는 분은 하나님이며, 따라서 영광을 받으셔야 할 분도 하나님임을 분명히 한다(고전 3:5-10).

'바울은 무엇인가'라는 질문을 '바울은 **누구인가**'라는 질문으로 살짝 바꾸어 볼 수도 있다. 그런데 이 질문에 답할 때의 문제는 우리가 바울을 지나칠 정도로 친근하게 느낀다는 점이다. 그렇다. 우리 모두는 바울을 안다. 그렇지 않은가? 그는 이방인의 사도요, 부활하신 그리스도의 증인이며, 복음 설교자, 교회의 위대한 신학자, 많은 서신서의 저자다. 한 주간 어느 때든, 그리스도인들은 매일 경건의 시간에 영적 공급을 바라면서 바울의 글을 열심히 읽고, 설교자들은 영감을 얻고자 바울 서신을 탐독하며, 신학자들은 바울 사상의 심오한 세계와

---

[1] 원서에서 인용하는 성경 구절들은 모두 저자의 번역이다[한국어판에서는 별도의 표시가 없는 한 새번역을 사용하였다].

씨름한다. 토론회에서도 여성과 동성애에 관한 바울의 관점은 단골 주제로 등장한다.

바울은 우리의 신학 스승, 목회 멘토, 영적 조언가, 선교 영웅이다. 그는 모든 이를 얻기 위해 기꺼이 모든 것이 되었던 사람이다. 그러나 그를 우리 손 안에 넣었다고 생각하는 순간, 그는 손가락 사이로 빠져나간다. 마침내 그를 완전히 이해했다고 생각하는 순간, 또다시 그는 우리를 헷갈리게 하며 우리 마음과 생각을 더욱 휘저어 놓는다. 씨름에서 그를 정복했다고 생각하는 순간, 그는 여지없이 우리를 짓누르며 우리 얼굴을 땅에 처박아 놓는다. 어쩌면 좋은가! 그를 고정시켜 놓으려는 것은 젤리를 못 박아 벽에 고정시키려는 것과 같으니 말이다. 특징을 잡아 그리는 어떤 캐리커처로도 포착되지 않는 이 위대한 사도 바울은 우리의 정돈된 작은 신학 체계를 언제나 뒤집어 놓는다. 그를 한쪽 구석에 얌전히 앉아 있게 만들려는 어떤 시도도 소용이 없다. 한마디로 그는 알기 힘든 사도다.

그렇다면 우리는 정말로 바울에 대해 잘 아는가? 우리가 안다고 하는 바울이 우리와 비슷해 보이고 또 그렇게 들린다면, 실상은 그를 잘 모른다는 좋은 증거일 것이다. 우리는 언제나 우리 대의를 위해 바울을 동원하고, 우리 적을 그의 적으로, 우리가 믿는 것을 그가 믿는 것으로 만들고 싶은 유혹을 받는다. 그뿐만 아니라, 바울에 대한 우리의 정보는 충분하지 않으며 파편적이다. 바울은 여행 일지나 조직신학 교과서를 쓴 적이 없다. 우리가 가진 것은 (사도행전에 나오는) 누가가 쓴 「리더스 다이제스트」식의 바울 생애에 관한 짤막한 이야기, 바울이 당시 교회들에게 보냈던 13통 남짓의 목회용 엽서가 전부다. 게다가 그가 살던 시대는 우리가 사는 세상과는 아주 달랐으므로, 역사적으로나 문화적으로 우리 시대와는 거리가 멀다. 바울에 대한 위험한 친근감과 그를 우리와 비슷한 누군가로 이해하고 싶은 유혹이 있다 해도, 우리에게 있는 제한적 자료 그리고 그와 우리 사이의 물리적 간극을 생각한다면 바울에 관해 매우 많은 것을 안다고 주장하기 전에 멈추어야 한다.

그러나 전혀 희망이 없는 것은 아니다. 바울을 그저 바울로 보고, 그의 서신들을 신학적 교의 저장고가 아닌 그의 세계를 들여다보는 창으로 대할 만큼 우리가 성숙해질 수 있다면, 바울은 자신의 언어로 자신의 방식을 이용해 충분히 말할 수 있을 것이고 우리는 그를 새롭게 만날 수 있다. 우리는 2천 년 된 고문서들 속에 숨은 육체 없는 정신을 찾고 있는 것이 아니다. 우리가 찾으려는 것은, 들을 귀와 순종할 마음만 있다면 우리에게 들려줄 중요한 뭔가를 지닌 스승이다.

그렇다면 우리가 바울을 연구하는 이유는 무엇인가? 가장 먼저, 바울은 초기 기독교의 많은 부분을 형성했던 거대한 힘이다. 첫 두 세기 동안 예수님의 어떤 제자도 바울만큼 초기 기독교 운동의 형성에 기여하지는 못했다. 신약성경에서 바울이 썼다고 하는 부분은 24퍼센트에 달한다. 그는 공인된 기독교 성인이며, 그를 기념하는 대성당들이 건축되었고, 텔레비전 다큐멘터리에서 다루는 주제이기도 하다. 음악가들은 그가 쓴 글에 맞추어 곡을 썼고, 그가 뜻한 바에 대한 다른 견해들로 인해 교회가 분열되기도 했으며, 정기적으로 그에 관한 두꺼운 서적들이 출판되고, 누구도 알아보지 못하는 그의 얼굴이 스테인드글라스에 담겨 있기도 하다. 더욱이, 기독교 교회사에서 개혁과 갱신의 시대마다 촉매제가 되었던 것은 이 사도와의 새로운 만남이었다. 예수 그리스도의 종 바울에게는 모든 세대의 교회에 하나님의 말씀을 새롭게 들려줄 수 있는 능력이 있었다. 우리는 바울을 이해함으로써 그가 섬겼던 주님을 더 잘 이해하고, 바울을 통해 그리스도의 더 깊은 영광과 하나님의 더 높은 광대하심을 마주하게 된다.

바울은 그의 서신을 통해 가장 잘 알려져 있으며, 그 속에서 그는 살아서 우리에게 다가온다.[2] 바울은 다양한 이유, 즉 전체 회중을 격려하고 꾸짖기 위해, 개인에게 사역에 관해 훈계하기 위해, 자신의 권위와 사역을 변호하기 위해, 직접적으로 알지 못하는 성도들과 친교를 나누기 위해 편지를 썼다. 바울은 직접 방문이 어려울 때, 문제 상황에 대해 자기 입장을 전하고자 할 때 편지를 썼다. 이 편지들은 하나님의 섭리 가운데 **우리를 위해** 쓰였지만, 원래 **우리에게** 쓰인 것은 아니다. 바울의 모든 서신은 특정 상황에 있는 교회나 개인에게 쓰였다는 점에서 특수성을 띤다. 그러나 때로 자신의 편지를 많은 사람이 읽게 하고 다른 교회에도 전달하게 했는데(예를 들어, 살전 5:27; 골 4:16), 바울은 그의 편지들이 다른 교회들을 위해서도 유용성과 가치가 있다고 보았던 것 같다. 아마 바울의 한두 편지, 특히 에베소서는 처음부터 널리 돌려서 읽도록 쓴 회람용 편지였을 것이다. 바울의 후대에도 사람들이 그의 많은 편지를 수집하고 모음집으로 엮어 두었던 것은 그의 편지들이 하나님의 영감으로 쓰였으며 다음 세대의 그리스도인에게도 적실하다고 믿었기 때문이다. 신학적이면서도 선교적이며 동

---

2   N. A. Dahl, *Studies in Paul* (Minneapolis: Augsburg, 1977), p. 6.

시에 목회적인 바울의 편지를 볼 때, 이는 별로 놀랍지 않다. 그의 편지들은 1차 수신자들과 전혀 다른 환경에서 살아가는 그리스도인에게도 여전히 적실하다.

이혼, 하나님이 기뻐하시는 삶을 사는 법, 이단적 교리에 대한 대응, 후원금 모금, 하나 됨 등 바울이 다루는 주제는 그가 살던 시대만큼이나 오늘날의 상황에도 그대로 적용된다. 바울은 하나님의 백성을 위해 그리고 그들을 가르치고 격려하기 위해 글을 썼다. 바울이 힘써 쓴 글이 시대를 거슬러 영향을 미치는 것은 그가 지역 교회뿐 아니라 보편적 교회를 위해, 곧 고린도 교회뿐 아니라 시카고의 교회를 위해, 에베소 교회뿐 아니라 런던의 교회를 위해, 빌립보 교회뿐 아니라 시드니의 교회를 위해, 1세기의 교회뿐 아니라 21세기의 교회를 위해 썼기 때문이다. 그의 글은 모든 연령, 모든 지역의 하나님 백성이 읽어서 그리스도 안에서 온전한 성숙에 이르기 위해 쓰인 것이다.

우리가 바울에게 귀를 기울여야 하는 것이 단지 그가 그리스도의 사도이자 증인이거나, 그의 서신이 정경에 속해 있기 때문은 아니다. 오히려 그가 목자의 마음을 가지고 있었고, 공동체적 삶을 사는 그리스도인을 돕고 격려하기 위해 편지를 썼기 때문이다. 탈기독교적이고 다원적인 포스트모던 사회에서 하나님의 백성은 예수님을 따른다는 것이 무엇을 의미하는지 바울로부터 배울 것이 많다. 간단히 말해, 세상은 점점 더 바울이 살던 고대 사회와 비슷해지고 있는 것이다.

동성 간 결혼이 인정되고, 중동에는 군사적 위협이 그치지 않으며, 텔레비전에서는 다른 예수들이 전해지고, 그리스도인을 향해 종교 다원성을 인정하지 않는 이들이라는 비난이 쏟아지는 한편, 어떤 그리스도인은 자신의 신앙을 포스트모더니즘에 맞추고, 그리스도인들이 그리스도보다 세상과 더 닮아 있으며, 무엇보다 서로 생각이 다른 그리스도인들이 예배에서조차 하나 되는 것이 점점 더 어려워지는 세상에서 예수님을 따른다는 것이 무엇을 의미하는지 알기 원한다면 바울이야말로 당신에게 필요한 저자다. 바울은 이와 비슷한 모든 것을 경험했기 때문이다.

영적인 '젖'에는 질려 이제는 '고기'를 먹고 싶다면, 사려 깊으면서도 목회적인 신앙을 갖기 원한다면, 큰 그림을 보고 싶지만 세밀한 부분도 놓치고 싶지 않다면, 바울이야말로 당신에게 필요한 저자다. 신약성경의 많은 부분을 차지하는 그의 글은 목회적 통찰과 심오한 신학적 성찰을 함께 담고 있다. 바울과의 새로운 만남은 우리의 전제를 뿌리부터 흔들어 놓으며, 우리의 신학 체계를 뒤집어 놓을 것이다. 우리의 영성이 활기를 되찾고, 우리의 믿음은 힘을 얻으며, 하나님과 그리스도를 향한 사랑이 회복되고, 하나님 나라를 향한 사역의 초점이 다시금 뚜렷해질 것이다. 이것이 바로 하나님의 백성을 위해 바울이 하는 일이다.

바울이라는 수수께끼를 풀기 위해, 나는 가능한 많은 영역을 다루려고 한다. 그의 삶, 사역, 신학의 다양한 측면 그리고 그 모든 것이 오늘날 우리에게 갖는 중요성을 살펴볼 것이다. 이 과제에 착수하기 앞서, 신약성경에 나타난 바울의 다섯 가지 이미지를 살펴보는 것은 그의 일과 생각을 탐색하는 데 훌륭한 기초 작업이 될 것이다. 이제 박해자, 선교사, 신학자, 목회자, 순교자로서의 바울을 차례로 살펴보자.

박해자

갈라디아서의 한 대목에서 바울은 회심 전 자신의 삶을 돌아보며 다음과 같이 고백한다. "내가 전에 유대교에 있을 적에 한 행위가 어떠하였는가를, 여러분이 이미 들은 줄 압니다. 나는 하나님의 교회를 몹시 박해하였고, 또 아주 없애버리려고 하였습니다"(갈 1:13). 빌립보서에서는 자신이 "교회를 박해한 사람"이 될 정도로 유대교에 대한 열성이 대단했다고 말한다(빌 3:6). 교회를 박해했던 자신의 전력 때문에, 바울은 스스로를 사도들 가운데 가장 작은 사도라고 고백한다(고전 15:9). 그는 한때 열성과 바리새인이었으며(빌 3:5; 행 23:6; 26:5), 모세의 율법과 이스라엘의 순수성, 하나님이 직접 악한 현 세대를 구원하실 것이라는 묵시적 세계관에 몰두해 있었다. 사도행전에서 바울(당시 이름으로는 사울)은 성난 군중이 공개적으로 스데반을 돌로 쳐 죽일 때 그 일에 가담했으며(행 7:58; 8:1), 메시아를 따르는 이들을 죽여야 한다는 의견에 '찬동'했다(행 26:10).

그 후에도 사울은 "교회를 없애려고 날뛰었다. 그는 집집마다 찾아들어가서, 남자나 여자나 가리지 않고 끌어내서, 감옥에 넘겼다"(행 8:3). 이 일탈적 분파를 뿌리 뽑아야 한다는 생각에 사로잡힌 그는 심지어 대제사장에게 가서 "다마스쿠스에 있는 여러 회당으로 보내는 편지를 써 달라고" 부탁했다. 이는 "그 '도'를 믿는 사람은 남자나 여자나 가리지 않고 닥치는 대로 묶어서, 예루살렘으로 끌고 오려는 것이었다"(행 9:1-2). 헬라어를 배웠고 바리새파 전통으로 훈련받은 다소 출신의 국제파 유대인 사울은 종교적 신앙심이 매우 깊었고, 이스라엘을 배교와 불순함으로부터 지켜야 한다는 사명감으로 불타올랐다. 그는 조상의 전통이 자기 민족을 의로 이끄는 길이라 믿고 그것을 철저히 따랐다. 그때나 지금이나 수많은 종교적인 사람이 그러는 것처럼, 사울도 자신이 하나님의 이름으로 행하고 있으며, 그러한 행동이 다른 사람들을 위한 것이라고 믿었다. 이런 면에서 가장 극악한 폭력은 자신이 악한 일을 저지르고 있다고 생각하는 사람이 아니라, 옳은 일을 하고 있다고 믿는 사람에게서 나온다는 말이 정말 맞다.

제자들을 말살시키는 일에 그토록 강한 열의를 보이며 신자들을 거침없이 박해하고 예수 추종자를 잡기 위해서라면 유대 지방 너머까지 가는 수고도 마다하지 않던 사울이었기에, 그가 회심했다는 소식은 의심을 받는 것이 당연했다(행 9:26-27). 그리고 그의 회심의 진정성이 분명해졌을 때, 그의 말처럼 유대 지방의 교회들은 "[그]를 두고 하나님께 줄곧 영광을 돌[렸다]"(갈 1:24). 더 나아가, 그런 바울을 통해 그리스도께서도 얼마나 큰 영광을 받으셨겠는가!

바울의 회심과 부르심에 관해서는 이후에 더 살펴볼 것이다. 여기서는 그를 박해자에서 선포자로 탈바꿈시킨 내면의 근본적 변화를 이해하지 못하고는 바울을 제대로 이해할 수 없다고 말하는 것으로 충분하다. 그러한 변화, 곧 바울이 물려받은 모든 특권과 개인적 성취를 '스퀴발라'(skybala) — 또는 내가 '인간의 오물'이라고 번역하는 것 — 로 여기게 되었던 것(빌 3:8)은 바로 하나님 은혜의 전격적 계시 때문이었다. 율법보다 뛰어난 의를 얻게 하시고, 죽은 사람들 가운데서 살아나는 부활의 소망을 주시는 그리스도와 비교한다면, 모든 것은 인간의 오물에 지나지 않음을 바울은 깨달았던 것이다(빌 3:6-11). 바울은 그의 서신에서 그리스도 안에 있는 그리스도인들의 현재 삶과 위치를, 그리스도와 상관없이 살던 이전 삶의 방식과 위치와 자주 대조한다(예를 들어, 고전 1:26-31; 6:9-11; 12:2; 갈 4:8-9; 엡 2:1-3; 골 1:21; 3:7). 갈라디아서 1장과 빌립보서 3장에서 보듯, 바울은 이런 대조를 자신에게도 적용한다. 그 밖에 목회서신에는 다음과 같은 구절도 나온다. "그러나 하나님께서는 [죄인의 우두머리인] 나에게 자비를 베푸셨습니다. 그 뜻은 그리스도 예수께서 끝없이 참아 주심의 한 사례를 먼저 나에게서 드러내 보이심으로써, 앞으로 예수를 믿고 영생을 얻으려고 하는 사람들의 본보기로 삼으시려는 것입니다"(딤전 1:16). 그리스도의 몸을 박해하던 죄인을 '선포자와 사도'로 바꾸어 놓은 은혜는 단순히 교리가 아니라 실제 일어난 사건이었다(딤전 2:7).

선교사

제2차 세계대전에서 가장 중요한 사건 중 하나는 히틀러가 1940년 러시아 침략을 감행하기 위해 독일군의 초점을 서유럽(과 영국 침략)에서 동유럽으로 옮기기로 한 결정이었다. 역사가들은 이 결정 때문에 히틀러가 전쟁에서 패했다고 생각한다. 이와 유사하게, 기독교 선교 역사에서 가장 중요한 전환점 중 하나는 바울이 관심을 동쪽에서 서쪽으로 돌린 결정이었다. 바울은 회심 이후 처음 몇 년간 다마스쿠스와 아라비아에서 지냈는데(행 9:20-25; 고후 11:32-33; 갈 1:17), 유대 환경과 자연적으로 이어진 지역이었고, 동시리아의 헬라권 도시들 및 아르메니아, 니시비스, 아디아베네, 바빌론, 수사, 어쩌면 인도까지도 닿아 있었을 가능성이 높다.³ 이렇듯 동쪽에는 이미 대규모 유대인 디아스포라 (diaspora, 흩어짐)와 여러 헬라권 도시들이 존재했다.⁴

두 번째 선교 여행 중 바울 일행이 갈라디아의 브루기아 지방에서 동쪽의 비두니아로 가고자 했을 때, 누가는 "예수의 영이 그것을 허락하지 않으셨다"고 기록한다(행 16:7). 그래서 바울은 동쪽으로 가는 대신 서쪽의 그리스로 향한다. 거기서 그는 에베소, 빌립보, 데살로니가, 고린도 같은 에게 해 연안 주요 도시들에 교회를 세우는 일에 주력한다. 바울이 주요 교통로와 거점 도시들을 이용한 것은 기독교 신앙을 로마제국 전역에 전파하려는 의도적 전략이었다고 볼 수 있다.⁵ 주후 50년대 중반, 로마 교회에 쓴 편지에서 바울은 "예루살렘에서 일루리곤[현 알바니아와 그 근접 지역]에 이르기까지 두루 다니면서, 그리스도의 복음을 남김없이 전파하였[다]"고 말한다(롬 15:19). 사실 바울이 로마 교회에 편지를 쓴 이유 중 하나는 당시 계획 중이던 스페인 선교를 위해 그들에게서 물질적 후원을 받고자 함이었다(롬 15:24-28). 스페인은 '다시스'로도 알려져 있는데, 이사야 66:19에서 다시스와 그리스는 이스라엘의 살아남은 자들이 이방인 가운데 하나님의 영광을 선포하기 위해 보내질 곳으로 묘사된다. 따라서 세상 끝까지 복음을 전하고자 했던 바울의 선교 과업을 위해 이사야 66:19이 지리적 틀을

---

3 R. Bauckham, 'What if Paul had Travelled East Rather Than West?', in *Virtual History and the Bible*, ed. J. C. Exum (Leiden: Brill, 1999), pp. 171-184.
4 요세푸스(Josephus), 『유대고대사』(*Jewish Antiquities*), 11.131-133; 18.34, 311-313, 379를 보라.
5 W. M. Ramsay, *St. Paul the Traveller and Roman Citizen*, 11th ed. (London: Hodder & Stoughton, 1895).

제공했다고 보는 것은 충분히 타당하다.⁶

바울이 선교 강령 같은 것을 쓴 적은 없지만, 서신서의 몇몇 짧은 언급만 보아도 그의 사도적 부르심에 담긴 목적은 잘 드러난다(고전 1:17; 9:19-23; 고후 5:11, 18-21; 롬 1:5; 15:15-20; 16:26; 골 1:28-29; 엡 3:7-11; 6:19-20). 로마서는 그 목적이란, 모든 민족을 "믿고 순종하게" 하여(롬 1:5; 16:26) 그들이 "하나님께서 기쁨으로 받으실 제물이 되게" 하는 것(롬 15:16)이라고 명시적으로 밝힌다. 이방 민족의 구원은 하나님의 진노에서 건짐을 받는 것(살전 1:10; 5:9; 롬 5:9), 죄사함, 칭의, 구속, 화해(롬 3-5장; 고후 5:19-21; 갈 2:15-21)를 포함한다. 이방 민족 역시 아브라함의 자손으로 받아들여지고(롬 4장; 갈 3-4장) 이스라엘 공동체의 일부로 받아들여질 것이다(롬 11:26; 갈 6:16; 빌 3:3; 엡 2:11-3:6). 그리고 그것이 바울이 복음—예수님의 메시아적 정체성과 주권, 그분의 죽음과 부활이 가져오는 구원의 능력—을 선포함으로써 성취되는 일이었다(롬 1:1-4; 고전 15:1-8; 딤후 2:8). 바울은 다른 사도가 가지 않은 지역에만 복음을 전했는데, 이는 남이 닦아 놓은 터 위에 집을 짓지 않기 위함이었다(롬 15:20-23; 고후 10:15-18). 복음 전하는 일은 하나님께 받은 사명이었기에(고전 9:16; 엡 6:19-20), 그는 온 세상을 향한 마음으로 가능한 한 많은 사람에게 구원을 전하고자 애썼다(고전 9:19-23). 그는 자신을 강력하게 일하시는 하나님의 능력을 담는 그릇이라고 생각했다(엡 3:7; 골 1:29).

바울에 따르면, 복음은 먼저 유대인을 위한 것이며 그다음은 이방

---

6 R. Riesner, *Paul's Early Period: Chronology, Mission Strategy, Theology*, trans. D. Scott (Grand Rapids: Eerdmans, 1998), pp. 245-253.

인을 위한 것이다(롬 1:16). 이는 복음이 유대 지역으로부터 비유대 지역으로 퍼져 가는 선교의 지리적 방향성을 나타내는 동시에, 새로운 도시에 복음을 전할 때 그곳에 이미 자리 잡은 유대 공동체를 거점으로 사용했던 바울의 선교적 전략을 가리키기도 한다. 바울은 유대인 회당(행 9:20-25, 28-30; 13:5, 14-15; 14:1-7; 17:1, 10, 17; 18:4; 19:8; 참고. 롬 1:16; 고전 9:20; 고후 11:24)이나 자신의 천막 만드는 직업(행 18:3; 20:33-35; 참고. 고전 9:3-7; 살후 3:6-9)을 이방인과 만나는 접촉점으로 활용했다. 이렇듯, 바울은 이방 민족**에게로** 갔을 뿐 아니라 그들 **가운데** 있었던 사도다. 그러나 디아스포라 유대인(팔레스타인 바깥 지역에 살던 유대인)과 이방인의 경계는 팔레스타인 지역에서만큼 분명하지 않았을 것이고, 특히 '에스네'(ethnē, '민족' 또는 '이방인')를 정치적으로나 지리적으로 규정하기란 쉽지 않았다.[7] 로마서 1:5은 '그를 통하여 그리고 그의 이름을 위하여 우리는 모든 이방인 가운데(en pasin tois ethnesin) 사람들을 불러내어 믿음에서 나오는 순종에 이르게 하기 위하여 은혜와 사도의 직분을 받았습니다'로 번역할 수 있다. 또한 바울은 고린도전서 9:20에서 자신이 유대인과 율법 아래 있는 자들을 얻기 위해 애쓴 것에 관해 말한다.

사도행전에서는 바울의 사역 대상이던 디아스포라 유대인을 두고 '세계 각국에서 온 경건한 유대 사람', '이방 사람 가운데서 사는 모든 유대 사람'으로 묘사하는데(행 2:5; 21:21; 참고. 9:15), 이는 '유대인'도 이방 '민족'의 하위 부류일 수 있음을 보여 준다. 그러나 균형 잡힌 관점을

---

[7] R. Strelan, *Paul, Artemis, and the Jews in Ephesus*, BZNW 80 (Berlin: W. de Gruyter, 1996), pp. 303-306.

위해서는 사도행전에서 주로 디아스포라 유대인과 그들의 이방인 이웃을 구별한다(행 13:46; 14:2, 5; 18:6; 26:23; 참고. 갈 2:7-16)는 점을 언급해야 할 것 같다. 바울이 디아스포라 유대인과 이방인 양쪽 모두를 위해 일했다는 또 다른 증거로 그가 회당을 중심으로 모이던 유대 출신의 그리스도인 선교사들과 여러 번 크게 부딪혔다는 사실을 들 수 있다. 더불어 그는 공동 예배에서 유대인과 이방인의 연합을 열심히 강조했는데, 유대인과 이방인이 섞인 공동체이기에 이런 것이 문제가 되었을 것이다(갈라디아서; 고전 8장; 롬 14-15장을 보라).

바울이 이방 민족에게 갔던 첫 번째 그리스도인 선교사는 아니며(행 11:19-21), 유일한 선교사인 것도 아니다(예를 들어, 행 10-11장; 15:39-41; 빌 1:15-18). 그러나 바울은 자신의 지중해 지역 선교 사역이 갖던 특별한 중요성을 인식했다. 그는 이방 사람에게 보내심을 받은 또 한 명의 사도가 아니라, 이방 사람에게 보내심을 받은 **바로 그** 사도였던 것이다(롬 11:13; 갈 2:8). 그는 자신의 이방 선교가 이스라엘 민족이 마침내 메시아께로 돌아오는 자극제가 되기를 바란다(롬 11:1-31). 그의 고난은 메시아가 경고했던 마지막 환난의 일부이기도 했다(골 1:24). 그는 이스라엘의 완고함, 이스라엘의 최후 구원을 재촉할 이방인들의 유입(롬 11:25-26; 16:25), 유대인과 이방인이 한 몸을 이루게 될 것(엡 3:3-6)에 관한 '비밀'을 맡은 책임자였다.

바울의 가장 심오한 신학적 진술은 모두 선교 현장에서 발로 뛰어다니며 나온 것이다. 사도는 이방인 선교 현장에서 이방인 개종자의 삶과 자신의 이방인 사역에 대해 복음이 지닌 더 깊은 함의를 고심해야 했다. 이방인 사역을 하는 과정에서 대면하는 유대인과 유대인 그리스도인 문제를 어떻게 연결 지어야 할지를 비롯해서 말이다. 선교는 '모든 신학의 어머니'라 했던 마르틴 켈러(Martin Kähler)의 말은 진정 옳다.[8] 그리고 이것이 신약성경 어느 부분에나 적용될 수 있는 사실이라면, 바울의 경우는 참으로 그렇다.

신학자

바울은 1세기 교회의 가장 위대한 신학자로 칭송되며, 아마도 지적 깊이 면에서 그와 견줄 수 있는 것은 4세기의 아우구스티누스(Augustine) 정도밖에 없을 것이다. 바울 신학 연구는 바울 신학의 근원, 골격, 중심, 발전 과정이라는 주요 이슈들을 놓고 끊임없는 교전이 일어나는 전쟁터다.

바울 사상의 **근원**에 관해서는 그동안 다양한 배경 분야가 제시되었는데, 헬레니즘, 냉소주의, 쾌락주의, 사해사본, 영지주의, 랍비적 유대교, 디아스포라 유대교 등이 여기에 포함된다. 그러나 바울이 유대와 헬레니즘 세계에 모두 속해 있었던 점을 감안한다면, 그가 하는 말에서 상이한 지적 사상들이 동시에 들리는 것은 놀라운 일이 아니다. 오히려 그의 생각을 단 하나의 특정 근원에 귀속시키고자 하는 시도야말로 여러 문제를 일으킨다. 우리는 유비 관계를 계보로 여기거나 유사성을 근원으로 삼는 식의 통념을 피해야 한다. 또한 바울 사상의

---

8 M. Kähler, *Schriften zur Christologie und Mission* [Munich: C. Kaiser, 1971 (1908)], p. 190.

문화적 문맥과 그것의 내용을 혼동해서도 안 된다. 바울 신학의 근원으로 보다 신빙성 있는 것들은 다음과 같다.

1. 예수 전통, 또는 초기 교회에 전수된 예수님의 가르침. 바울의 훈계 중 상당 부분이 여기에 기초한다.
2. 히브리어 성경과 그에 대한 바울의 그리스도 중심적 해석. 이는 바울 신학의 하부구조를 제공했다.
3. 교회의 역동성과 온전함을 확고히 하기 위해 직면하는 상황마다 복음을 적용했던 그의 집념.

바울 신학의 **골격**은 바울 신학이 (현 시대와 새 시대의 관계에 초점을 맞춘) 묵시적 주제 및 형식으로 되어 있다고 보는지, 아니면 (그리스도의 오심을 통해 이스라엘에서 교회로 옮겨진) 구원의 구속사적 진보에 주요 초점을 맞추고 있다고 보는지에 따라 달라진다. 사실, 묵시적 종말론과 구속사적 모티프는 바울 신학의 서사적 본질 안에서 서로 긴밀하게 연결되어 있기 때문에, 여기서 둘 중 하나를 꼭 선택해야 하는 것은 아니다. 바울 서신에 함축되어 있는 창조, 아담, 아브라함, 이스라엘 이야기의 최종 결말은 그리스도다. 그리스도의 이야기는 미래가 현재로 침투해 들어오는 이야기다. 이 같은 천국의 침노는 다양한 하부 줄거리를 절정으로 이끌고, 언약의 하나님과 그분의 새로운 언약 백성이 회복되는 결과를 낳는다.[9]

바울 신학의 **중심**(centrum Paulinium)에 관해서는 믿음으로 의롭게 됨, 그리스도 안에 참여함, 구원의 역사, 화해 등 많은 견해가 제시되어 왔다. 그런데 바울 서신의 상황적 성격과, 우리는 바울 자체가 아닌 여러 창을 통해 바울을 들여다볼 수밖에 없다는 사실을 감안할 때, 단 하나의 주제만을 '핵심 중의 핵심'이라고 결정하는 것은 거의 불가능에 가깝다. 과연 하나의 주제로 바울의 모든 서신과 모든 구절을 설명하는 것이 가능한가? 예를 들어, 믿음에 의한 칭의가 빌레몬서의 주제라고 말할 수 있는가? 너무 포괄적이어서 무의미한 답일 수도 있지만, 차라리 바울 신학의 중심은 '예수 그리스도'라고 말하는 편이 더 나을 수 있다.[10] 그리스도는 바울의 신앙적 경험, 선포와 목회 사역의 중심이었기 때문이다. 조금 더 구체적인 답을 원한다면, 예수 그리스도의 죽으심과 부활이 바울 사상의 중심 좌표라고 할 수도 있을 것이며, 이는 바울의 복음에 담긴 신학적 핵심 줄기에 아주 근접하는 것이기도 하다.[11]

바울 신학의 **발전 과정**은 적절한 연구 주제다. 학자들은 종종 내세에 대한 바울의 입장이 고린도전서 15장의 종말론적이며 단선적인 유형에서 고린도후서 5장의 개인적이고 영적인 유형으로 바뀌었다고 주장한다. 이와 유사하게, 율법에 관한 바울의 입장 역시 갈라디아서와 로마서 사이에서 바뀌었다는 주장도 종종 제기된다. 그러나 많은 사

---

9 M. F. Bird, *The Saving Righteousness of God: Studies in Paul, Justification, and the New Perspective*, PBM (Milton Keynes: Paternoster, 2007), pp. 30-33.
10 J. Plevnik, 'The Center of Paul's Theology', *CBQ* 51 (1989), pp. 460-478; J. A. Fitzmyer, *Paul and His Theology: A Brief Sketch* (Englewood Cliffs: Prentice Hall, 1989); J. D. G. Dunn, *The Theology of Paul the Apostle* (Edinburgh: T.&T. Clark, 1998), p. 730.
11 C. E. B. Cranfield, *The Epistle to the Romans*, ICC, 2 vols. (Edinburgh: T.&T. Clark, 1975-1979), vol. 2, pp. 826-835; J. C. Becker, *Paul the Apostle: The Triumph of God in the Life and Thought* (Philadelphia: Fortress, 1980), p. 207.

람이 생각하는 것보다 바울의 사고는 훨씬 더 일관적이었으며, 그러한 차이는 편지를 쓸 때마다 그가 대하는 다양한 상황에 따라 강조점이 달랐기 때문이라고 보는 것이 훨씬 타당하다. 뒤에서 논의하겠지만, 바울 신학의 기본 틀은 다마스쿠스 도상에서 했던 경험에 뿌리를 두며, 이후에도 크게 달라지지 않는다.[12] 그렇다고 해도 우리는 다마스쿠스에서 바울이 시력을 회복한 뒤, 곧바로 마치 하나님이 웨스트민스터 신앙고백문이나 39개 신조를 그의 뇌에 마법처럼 입력시켜 주시기라도 한 듯, 그가 완벽하게 조율된 신학의 종합 패키지를 갖게 되었을 것이라고 생각해서는 안 된다. 확신컨대, 바울의 신학은 그가 마주치는 다양한 상황과 사역 중 발생하는 문제들로 인한 갈등과 염려에 대해 숙고하고 기도하는 과정을 통해 발전하고 성숙해졌을 것이다.

요약하면, 바울은 상아탑에 갇힌 신학자가 아니었으며, 그의 신학적 성찰은 선교 현장에서, 또 교회를 바로 세우기 위해 나온 것이었다. 그는 본질적으로 복음의 신학자였으며, 자신과 자신이 회심시킨 사람들을 위해 복음을 더 깊이 설명하고 적용하는 일에 천착한 사람이었다. 스캇 맥나이트는 바울의 신학적 신념을 다음과 같이 적절하게 요약해 준다.

바울의 신학은 조직적이지 않다. 대신, 그를 파악하는 가장 좋은 방법은 다음의 일곱 가지 원칙을 계속 염두에 두고 그의 서신을 읽는 것이다. 첫째,

---

[12] 최근 김세윤(S. Kim)의 연구를 보라. *Paul, and the New Pespective : Second Thoughts on the Origin of Paul's Gospel* (Grand Rapids: Eerdmans, 2002).

복음은 예수님이 모든 믿는 자의 메시아이자 주님이심을 드러내는 하나님의 은혜다. 둘째, 모든 사람은 인류의 두 머리인 아담과 그리스도, 이 두 계보 중 한쪽에 속한다. 셋째, 무대의 중심에는 예수 그리스도가 계시며, 아담의 계보에서 그리스도의 계보로 옮겨지는 것은 그리스도께 참여함을 통해 이루어진다. 넷째, 교회는 땅 위에 존재하는 그리스도의 몸이다. 다섯째, (구원) 역사는 모세가 아닌 아브라함에서, 그리고 그에게 주신 하나님의 약속에서 시작한다. 역사의 결정적 전환점은 예수 그리스도이지만, 그리스도의 영광스러운 주권이 모든 것을 다스리는 완성의 때까지 역사는 전개될 것이다. 여섯째, 그리스도인의 행동을 결정하는 것은 토라가 아닌 성령이다. 일곱째, 바울은 사도이지 철학자나 조직신학자가 아니다. 이 원칙들은 바울이 다양한 위협(할례, 지혜, 은사, 율법의 행위, 민족중심주의, 육체, 경쟁 관계의 리더들, 재림 및 모든 육체의 부활에 관한 종말론적 논쟁)을 만날 때 곧바로 작동했다.[13]

목회자

일반적으로 디모데전후서와 디도서를 '목회서신'이라 부르지만, 바울의 **모든** 서신이 목회적이라는 점에서 이는 다소 잘못된 명칭일 수 있다. 이 편지들에서 우리는 회심자들과 동료들을 권면하고 격려하며 훈계하는 목회자 바울을 만난다. 이 편지들은 그의 부재 시에 목회적 역

---

[13] S. McKnight, *Jesus and His Death: Historiography, the Historical Jesus, and Atonement Theory* (Waco: Baylor University Press, 2005), p. 374.

할을 담당했다. 여러 교회를 세웠던 바울은 복음으로 그들을 낳은 '아버지'였다(고전 4:15; 빌 2:22). 골로새서는 그의 사역을 한마디로 이렇게 묘사한다. "우리는 이 그리스도를 전합니다. 우리는 모든 사람을 그리스도 안에서 온전한 사람으로 세우기 위하여 모든 사람에게 권하며, 지혜를 다하여 모든 사람을 가르칩니다"(골 1:28).

바울의 이 사역은 복음적이고 교훈적이면서도 목회적이다. 그는 새로운 지역에 교회의 기초를 닦는 교회 개척가였다(고전 3:6-11). 바울 자신과 그의 대리인이 교회를 방문하여 오랫동안 그들을 가르쳤던 것은 "[그들]을 굳건하게 하고, [그들]의 믿음을 격려[하기]" 위함이었다(살전 3:2). 그의 편지에서 가장 절절함이 묻어나는 이미지 중 하나는 자식을 염려하는 부모로 자신을 묘사하는 부분이다(고후 6:13; 12:14; 살전 2:11; 몬 10절). 다른 부분에는 자신이 얻은 회심자들을 향한 엄마 같은 애정과 염려가 표현되어 있다(고전 3:1-3; 갈 4:19; 살전 2:7). 많은 수고와 고생 중에도, 그는 교회를 향한 염려를 극성스럽게 늘어놓는다. "그 밖의 것은 제쳐놓고서라도, 모든 교회를 염려하는 염려가 날마다 내 마음을 누르고 있습니다. 누가 약해지면 나도 약해지지 않겠습니까? 누가 넘어지면 나도 애타지 않겠습니까?"(고후 11:28-29) 고린도후서 11장의 문맥에서, 우리는 바울이 진정한 사도임을 나타내는 가장 확실한 지표는 바로 이러한 목회적 돌봄이라고(단지 기적과 이적만이 아니라) 주장할 수 있을 것이다.[14]

---

14 P. Beasley-Murray, 'Pastor, Paul as', in *DPL*, ed. G. F. Hawthorne, R. P. Martin and D. G. Reid (Downers Grove and Leicester: IVP, 1993), p. 655.

바울의 목회적 관심을 그의 종말론적 관점에 비추어 이해하는 것 역시 동일하게 중요하다. 회심자들은 그리스도 예수의 날에 그의 자랑거리요(고후 1:14; 빌 2:16), 심판의 날에 그의 기쁨이요 면류관일 것이다(살전 2:19-20; 빌 4:1). 그들이 살아온 삶은 바울의 수고가 헛된 것이었는지 아닌지 나타낼 것이며(빌 2:16), 회심자들을 세울 때 그가 놓았던 기초는 불로 검증받을 것이다(고전 3:10-15). 바울은 자신이 그들을 그리스도와 약혼시켰고, 따라서 마지막 때에 그들을 그리스도께 드릴 사람도 자신이라고 주장한다(고후 11:1-3). 바울의 목회 사역의 성공 여부, 그가 그의 회심자들에게 준 도움에 대한 평가는 미래에 드러날 것이다.

바울의 목회적 관심은 복음 사역의 연장선이기도 했다. 안디옥에서 이방인의 유대교 개종을 주장하던 할례파 일부가 이방인 그리스도인들의 온전함을 문제 삼았을 때, 바울은 "복음의 진리를 따라 똑바로 걷지 않는 것"을 보고 게바를 꾸짖었다(갈 2:14). 누가가 사도행전에 기록한 바울의 열정적인 설교에서는 "은혜의 복음"을 증거하는 일에 경도되어 에베소 교회의 장로들에게 사나운 이리로부터 양 떼를 보호할 것을 당부한다(행 20:24). 바울은 그들이 "복음에 합당하게" 살고(빌 1:27), "그리스도의 복음을 고백하[는]" 삶과 함께 순종을 실천할 것(고후 9:13)을 간절히 바란다. 나는 다른 글에서, 바울이 로마 교회와 자신이 세우지 않았던 교회들에 편지를 쓴 것은 일종의 예방적 차원에서 했던 목양의 일환이었다고 주장했다.[15]

---

15 Bird, *Saving Righteousness of God*, pp. 140-141.

바울은 로마 교인들에게 영적인 은사를 나누어 주기 위해 로마를 직접 방문하려고 하였으나, 로마로 가는 대신 격려하면서 그들에게 복음의 빚을 지우기로 결정했다. 자신의 복음을 그들에게 상세히 풀어 줌으로써 까다롭고 국제적인 공동체가 동일한 복음 안에서 유대인과 이방인이 공동의 예배를 드리는 연합된 공동체가 되기를 바랐다(롬 1:11-12). 바울이 로마 교회를 '복음화'하기를 간절히 원했던 이유는, 복음의 진리와 영향력이 공동체 구성원들 안에서 역사하게 하기 위해서였다.[16] 목회 사역에 관해 그리고 더 일반적으로는 복음에 관해 데렉 티드볼(Derek Tidball)은 이렇게 쓴다. "복음이 목회자의 모든 것을 결정한다. 목회자의 동기, 권위, 방식, 인품, 이 모든 것을 좌우하는 것은 예수 그리스도가 전한 좋은 소식이다."[17] 이는 어느 목회자에게나 해당되는 말이며, 바울에게도 마찬가지다. 어니스트 베스트(Ernest Best)의 말도 여기에 잘 어울린다. "우리는 신학자 바울 그리고 선교의 개척자 바울에 대해 하나님께 자주 감사드린다. 그런데 나는 우리가 목회자 바울로 인해서도 감사할 수 있다고 믿는다. 바울은 교회를 자라게 하는 목양이 무엇인지 보여 주었고, 그가 본을 남김으로써 교회는 계속 성숙할 수 있었다."[18]

---

16 '복음화하다'(gospelize)라는 단어는 나의 신학 교수님이셨던 호주 브리즈번 멜리온 대학의 짐 깁슨(Jim Gibson) 목사님이 가르쳐 주신 것이다. 이 단어에 대한 더 자세한 내용은 10장을 보라.
17 D. Tidball, *Skilful Shepherds: Explorations in Pastoral Theology* (Leicester: Apollos, 1997), p. 120.
18 E. Best, *Paul and his Converts* (Edinburgh: T&T. Clark, 1988), p. 161.

순교자

바울이 경험한 핍박, 고생, 고난은 사역에 대한 시각과 회심자를 향한 기대에 영향을 끼쳤다. 바울은 자신의 삶과 동역자들의 삶에 그리스도의 고난이 넘친다고 말한다(고후 1:5-11). 그는 자신이 당한 다양한 고난을 열거하고(고전 4:11-13; 고후 11:23-30), 그러한 고난에 대해 메시아가 경고했던 환난을 자기 육체에 채우는 것이라고 여기기도 한다(골 1:24). 바울은 자신의 사역을, 개선 행진에서 왕이 탄 전차 뒤로 포로들이 사슬에 묶여 끌려가는 모습에 빗댄다(고전 4:9). 감옥에 갇혀 있으면서 사도는 자신의 죽음을 예견하기도 했다(빌 1:20-26). 그럼에도 불구하고, 바울이 감옥에 갇힌 것은 복음이 더 멀리 전파되는 것을 도왔고, 사람들이 하나님의 말씀을 더욱 담대하게 전할 수 있게 했다(빌 1:12-14).

데살로니가 교회에 보낸 편지에서는 환난이 그리스도인에게 예정된 일이며(살전 3:3), 인내해야 한다고 말한다(살후 1:4). 바울과 유대 지역의 교회가 박해를 당했던 것처럼, 바울이 세운 교회들도 동일한 박해를 경험했다(살전 1:6; 2:14; 빌 1:29-30). 어떤 신도들은 그리스도를 위해 고난을 받기에 합당한 자로 여겨졌다(살후 1:5; 빌 1:30). 바울은 마케도니아의 여러 교회가 자신들도 궁핍과 시련을 겪으면서도 넉넉한 마음으로 베풀었다고 말한다(고후 8:1-5). 고난이라는 주제는 목회서신에서 더욱 첨예해지는데, 여기서 바울은 고난이 복음을 전파하는 일에 따라오는 당연한 결과라고 말한다(딤후 1:8, 12; 2:9). 이와 같이, 바울에게 고난은 보편적으로 그리스도인의 삶에 있는 일부였으며, 사도의 직분을 맡은 자에게는 특히 그러했다.[19]

주후 60-62년경, 바울이 로마에서 가택 구금 상태로 두 해를 보낸 후 어떤 일이 일어났는지 성경에는 언급되어 있지 않다(행 28:14-31). 그러나 목회서신으로 그가 감금에서 풀려나, 이후 밀레도(딤후 4:20), 드로아(딤후 4:13), 마케도니아(딤전 1:3), 크레타(딛 1:5)에서 사역한 사실을 짐작할 수 있다. 목회서신은 바울이 두 번째로 로마에 투옥되었을 시기에 쓰였기 때문이다. 1세기 말, 로마에서 클레멘스(Clemens)는 바울의 죽음에 관해 다음과 같이 기록했다.

> 바울은 오래 참는 인내를 통한 상급에 이르는 길을 직접 본으로 보여 주었다. 일곱 번 옥에 갇히고, 유배를 당하며, 돌에 맞으면서도 동서로 복음을 전했던 그는 믿음으로 진정한 영광을 얻었으며, 온 세상에 의를 전하고, 서쪽의 가장 먼 지역까지 이르렀다. 결국 그는 통치자들 앞에서 복음을 전했고, 이후 세상을 떠나 거룩한 곳으로 갔으며, 오래 참는 인내의 훌륭한 모범을 우리에게 남겼다. (『클레멘스1서』 5:5-7)

여기서 언급된 '서쪽의 가장 먼 지역'은 스페인을 암시할 수도 있지만, 로마를 지칭할 가능성이 가장 높다. 2세기 신약성경 모음집 서문인 무라토리단편에 바울의 스페인 방문에 대해 분명히 언급되어 있기는 하지만, 첫 번째와 두 번째 로마 투옥 사이에 바울이 소아시아 지역 이외에도 스페인까지 가서 선교 활동을 했다고 보기에는 무리가

---

19 최근의 L. A. Jervis, *At the Heart of the Gospel: Suffering in the Earliest Christian Message* (Grand Rapids: Eerdmans, 2007)를 보라.

있다. 오히려, 바울의 스페인 방문은 기독교 저자들이 로마서 15:24, 28의 본문에 기초해 추론한 것일 가능성이 높다. 전통적으로 바울은 주후 60년대 중후반 네로의 잔인한 박해 기간에 처형을 당했다고 알려져 있으며, 이 견해가 설득력이 있다[에우세비우스(Eusebius), 『교회사』(Historia ecclesiastica) 2.25.5-8]. 2세기 혹은 3세기에 쓰인 "바울의 순교"(The Martyrdom of Paul)에는 바울의 순교에 관한 전설이 들어 있다.[20] 바울은 결박을 당한 채 네로 앞으로 끌려갔으며, 그리스도를 섬기는 것에 대해 열정적으로 설교를 전하고 사도는 처형당한다. 형이 집행되었을 때, 그의 목에서는 우유가 쏟아져 나왔다. 이 이야기는 물론 허구이지만, 이후 기독교 예술에 크게 영향을 끼치기도 했다.

내가 어릴 적 이모네 집에서 키우던 순한 래브라도 세 마리 중 한 녀석 이름이 '네로'였다. 나는 당시 유행하던 '로버'나 '파이도'라는 이름 대신 '네로'라고 개를 부르는 것이 좀 이상하다고 늘 생각했다. 그런데 네로라는 이름을 개에게 붙인 것에는 유쾌한 반전이 숨어 있었다. T. R. 글로버(Glover)를 인용한 글에서 우연히 이 반전을 접했는데, 말하자면 이렇다. 바울은 주후 60년에 네로의 치하에 죽임을 당했다. 그러나 사람들이 자기 아들은 '바울', 자기 개는 '네로'라고 부르는 날이 온 것이다.[21]

---

20 『바울행전』(The Acts of Paul)이라 불리는 책에 일반적으로 "바울과 테클라 행전"(Acts of Paul and Thecla) 및 "고린도3서"(3 Corinthians)와 함께 실려 있다.
21 F. F. Bruce, Paul: Apostle of the Free Spirit (Carlisle, UK: Patrnoster, 1980), 개정판 p. 5에서 인용.

결론

지금까지 우리는 바울 연구의 난점, 바울을 연구하는 이유, 신약성경에 나오는 바울의 여러 이미지—박해자, 선교사, 신학자, 목회자, 순교자—를 살펴보았다. 이제 추가할 이미지가 하나 더 있는 것 같다. 바로 **이단**이다. 많은 유대인 그리스도인에게 바울은 간섭하기 좋아하는 비순응주의자였고, 유대인에게는 불경스러운 변절자, 로마 관리에게는 성가신 골칫거리였다. 의심할 여지없이 바울은 대단한 논쟁가였고, 거친 성격에 대해서도 얼마든지 말할 수 있다(비교. 갈 2:11-14; 행 15:35-41). 바울이 남긴 주요 유산은 비유대인이 유대교로 개종하지 않고도 하나님의 백성 이스라엘이 될 수 있다고 주장한 것이다. 또한 그는 카이사르가 아닌 다른 '주님'이 계시며, 그분이 모든 압제자와 신이라 자칭하는 자들을 뒤집어 엎고 영원한 나라를 세우실 것이라고 선포했다(빌 2:10-11; 행 17:7).

바울이 동족인 유대인들로부터 서른아홉 대나 매를 맞았던 것은, 그가 색다른 음식을 권하듯 그들에게 예수님을 한번 '맛보라'고 했기 때문이 아니다(고후 11:24). 그가 사형을 당한 것은 로마 시민을 향해 그들의 마음에 예수님을 맞아들이라고 했기 때문이 아니다. 결코 아니다. 바울은 다시 오실 메시아가 바로 예수님이며, 그분이 십자가에서 저주를 당하고 죽은 자들 가운데서 다시 살아나심으로써 이스라엘의 소망을 성취하셨다고 선포할 만큼 용기와 확신에 차 있었다. 예수님은 이스라엘이 그토록 바라고 간절히 필요로 하던 구원자였다(고후 1:20; 행 13:32-34; 롬 11:26).

바울은 카이사르가 아닌 예수 그리스도께 심판자의 권세가 있다고 주장함으로써 감히 제국에 저항했다(롬 14:10; 고후 5:10). 그는 인간 실존의 위협에 대한 답이 로마에 복종하고 경배하는 것이 아니라, 그리스도이신 예수를 믿는 믿음에 있다고 한 것이다. 바울은 한때 자신이 그리스도인들을 핍박하면서 그토록 열렬히 대적했던 하나님이 바로 자신을 구원하신 하나님이심을 결코 잊지 않았다. 바울에게 은혜란 다마스쿠스 도상에서 경험했던 실제 사건이었고(갈 1:15), 그 일로 인해 그는 가능한 더 많은 사람에게 구원의 소식을 전하지 않을 수 없었다(고전 9:22). 하나님의 은혜야말로 바울이 자신의 죽음도 '유익'한 것으로 여기고(빌 1:21), 자기 정체성을 그리스도의 십자가에 매인 자로 규정한 이유였다(갈 2:19-20). 그의 말대로 "예수 그리스도의 종" 바울이 걸었던 여정은 더 깊이 살펴볼 가치가 충분히 있다.

2장

다마스쿠스 가는 길에
생긴 기이한 일

어떻게 봐도 바울의 인생은 극적이라고 말할 수밖에 없다. 그중에서도 물론 가장 극적인 사건은 그리스도 현현, 즉 다마스쿠스로 가는 길에 부활한 그리스도를 만난 일이다. 그러나 이 사건은 바울의 이력이 갖는 더 넓은 문맥에서 이해해야 한다. 문제는, 바울 서신과 사도행전으로 바울 연대기를 재구성하는 것은 뒤죽박죽 섞인 두 종류의 다른 퍼즐을 동시에 맞추는 것 같다는 점이다. 더군다나 양쪽 퍼즐 모두 조각이 많이 유실된 상태다. 예를 들어, 갈라디아서 2:1-10의 회의는 사도행전 15장의 예루살렘 공의회와 일치하는가, 아니면 사도행전 11:28-30의 기근 구제를 위한 예루살렘 방문과 일치하는가? 다행히, 바울과 연결지을 수 있는 세 가지 확실한 사실이 있다.

1. 나바테아 왕 아레다(Aretas)는 주후 38년과 40년 사이에 죽었다. 따라서 칼리굴라(Caligula)가 로마 황제로 즉위했던 주후 37년 이전에 나바테아가 다마스쿠스를 통치했을 가능성은 별로 없다(고후 11:32-33 = 행 9:24-25).
2. 주후 49년 칼리굴라 황제가 로마에서 유대인을 추방한 사건[수에토니우스(Suetonius), 『클라우디우스 황제』(*Divus Claudius*) 25.4]은 사도행전 18:2에서 바울이 고린도에서 브리스길라와 아굴라를 만나기 얼마 전에 일어난 일이었다.
3. 갈리오의 아가야 총독 재임 기간을 주후 51-52년으로 추정할 수 있는 것은 바울이 같은 시기에 고린도에서 사역한 사실을 기록해 놓은 비문 덕분이다(행 18:11-13).

바울의 연대기를 대략 정리해 보면 다음과 같다.

약력

바울의 출생	주전 5년에서 주후 10년 사이
예수님의 죽음	주후 29/30
그리스도인 박해	30-33
회심	33
아라비아/다마스쿠스 사역	34-47
예루살렘(1차 방문)	37
시리아와 시칠리아	37-46
안디옥	47
예루살렘(2차 방문)	48
1차 전도 여행	48
안디옥(베드로와 대면, 갈 2:11-14)	48

갈라디아서

사도들의 회의/공의회(행 15장)	49-50
2차 전도 여행	50-52
마케도니아/그리스 지역 전도	51-52

데살로니가전후서

예루살렘을 거쳐 안디옥(행 18:22)	52
3차 전도 여행	53-57

에베소에서 보낸 시기　　　　　53-55

고린도전후서

빌립보　　　　　　　　　　　55
고린도　　　　　　　　　　　55-56

로마서

예루살렘(마지막 방문)　　　　　57
가이사랴 마리티마의 옥에 갇힘　57-59
로마 여정　　　　　　　　　　59-60
로마에서 가택 구금　　　　　　60-62

골로새서, 빌립보서, 빌레몬서

소아시아 지역을 다니며 전도　　62-64
네로의 그리스도인 대학살　　　64-65
로마에서 두 번째 투옥　　　　　65-68

에베소서, 목회서신

참수형　　　　　　　　　　　　67-68

박해자에서 선포자로

주후 33년의 어느 날, 다소의 사울은 부활하신 주 예수를 만났다. 이 경험은 그의 세계를 완전히 뒤집어 놓았고, 열성적 교회 **박해자**를 가장 열렬한 **선포자**로 변화시켰다. 바울의 삶과 충성에 있어 이러한 매머드급 반전을 이해하려면, 다마스쿠스 도상의 경험을 하기 이전의 바울과 이후의 바울을 비교해 보아야 한다. 이미 우리는 그리스도인이 되기 전의 삶에 대해 바울이 했던 언급들을 살펴보았고(예를 들면, 갈 1:13-14; 빌 3:5-7; 고전 15:9), 그것에 기초하여 몇 가지 사실을 확인할 수 있다.

첫째, 그리스도인이 되기 전에 바울은 율법과 선지자에 의해 계시된 하나님의 뜻에 따라 살고자 노력했던 경건한 유대인이었다. 바리새인들에게는 조상의 전통을 따라 사는 삶이야말로 본이 되는 길이었고, 바울은 이를 따랐다. 바울은 자신의 무거운 죄를 사해 줄 하나님의 메시아를 기다리는 유대인이 아니었다. 반대로, 자신을 "흠 잡힐 데가 없는" 사람으로 여겼다(빌 3:6).

둘째, 우리는 바울이 왜 교회를 박해했는지 물어야 한다. 초기 그리스도인들이 유대인의 율법을 완전히 무시한 것은 아니었기 때문이다. 사도행전 1-5장에서 초대교회는 율법 준수와 성전 예배에 철저히 헌신하는 모습으로 제시된다. 또한 메시아를 믿는 것 역시 그런 즉각적인 반응을 일으킬 만한 이유는 아니었다. 유사 메시아들이 나타나는 것은 이따금 일어나는 일이었기 때문이다. 바울의 폭력적인 반응에 기여한 요인들은 다음과 같다.

1. **십자가에 달린** 메시아를 믿는 것은 가증스러운 일이었다(참고. 고전 1:18-23; 롬 9:32-33; 갈 5:11; 6:12-14; 빌 3:18). 그렇지만 왜? 간단히 말하면, 메시아는 이스라엘을 대표하는 누구보다 우월한 존재여야 했다.

따라서 "십자가가 유대인의 심기를 건드리는 것은, 십자가에 달린 메시아가 곧 십자가에 달린 이스라엘을 의미했기 때문이다."[1] 십자가에 달린 메시아는 왕권, 신원, 종말, 회복, 이방인의 운명에 관한 유대인의 핵심 신념을 통째로 수정해야 함을 의미했다.

2. 박해의 또 다른 이유는, 예수님의 죽음 이후 곧바로 몇몇 추종자들이 그동안 일반적으로 야웨만을 위해 사용하던 종교 의식 형식들을 예수님에게도 사용했기 때문이다. 세례, 기도, 치유, 축귀 의식이 '예수의 이름으로' 이루어지고(예를 들면, 행 2:38; 4:30; 10:48; 16:18; 19:5, 17), 아람어권 예배에서 예수의 이름을 부르며 '마라나타'(maranatha), 즉 '우리 주여, 오시옵소서'라고 기도한 것 등[예를 들면, 고전 16:22; 계 22:20; 『열두 사도의 가르침』(Didache) 10.6]이 증거다(이에 관한 자세한 내용을 위해서는 8장을 보라).

3. 사울에게는 토라에 대한 열심이 있었는데, 이는 모세에 대한 열정을 가지는 것 이상을 의미했다. 열심이 있다는 것은 이스라엘과 이방인 간의 신성한 구별을 위협하는 유대인에게는 기꺼이 폭력도 행사할 수 있다는 뜻이었다. 예를 들어, 이스라엘이 광야 생활을 할 때, 제사장 비느하스는 이방 여인과 잠자리를 함께한 이스라엘 남자를 죽임으로써 이 '열심'을 증명했다(민 25:11). 셀레우코스 왕조의 안티오쿠스 에피파네스 4세(주전 167-64)가 강압적으로 유대를 헬레니즘에 동화시키려 했을 때, 맛다디아라는 늙은 제사장은 이방신에게 제사를 지내려 하던 유대인에게 유사한 폭력적 열심을 드러냈다[마카베오상 2.24-26,

---

1 N. T. Wright, 'The Paul of History and the Apostle of Faith', *Tynbul* 29 (1978), p. 68.

50, 58]. 이와 비슷하게, 그리스도인들을 박해했던 바울의 '열심'은 그들이 유대인과 이방인의 완벽한 경계를 위협하고 유대 민족의 거룩함을 위험에 빠뜨린다고 생각했기 때문이었다.

사울의 박해에 도화선이 된 것은 아마도 헬라어권의 유대인 그리스도인들이 이방인에게 예수님을 전하기 시작하면서, 유대교로 개종하지 않은 이방인들을 하나님의 백성으로 받아들였기 때문이었을 것이다(행 11:19-21). '죄인' 혹은 '이방인'이 실제로 유대인이 되지 않고도 유대인과 같은 자리에서 하나님 앞에 설 수 있다고 말하는 것은 선택받은 민족인 이스라엘의 가치를 폄하하는 일이었다. 또한 그것은 언약의 표지인 할례를 무가치하게 만들고, 유대인을 이방인과 지나치게 가까워지게 하는 일이기도 했다. 그러나 구원을 위한 하나님의 의는 정확히 그러한 사회적 변혁을 이루어 낸다. 유대인과 이방인 모두 하나님의 심판에서 벗어나 다민족으로 구성된 하나님의 가족에 입양되는 것이다. 마르틴 헹엘(Martin Hengel)은 이렇게 쓴다.

바울 신학의 대부분은 십자가에서 죽고 부활한 나사렛 예수와의 만남이 가져온 기존 가치와 목표의 급진적 반전에 기초한다. 유대인 스승은 이방인의 선교사가 되었고, '율법을 위한 열심'은 율법 없는 복음의 선포로, '율법의 행위'에 근거한 의인의 칭의는 오직 믿음으로 받을 수 있는 '경건치 않은 자'의 칭의로, 자유의지는 말씀을 들을 때 은혜로 받는 믿음으로 바뀌었다. 십자가에 달린 저주받은 거짓 메시아에 대한 혐오는 바로 그 메시아가 십자가에서 모두를 대신하여 저주받고 죽음으로써 모든 사람이 구원받았음을 믿는 십자가 신학으로 바뀌었다.[2]

바울이 그리스도를 대면했던 정확한 상황을 자세히 들려준 적은 없지만, 무슨 일이 일어났는지 가늠할 수 있게 도와주는 몇 토막의 정보를 남겼다. 갈라디아서는 "그러나 내 어머니의 태로부터 나를 택정하시고 그의 은혜로 나를 부르신 이가 그의 아들을 이방에 전하기 위하여 그를 **내 속에** 나타내시기를 기뻐하셨을 때에 내가 곧 혈육과 의논하지 아니하고"(갈 1:15-16, 개역개정)라고 말한다. 고린도전서 9:1에서는 "내가 우리 주 예수를 뵙지 못하였습니까?"라고 언급한다. 그 다음 15:8-9에서 부활의 증인을 열거할 때 자신을 포함시킨다. "그런데 맨 나중에 달이 차지 못하여 난 자와 같은 나에게도 나타나셨습니다. 나는 사도들 가운데서 가장 작은 사도입니다. 나는 사도라고 불릴 만한 자격도 없습니다. 그것은, 내가 하나님의 교회를 박해했기 때문입니다." 그런데 "달이 차지 못하여 난 자"라는 표현은 낙태나 '유산'(*ektrōma*)의 의미를 갖는 단어와 동일하다.[3] 바울은 이 같은 폭력적 이미지를 사용하여 자신의 경험을 묘사하면서, 모태에서 떨어져 빛으로 나와 위험에 처한 태아와 연관 지었다.

바울은 새로운 종교로 개종한 것인가 아니면 선교의 사명으로 부름받은 것인가? 최근 몇 십 년간, 바울이 '개종'했다기보다 '부르심'을 받았다고 보는 시각이 우세했다. 그러나 속을 완전히 뒤집어 놓는 것같이 결정적인 바울의 변화는 그가 정말로 180도로 바뀌었음을 의미했다.[4] 그렇지만 그것이 한 종교에서 다른 종교로 개종, 즉 유대교에서

---

2 M. Hengel, *The Pre-Christian Paul*, trans. J. Bowden (London: SCM, 1991), p. 86.
3 사도행전에서 바울의 회심 사건은 행 9:1-21; 22:1-21; 26:2-23을 보라.

기독교로 개종한 것을 의미하지는 않는다. 즉 바울은 **유대교 내부의** 바리새 분파에서 메시아 분파로 옮겨 간 것이다. 바로 이 지점에서, 그는 그 시대 바리새인들 눈에, 사회학자들이 '비정상' 혹은 '탈주자'라 부르는 존재가 되었다. 그리고 극적인 방향 전환과 함께 특별한 부르심이 수반되었는데, 곧 이방인을 위한 그리스도의 사도가 되라는 부르심이었다. 바울과 누가는 모두, 바울이 그리스도를 대면했을 때 이방인에게로 가라는 사명을 받았다고 기록한다(갈 1:16; 행 26:17-18).[5] 바울이 받은 이 부르심은 구약의 선지자들이 받았던 부르심을 떠올리게 하는데(예를 들면, 사 42:1-7; 49:1-7; 렘 1:4-5), 선지자적 소명의 시선을 사로잡는 성격과, 구원과 언약 갱신의 대행자라는 책임을 서로 병행시키기 때문이다(행 13:47/사 49:6; 롬 15:21/사 52:15).

그렇다면 그리스도를 만난 사건은 바울의 신학적 신념에 어떤 변화를 가져왔는가? 물론 배움, 발전, 묵상, 성숙의 과정도 배제할 수 없지만, 우리는 그 순간 바울의 마음에 반향을 일으켰을 신학적 파장, 그의 여생 내내 남아 있었을 여파를 간과할 수 없다.

1. **기독론**(그리스도에 관한 믿음)의 측면에서, 바울은 예수님이 거짓 선지자나 거짓 메시아가 아닌 부활하고 높임을 받은 하나님의 아들이라는 사실을 받아들여야 했다(롬 1:4; 갈 2:20; 고후 1:19). 부활한 그리스

---

4 A. F. Segal, *Paul the Convert: The Apostolate and Apostasy of Saul the Pharisee* (New Haven: Yale University Press, 1990), pp. 5-7.
5 다른 관점으로, 행 22:15, 21에 근거하여 바울의 이방인 선교는 다마스쿠스가 아닌 예루살렘에서 받은 계시에 기초하며 오직 훗날에야 자신의 소명이 이방인 선교임을 분명히 알게 되었다고 보는 입장이 있다. 나는 이방인에게로 가라는 계시를 다마스쿠스 도상에서 받았다는 입장에 동의하는데, 바울의 첫 사역 시기는 다마스쿠스와 아라비아/나바테아에서 이루어졌으며 (갈 1:17; 고후 11:32; 행 9:19-25), 그 지역은 대부분 비유대인으로 구성되어 있었기 때문이다.

도를 만난 경험은 바울의 머릿속에 영원히 각인되었을 것이며, 그리스도가 하나님의 영광과 동일시되어야 함을 의미했다(고후 4:4-6; 8:23; 롬 16:27; 빌 4:19; 살후 2:14; 엡 1:12; 딛 2:13).

2. **구원론**(구원에 관한 믿음)의 측면에서, 이전에 바울은 언약의 은혜와 더불어 토라 준수가 구원의 결정적 요소라고 믿었다. 다마스쿠스 도상의 경험 이후로는 다른 어떤 것도 아닌 오직 그리스도로부터 구원이 온다고 믿게 되었다. 바울은 예수님이 십자가에 달리셨다는 사실을 알았고 신명기 21:23에서 나무에 달린 자마다 하나님의 저주 아래 있다고 하는 것도 알고 있었다. 그런데 예수님이 받으신 저주가 아버지 하나님으로부터 온 것이라면, 거기에는 분명히 어떤 특별한 이유가 있다. 갈라디아서 3:13은 그 이유를 이렇게 말한다. "그리스도께서 우리를 위하여 저주를 받은 사람이 되심으로써, 우리를 율법의 저주에서 속량해 주셨습니다."

3. **종말론**(미래 시대에 관한 믿음)에 관하여, 바울은 원래 바리새파의 일원으로서 하나님이 역사의 종말에 모든 인간을 부활시킬 것이며, 언약에 끝까지 충실했던 자들을 신원하실 것이라고 믿었다. 그런데 하나님은 역사의 중간에 한 인간을 죽음에서 일으키셨고 신원하셨다. 그렇기에 그리스도는 우리로 하여금 "말세를 만[나게]" 한 분이다(고전 10:11). 그리스도의 부활과 성령 강림은 지금 여기에 미래 시대가 부분적으로 임했음을 보여 주는 표지다. 바울은 그리스도를 첫 열매(고전 15:20, 23), 혹은 새 창조에서 가장 먼저 난 자(롬 8:29; 골 1:15, 18)라고 하고, 성령을 아직 완전하게 오지 않은 새 시대의 보증(고후 1:22; 5:5; 엡 1:13-14)이라고 부르면서, 이를 분명히 한다.

4. 바울의 **율법론**(율법에 관한 믿음) 역시 일대 변화가 있었다. 이전에 바울은 율법 혹은 토라가 하나님의 백성을 다른 민족과 구별해 주며, 그 계율을 지키는 것은 하나님이 그분의 백성을 의롭다 하시며 신원하시는 기초가 된다고 믿었다. 이제 이러한 믿음은 메시아를 믿는 믿음으로 대체되었다. 하나님의 백성이 되는 여부를 결정하는 것은 오직 믿음이며, 하나님이 그들을 죄 없다고 인정하시는 것 역시 오직 믿음에 기초한다. 이는 바울이 유대인 동족에 맞서, 그리스도가 '율법의 끝마침' 혹은 율법이 향하는 목표라고 주장할 수 있는 이유다(롬 10:4). 또한 그는 동료 유대인 그리스도인들에 맞서서 예수님은 그저 모세에 덧붙여진 것이 아니며, 완전히 새로운 '믿음'의 시대를 열어 주셨다고 주장할 수 있었다(갈 3:23-24). 많은 유대인은 모세의 율법이 하나님의 지혜를 구현했다고 믿었지만(집회서 24.1-23; 바룩 3.29-4.1; 마카베오4서 1.16-17), 바울은 그리스도가 바로 육신을 입은 하나님의 지혜라고 믿었다(고전 1:30). 유대인 철학자 클로드 몬테피오리(Claude Montefiore)가 말하듯, "기독교는 율법에 그리스도를 합한 것이 아니다. 예수 그리스도 그 자체다."[6]

5. **교회론**(교회에 관한 믿음)과 관련해, 바울은 그리스도인들을 핍박했고 부활한 예수님은 그런 그를 향해 "너는 어찌하여 나를 핍박하느냐?"고 물으셨다(행 26:14). 이는 바울이 그리스도인들을 핍박한 것은 곧 예수를 핍박하는 것임을 함축한다. 또한 그리스도인들이 어떤 의미에서 '그리스도의 몸'이라는 의미이기도 하다(예를 들면, 롬 12:5; 고전 10:16; 12:12-13, 27; 엡 5:23). 나아가, 구원을 위한 결정적 요소가 토라보다는 메

---

6   C. G. Montefiore, *Judaism and St. Paul: Two Essays* (London: Macmillan, 1914), p. 129.

시아라면, 토라를 따르지 않고도 이방인이 구원받을 길이 열려 있음을 의미했다.

그리스도인이 되기 전의 바울은 다양한 종교 및 철학 분파를 두루 섭렵하고 나서 마음에 맞는 것을 취했던 요세푸스나 순교자 유스티누스(Justin Martyr)가 아니었다. 우연히 예수님을 만난 영적 구도자도 아니었다. 그는 열성적인 바리새파의 일원으로서, 이처럼 악성 분파를 박멸하는 것이야말로 동족과 하나님을 섬기는 길이라고 확신하던 사람이었다. 사실 어느 누구도 바울이 예수님의 추종자가 되어, 유대인과 이방인에게 예수님이 메시아임을 전하는 일에 평생을 바칠 것이라고는 생각하지 못했다(행 9:26-27과 갈 1:23-24은 이를 분명히 말해 준다).

그런데 무엇이 바울로 하여금 이렇듯 자신의 이력을 전환하여 충성의 대상을 바꾸고 죽음을 불사한 채 복음 전파에 전력하도록 만들었는가? 답은, 어떤 강력한 힘이 그를 사로잡아 겉과 속, 위와 아래를 완전히 뒤집어 놓았다는 것이다. 바로 부활하신 예수님과의 만남이, 이후 하나님과 만나는 종교적 경험, 선교의 동력, 하나님과 이스라엘과 토라와 구원에 대한 신학적 성찰에 엄청난 영향력을 끼쳤다. 그 은혜의 사건은 바리새인 사울이 죽고, 사도 바울이 태어나게 했다.

3장 숨어 있는 이야기들

우리는 바울 서신의 본문 아래 많은 이야기가 숨어 있음을 본다. 먼저, 바울 자신, 그의 삶과 사역에 일어났던 일에 관한 이야기다. 그다음은 바울이 회심시킨 다양한 사람들의 이야기, 바울과 그들의 관계에 관한 이야기다. 그러나 이 모든 것의 뒤에는 핵심을 관통하는 더 심오한 이야기, 곧 우리가 '구속사'라고 부르는 거대 서사가 숨어 있으며, 거기에는 다양한 하부 줄거리와 속편들이 함께 있다. 간단히 말해, 구속사는 창조와 새 창조, 혹은 에덴에서 새 예루살렘으로 가는 길에 관한 이야기다. 그리고 '하나님과 창조', '아담과 그리스도', '아브라함', '이스라엘', '예수', '교회'는 그 이야기에 담긴 주요 주제들이다.

이 세부 서사들은 바울의 서신 안에 깊숙이 박혀 있으며, 바울은 자신의 신학과 목회 사역의 일부로 이 이야기들을 의식적으로 반복하고 상기시키며 새로운 방식으로 들려준다. 그의 서신은 시간을 초월한 신학적·도덕적 진리를 모아 둔 창고가 아니다. 바울과 독자 간의 개인적 소통의 한 형태다. 그렇지만 동시에 그 서신들은 근원적 이야기, 곧 하나님과 그분이 자신의 목적을 펼쳐 가는 방식에 관한 이야기를 드러내 준다. 이 서사들을 이해하는 것은 바울 신학을 훨씬 더 잘 파악할 수 있게 도와줄 것이다. 신학적 신념과 교의는 일련의 명제들 안에서 논리적으로 유추하여 얻어 내는 것이 아니라, 이야기를 하는 가운데 만들어지기 때문이다.

이야기는 세계관과 정체성을 표현하는 가장 특징적인 방식이다. 우리가 누구이고, 어디서 왔는지, 무엇이 문제이며, 어디로 가고 있는지 규정한다. 공동체가 그들의 이야기를 할 때에는 종종 의식(ritual)이 동원되기도 한다. 예를 들어, 유월절은 이스라엘 사람들에게 출애굽을 기억하게 했고, 성찬식은 그리스도인들에게 갈보리를 떠올리게 한다. 두 식사 모두 하나님이 그분의 백성을 예속과 노예 생활에서 구출해 내신 이야기를 들려준다. 특별한 이야기가 어떻게 평범한 식사에 특별한 의미를 부여하는지 알려면 신명기 26:5-9과 고린도전서 11:23-26을 보면 된다. 예수님을 믿고 교회로 들어오라는 초대는 궁극적으로 특정한 하나의 이야기 속으로 들어가 동화되고, 메시아 예수의 이야기와 상징과 실천을 따라 삶을 재정립하라는 초대다. "우리에게는 모든 민족에게 들려줄 이야기가 있네"라는 옛 찬송가의 가사처럼, 바울은 창세기까지 거슬러 올라가며 아버지께 그분의 나라를 되돌려 드리는 그리스도에서 절정에 달한 이야기를 들려주고자 했다. 그리고 그것은 우리가 바울을 제대로 이해하고자 할 때 붙들고 씨름해야 할 이야기이기도 하다.

하나님과 창조

구약에서 하나님은 '하늘과 땅'의 창조주이시다(예를 들면, 창 14:19, 22; 24:3; 시 115:15). 따라서 창조 세계와 구별되고, 창조 세계보다 뛰어나며, 창조 세계를 통치하시는 분이다. 창세기 1장은 창조 세계가 선한 것이었고, 하나님의 선하심을 그대로 반영하고 있었음을 보여 준다. 죄는 하나님의 세계에 침입한 불청객이었고, 역시 환영받지 못할 죽음이라는 결과를 세상에 가져왔다. 바울에게 하나님이 창조주이심은 너무도 당연했고, 그것을 부정하는 것은 모든 인간 악의 뿌리였다(롬 1:20-25). 우리는 바울 신학에서 그리스도의 중요성을 약화시키지 않는 동시에, 하나님

중심적 특징을 간과해서도 안 된다. 로마서에는 '하나님'(*theos*)이라는 단어가 153번이나 나온다. 속격의 문구가 끝없이 이어지는 것을 한번 보라. 하나님의 은혜, 하나님의 아들, 하나님의 사랑하시는 자, 하나님의 뜻, 하나님의 능력, 하나님의 의로우심, 하나님의 저주, 하나님의 영광, 하나님의 진리, 하나님의 심판. 로마서는 근본적으로 하나님 이야기인 것이다!

나아가, 로마서에 들어 있는 이 같은 하나님 이야기는 유대 전통과 어우러져 있다. 영원히 찬송을 받으실 하나님(1:25; 9:5), 세상을 심판하시는 하나님(3:5), 죽은 사람을 살리시는 하나님(4:17), 마음을 살피시는 하나님(8:27), 하나님께 드리는 송영(11:33-36), 평화의 하나님(16:20), 영원하신 하나님(16:26), 모두가 유대 전통에서 기인한다. 바울은 독실한 유일신주의자이기도 했다. 하나님은 유일한 분(3:30), "오직 한 분이신 지혜로우신" 하나님이시며(16:27), 따라서 다른 신은 있을 수 없다(1:22-23). 또한 로마서에서 우리는 인류가 죄로 인해 하나님과 멀어졌고 하나님의 진노를 샀으며(1:18-32), 창조 세계는 구속과 회복을 고대하고 있다는 것을 알게 된다(8:19-23). 이야기는 이렇게 정리된다. 하나님은 창조주시다. 모든 피조물 그리고 심지어 창조 세계 전체가 죄로 오염되었고 부패하였으며 하나님과 멀어졌다. 그러나 하나님은 창조 세계를 에덴 시절의 선과 영광으로 회복시키기로 작정하셨고, 그리스도의 죽음과 부활에서 자신의 의를 드러내심을 통해 그 일을 이루고자 하신다.

아담과 그리스도

존 밀턴(John Milton)은 『실낙원』(*Paradise Lost*)에서 이렇게 썼다.

한 사람의 첫 번째 불순종, 그리고
금지된 나무의 열매. 영생을 앗아간 그 맛,
세상에 죽음과 우리의 모든 고통을 가져왔구나,
에덴의 상실과 함께. 더 위대한 한 사람이 와
우리를 회복시키고 천상의 보좌를 되찾아 줄 때까지. (1:1-6)

밀턴은 창세기 3장 이야기의 참담한 분위기를 완벽하게 포착했다. 고린도전서 11장과 15장, 로마서 5장과 디모데전서 2장을 포함한 바울 서신의 여러 부분에서도 아담의 타락과 그것이 인류에게 가져온 영향력을 암시하고 묘사한다. 고린도전서 15장에서 죽은 사람의 부활을 주장하면서 바울은 이렇게 쓴다. "한 사람으로 말미암아 죽음이 들어왔으니, 또한 한 사람으로 말미암아 죽은 사람의 부활도 옵니다. 아담 안에서 모든 사람이 죽는 것과 같이, 그리스도 안에서 모든 사람이 살아나게 될 것입니다"(고전 15:21-22).

이 이야기의 기본 줄기는 아담과 우리의 결속 및 연합, 그 결과 따라오는 우리의 죽음이다. 그런데 이 연합은 이미 깨졌을 뿐 아니라, 죽음의 면전에서 우리를 살리시는 그리스도와의 새로운 연합을 통해 전복되고 역전되었다. 이러한 대조는 45-49절에서도 이어지는데, "흙으로 빚은 그 사람"의 썩으며 죽는 것에서 자유롭게 된 인간은 "하늘에 속한 그분"의 영원한 생명을 나누게 되었다. 로마서 5:12-21 역시 동일한 주제를 다루면서, 첫 아담은 새 아담(그리스도)의 모형 혹은 패턴, 원형이라고 말한다. 로마서 5:12-21은 아담이 지은 죄의 유입과 영향 그리고 어떻게 그리스도가 그러한 죄의 결과를 역전시키는지에 대해 많은 것을 말해 준다. 우리는 12절에서 특정한 생각의 흐름을 발견할 수 있다.

1. 아담을 통해 죄가 세상에 들어왔다.
2. 죽음은 아담의 죄에 따른 결과다.
3. 죽음은 모든 인류에게 퍼졌다.
4. 인간은 하나님으로부터 멀어진 채로 세상에 태어나기에 모두 죄인이다.

아담의 죄와 인류의 죄 사이에는 어떤 관계가 있는가? 사람은 아담으로부터 죄의 본성만 물려받는가 아니면 그것과 동시에 출생부터 이미 죄의 본성과 함께 우리 위에 있는 심판을 물려받는가? 이 문제는 죄의 기원에 관한 신학자들 간 논쟁에서 자주 이슈가 되며, 이 문제의 많은 부분은 죄의 전가에 대한 이해와 로마서 5:12의 난해 구절인 "모든 사람이 죄를 지었기 **때문에**"(*eph ho pantes hēmarton*)의 해석에 달려 있다. 그러나 우리는 이 논쟁이 기독교에만 존재하는 것이 아님을 기억해야 한다. 유대인 사이에서도 아담의 범죄와 그것이 인간의 죄에 미친 영향력에 대한 의견이 갈린다.

오, 아담아! 너는 무슨 일을 한 것이냐? 죄를 범한 것은 너인데, 타락은 너 혼자만이 아니라 너의 후손인 우리의 것이 되었구나. (『에스라4서』 7.118)

시초에 아담이 죄를 범하여 태어나지 않은 모든 사람에게까지 죽음을 가져왔으나, 그들 각자가 그에게서 태어났고 각자가 받을 고통을 예비하였다. (『바룩2서』 54.15)

『에스라4서』의 구절은 아담의 죄가 모든 이에게 속한다고, 혹은 그들이 어떤 형태로든 그 죄를 소유하게 되었다고 추정한다. 대조적으로, 『바룩2서』에서는 아담의 죄가 세상에 죽음을 가져오기는 했지만, 죄에 대한 처벌은 최종적으로 각자의 책임이며, 따라서 우리가 벌을 받는 것은 꼭 아담의 죄 때문이 아니라 우리 각자의 죄로 인한 것이라고 주장한다. 그래서 어느 쪽이 옳은가? 문제는 바울이 아담의 죄와 인류의 죄 사이 상관성을 분명히 전제하면서도 둘 사이에 정확히 어떤 관련이 있는지 명확히 말하지 않는다는 점이다.

우리가 다루는 이 문제는 공동체적 인격성 혹은 연합적 대표성 개념이라 할 수 있다. 즉 아담은 인류의 대표이기에, 그가 소외와 저주 아래 있다면 아담 안에서 태어난 다른 이들 역시 그 아래 있게 된다. 인간이 하나님과 다른 이에게 죄를 짓는 것은 아담의 죄를 그들 안에서 재연하고 승인하는 행위이며, 이를 통해 인간은 자신이 아담의 아들이자 하와의 딸임을 스스로 입증한다.

로마서 5:12-21의 주장은 '쉰크리시스'(synkrisis)를 포함하는데, 곧 아담과 그리스도라는 두 '유형' 혹은 두 인물 간 비교를 의미한다. 아담 안에서 세상의 이야기는 끔찍하게 잘못된 길로 갔다. 창조 세계를 다스리도록 지음받은 아담은 오히려 그것에 종속되었고, 하나님과의 친밀한 교제라는 놀라운 특권도 박탈당했다. 혹독한 운명의 시련이 찾아왔고, 하나님의 사랑을 잃은 채 낙원에서 쫓겨난다. 심지어 그의 존재 자체도 망가지고 손상되었다. 불멸의 존재로 창조된 그는 죽음의 끔찍한 공포를 경험했고, 아담으로부터 죄책과 죄의 본성을 물려받은 그의 후손 역시 마찬가지였다. 다음 세대에 갑절로 더해진 것은 축복이 아닌 죄였는데, 인류가 하나님을 잊어버렸고 더 나아가 그분을 완전히 떠나 아담의 불순종 이야기를 자신 안에서도 계속 재생했기 때문이다. 죽음이 죽음을 낳았다. 죄는 인간을 비인간화시켰고, 원래 하나님의 형상을 지녔던 그들은 서로를 물고 뜯으며 싸우는 일종의 고등 짐승이 되었다.

그러나 그리스도 안에서 세상의 이야기는 제자리를 되찾는다. 그리스도는 아담이 신실하지 못했던 지점에서 신실하게 행하셨으며, 아담이 불순종했던 지점에서 순종을 보이셨기 때문이다. 예수님은 그분의 의로운 순종의 행위를 통해 아담의 죄를 역전시킴으로써 타락한 아담의 자손을 구원하고 변화시킨다. 그리스도는 그 자신 안에서 새로운 인류를 창조하는데, 이들은 성령의 새롭게 하는 능력을 통해 타락의 영향력에서 벗어날 수 있으며 아담의 새 혈통이 된다.

보다 현대적인 비유를 든다면, 조지 루카스(George Lucas)의 대작 〈스타워즈〉(Star Wars)가 있다. '두 스카이워커의 전설'이라고도 할 수 있는 이 작품은 여러 면에서 아담과 그리스도가 인류의 두 머리로 묘사되는 로마서 5장 및 고린도전서 15장에 담긴 아담과 그리스도의 대조와 흡사하다. 두 사람은 각각 타락한 인류(아담)와 구속받은 인류(그리스도)의 대표 혹은 **전형**이다. 첫 번째 스카이워커(아나킨 스카이워커)는 포스의 어두운 면을 선택하라는 유혹을 받았을 때, 유혹에 굴복하여 죽음과 파괴와 혼란을 초래한다. 대조적으로, 두 번째 스카이워커(루크 스카이워커)는 동일한 유혹을 받지만, 제다이의 소명을 끝까지 충실하게 지켜 마침내 희망과 생명과 선의 승리를 가져온다. 사실, 루크는 신실함을 통해 첫 번째 스카이워커, 자기 아버지인 아나킨을 악에서 회복시킬 수 있었다.

두 번째 아담인 그리스도는 신실함과 순종을 통해 아담의 후손을 죄에서 구출한다. 이야기는 이렇게 정리된다. 아담이 죄를 지었고, 인간을 대표하는 아담의 죄는 모든 인간의 죄가 되었다. 인류는 아담으로부터 저주와 죄의 본성을 물려받는다. 첫 번째 아담의 불순종이 죄와 저주와 죽음을 가져왔다면, 두 번째 아담의 신실함은 의와 신원과 영생을 가져온다(6장을 보라).

아브라함

이런 노래가 있다. '아버지 아브라함에게는 많은 아들이 있었고, 많은 아들의 아버지는 아브라함이었다네.' 그런데 누가 아브라함의 자녀인가? 이는 유대인 사이에서 늘 논쟁거리가 되는 질문이었고, 궁극적으로 유대인과 그리스도인의 경계를 나누는 질문이기도 했다. 초기 그리스도인들은 예수님이 세우신 새 언약이 모세의 율법 및 아브라함의 언약과 어떤 관계인가 하는 어려운 숙제를 해결해야 했다. 아브라함의 아들이 되기 위해서는 예수님과 모세 모두가 필요한가? 바울과 그의 교회에게 아브라함 이야기는 아주 중요했는데, 아브라함 이야기는 그들이 누구이며 하나님의 백성이 되려면 무엇이 필요한지를 결정하기 때문이었다.

창세기에서 아브라함은 하나님께로부터 아버지와 고향을 떠나라는 부르심과 더불어, 그가 큰 민족을 이룰 것이며 세상의 모든 사람이 그를 통해 복을 받을 것이라는 약속을 받는다(창 12:1-3). 하나님이 아브라함과 언약을 맺으실 때, 거기에는 땅에 대한 약속도 포함되어 있었는데(창 15:7-21; 17:2, 4, 8), 이후 할례가 이 언약의 표증이 되었다(창 17:9-21). 아브라함은 아들 이삭도 기꺼이 제물(Aqedah, 묶어 놓음)로 드릴 수 있는지 하나님으로부터 시험받았고, 이 시험에서 아브라함은 신실함을 인정받았으며, 하나님은 그를 위해 손수 제물을 준비하신다(창 22:1-18).

히브리어 성경에서 아브라함이 중요한 것은, 그가 유대 민족의 조상이자 땅과 후손에 대한 약속의 근거이며 그를 통해 모든 민족이 복을 받게 될 것이기 때문이다. 제2성전 시기에는 유대인들 사이에 아브라함에 대한 해석이 성행했다. 아브라함은 이스라엘의 유산 중 기념비적 인물이었으며, 유대인들은 신실하고 의로운 삶을 고취시키기 위해 자주 그의 이야기를 들려주었기 때문이다. 그런데 많은 면에서, 유대인들이 아브라함 이야기를 들려주던 방식은 바울이 서신에서 아브라함 이야기를 다루는 방식과 뚜렷한 대조를 이룬다. 예를 들어, 여호수아 24:2-3에서 아브라함은 우상숭배에서 떠나라고 부르심받은 것으로 묘사되는 반면, 일부 유대인 저자들은 아브라함이 부르심을 받기 이전에도 우상숭배를 반대했으며, 하나님은 그에 대한 상급으로써 그를 축복하고 그와 언약을 맺으셨다고 생각했다.

첫째, 『희년서』(Jubilees)에서는 아브라함이 어렸을 때부터 '모든 사람이 조각된 형상과 더러운 것을 따라 타락했음'을 깨달았다고 말한다(『희년서』 11.16). 성인이 된 아브라함은 이방 제사장이던 아버지 데라에게 우상숭배를 그만두고 하나님을 예배하라고 간청했다(『희년서』 12.1-8). "필로의 위서"(Pseudo-Philo)에서, 아브라함은 바벨탑 건설에 참여하기를 거부했던 노아 후손 몇 명 중 하나로 나온다(『성서고대사』 6.3-18). 『아브라함의 묵시』(Apocalypse of Abraham)에서 아브라함은 아버지가 섬기는 우상들을 조롱한다(『아브라함의 묵시』 4.3-6.19).

둘째, 히브리어 성경에서도 아브라함의 순종과 의를 여러 번 언급하지만(창 26:4-5; 느 9:7-8), 일부 유대인 저자들은 아브라함이 모세의 율법을 지켰다는 다소 지나친 주장까지 나아간다. 집회서(Sirach, '시라의 지혜'라고도 부른다-역주)에서, "그는 지극히 높으신 분의 율법을 지켰고, 그래서 그분과의 언약으로 들어갔다"라고 쓴다(집회서 44.20). 논리는 이렇다. (1) 아브라함은 하나님을 기쁘시게 했다. (2) 하나님을 기쁘시게 하는 일은 율법을 지키는 것이다. (3) 따라서 아브라함은 율법을 지켰다. 율법이 아브라함보다 430년 늦게 나왔다는 사실은 그들에게 별로 중요하지 않은 것 같다. 말하자면, 어떻게 시간 순서 따위가 훌륭한 신학을 방해할 수 있냐는 것이다. 아브라함이 개인적으로 율법의 계시를 받았고, 그 율법에 순종했다는 것이 암묵적으로 전제되어 있다. 그렇지 않고는 그가 어떻게 하나님을 기쁘시게 할 수 있었겠는가?

창세기 15:6(로마서 4장과 갈라디아서 3장의 근거가 되는 핵심 구절)은 "아브람이 주님을 믿으니, 주님께서는 아브람의 그런 믿음을 의로 여기셨다"

고 기록한다. 창세기의 이 장면은 시간 순서상 하나님이 그에게 할례의 표지를 주시기 전이며, 그가 이삭을 묶어서(Aqedah) 바치기 전이다. 그렇지만 이러한 사실에도 불구하고, 일부 신구약 중간기의 저자들은 하나님이 아브라함의 미래의 순종 행위에 근거하여 그를 의롭게 여기신 것이라고 주장한다. 마카베오상은 "아브라함은 시험을 받았을 때 자신의 신실함을 드러냈고, 그것이 그의 의로 여겨진 것이 아니냐?"라고 말한다(마카베오상 2.52). 다시 말해, 일부 저자들은 창세기 15장에서 22장을 뒤에서부터 거꾸로 읽는 것이다.

바울이 성경에 나오는 아브라함 이야기를 인용할 때, 그는 분명 (로마서에서) 유대인 동족과 (갈라디아서에서) 유대인 그리스도인들이 아브라함을 이야기하는 방식을 비판하고 있다. 바울은 그의 서신에서, 반대편 사람들이 묘사하는 방식과 직접적인 대조를 이루는 아브라함의 본을 자주 상기시킨다.

로마서에서, 바울은 하나님께 영광을 돌리지 못한 타락한 인간의 특징(롬 1:23)을 하나님께 영광 돌렸던 아브라함(롬 4:20)과 비교한다. 바울에게 아브라함의 서사는 타락의 반전, 즉 아담의 범죄를 되돌리는 일이 시작되었음을 상징한다. 이것은 바울만의 독특한 시각이 아니며, 랍비 문헌에도 "나는 아담을 처음으로 만들 것이며…그가 잘못된 길로 가면 이를 해결하기 위해 아브라함을 보낼 것이다"라는 구절이 나온다[『창세기 랍바』(Genesis Rabbah) 14.6]. 유사한 방식으로, 바울은 창세기 서사들을 선교학적으로 읽으면서, 하나님이 펼쳐 보이시는 구원 계획이 아브라함과 그의 씨를 통해 열매 맺는 것으로 본다. 로마서 9:7-8에서 바울은 아브라함의 육신적 자손 모두가 이스라엘이 되는 것은 아니며, 모든 진정한 이스라엘이 아브라함의 육신적 자손으로만 이루어지는 것도 아니라고 주장한다.

바울은 로마서 4장에서, 하나님이 사람을 믿음으로 구원하시며, 결과적으로 구원은 행위로 받는 것이 아니고 이스라엘 사람에게만 제한되어 있는 것도 아니라는 성경적 증거로 아브라함 이야기를 사용한다. 바울은 '여기다'라는 핵심 단어로 연결된 창세기 15:6과 시편 32:2을 사용하여, 하나님이 의롭게 여기시는 것은 율법의 행위가 아닌 믿음에 근거함을 보여 준다. 누구나 생각할 수 있듯이, 이러한 주장은 행위에 따른 상급, 곧 상급 신학에 대한 분명한 공격이다. '율법의 행위'는 할례도 포함하는데, 할례는 유대인 남자를 구별해 주는 표지 중 하나였다. 하나님이 오직 할례를 받은 이들만 인정하신다는 것은 곧 하나님의 구원이 유대인에게만 제한되어 있다는 말과 같았다. 반대로, 하나님이 의롭다고 인정하시는 것이 율법의 행위와 상관없는 일이라면, 할례나 유대인이 되는 것 자체는 더 이상 그분과 바른 관계를 맺기 위해 있어야 할 필수 요소가 아니었다.

이를 증명해 주는 것이 곧 아브라함이다. 그가 의롭다 여김받은 것은 할례를 받기 이전이기 때문이다. 할례는 그가 믿음으로 이미 받은 의에 '인'을 친 것이지, 의를 얻기 위한 조건이 아니었다. 따라서 아브라함은 개종자(할례를 받고 유대교로 개종한 사람)의 전례가 아닌, 그리스도를 믿는 비유대인 그리스도인의 전례로 볼 수 있다.

따라서 아브라함은 할례를 받았든 받지 않았든 상관없이 모든 믿는 자의 아버지다. 그가 받았던 약속은 율법이 아닌 믿음을 통해 왔으며, 율법은 저주를 가져오지만 믿음은 의를 가져온다. 아브라함은 생명을 주시는 하나님의 능력을 믿었고, 그리스도인 역시 그것과 동일한 믿음으로 부활하신 주를 고백한다. 바울은 그의 독자들에게, 아브라함이 지녔던 믿음의 **행위**, 믿음의 **대상**, 믿음의 **결과** 간의 구체적 관계를 보여 주고자 애썼다.[1] 또 어떻게 아브라함이 할례를 받기 이전 그리고 율법이 등장하기 이전에 약속과 축복을 받았는지 자세히 설명한다.

바울은 갈라디아서 3장에서, 갈라디아 교인들이 성령을 받은 것과 아브라함이 의롭다 여김받은 것을 동일하게 다룬다. 아브라함처럼 믿음을 통해, 갈라디아 교인들은 아브라함의 자녀가 되었다. 모든 민족에게 축복이 될 것이라는 아브라함이 받은 약속은 복음을 예견하는데, 하나님은 아브라함을 의롭다고 인정하셨던 것과 동일한 방식, 즉 믿음을 통해 이방인을 의롭다고 인정하시기 때문이다. 바울은 로마서에서도 아브라함의 인생에 율법을 역으로 투사했던 유대식 아브라함 해석과는 반대로, 아브라함과 율법의 행위를 추구하는 자들을 대조한다. 율법은 성령도, 아들의 신분이나 의도 가져오지 못하며, 오직 율법을 지키지 못한 데 따르는 저주만 불러올 뿐이다. 사실, 그리스도는 그들을 위해 스스로 저주받은 자가 됨으로써 믿는 자들을 이 저주로부터 구속하셨으며, 이를 통해 그들(이방인)도 아브라함에게 약속된 복을, 장차 올 세상에서 받을 상속의 담보이신 성령과 함께 받을 수 있게 되었다(갈 3:14; 엡 1:13-14; 롬 15:8).

---

1 M. F. Bird, *The Saving Righteousness of God: Studies in Paul, Justification, and the New Perspective*, PBM (Milton Keynes: Paternoster, 2007), p. 50.

결론은 아브라함의 자녀가 되기 위해 모세의 자녀가 될 필요는 없다는 것이다. 아브라함보다 430년 늦게 나온 모세 언약은 아브라함이 받은 약속을 무효로 만들거나 폐기하지 못한다. 이렇듯, 바울은 성경의 서사를 순차적으로 읽는다. 랍비들과 그들의 조상은 토라에는 시간 개념이 없다고 주장했던 반면, 바울은 보다 넓은 구속사적 맥락 안에 아브라함을 위치시키면서, 아브라함이 받은 약속들이 율법과 모세 언약보다 앞선다고 본다.

더 나아가, 율법에 근거해 상속이 이루어진다면, 아브라함에게 주어진 약속인 하나님의 은혜에 근거한 약속은 폐기된다. 율법이 약속의 정반대는 아니라 할지라도, 죄를 죄로 드러나게 하기 때문에 약속을 실현하지 못한다. 이에 반해, 믿음과 세례를 통해 갈라디아 교인들은 그리스도로 옷 입고, 새 창조의 일부가 되어 율법이 초래했던 모든 민족적 경계를 허문다. 그들이 그리스도께 속해 있다면, 그들은 아브라함의 씨이며, 약속의 완전한 상속자다. 리처드 헤이스(Richard Hays)는 이렇게 쓴다.

바울이 말하고자 하는 바는, 제대로 이해된 유대교에서는 아브라함과의 관계에 대한 준거를 아브라함의 육신적 후손이라는 사실에 두지 않고(kata sarka), 약속을 주신 하나님에 대한 아브라함의 믿음을 공유하는 데에 둔다는 것이다. 그런 면에서, 복음은 모든 사람이(이방인을 포함하여) 믿음을 통해 하나님과 바른 관계로 들어가게 한다는 점에서 율법을 확증한다. 즉 복음은 율법의 가르침에 담긴 실제적 본질과 일치한다. 이것이 곧 바울이 자신의 창세기 해설을 통해 입증하고자 했던 전제였다.…복음은 토라를 확증한다.

바울에 따르면, 편협한 민족 중심적 형태의 유대교만이 하나님은 유대인만의 하나님이시며 아브라함은 '육체에 따른', 이를테면 자연적 혈통에 근거한, 하나님 백성의 시조라고 주장할 것이다.[2]

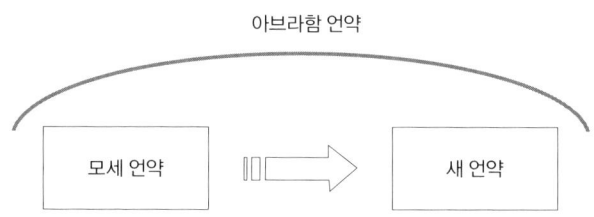

부가 설명을 하면, 위의 도표는 아브라함 언약이 포괄적 언약으로서, 모세 언약의 역할을 예레미야와 에스겔이 예언했던 새 언약의 전례 혹은 전조로 결정짓는다고 여긴 바울의 관점을 보여 준다. 새 언약은 단순히 모세 언약의 갱신이나 재공표가 아니라, 아브라함 언약의 성취인 것이다. 벤 위더링턴(Ben Witherington)은 바울 생각의 흐름을 이렇게 잡아낸다.

새 언약은 아주 많은 면에서 아브라함과 더불어 시작된 언약의 성취로 볼 수 있다. (1) 아브라함 언약과 새 언약 모두 그 수혜자가 되는 근거는 하나님의 약속을 믿는 믿음에 있다. (2) 두 언약 모두 할례를 받은 자뿐 아니라 받지 않은 자까지 포함한다. 바울의 관점에서, 창세기 15장은 17장보다 앞에

---

[2] R. B. Hays, *Echoes of Scripture in the Letters of Paul* (New Haven: Yale University Press, 1989), pp. 54-55.

나오기 때문에 할례는 아브라함이 받은 언약을 세우는 데에 필요한 본질적인 부분이 아니었다. (3) 두 언약 모두 하나님이 주신 후손들을 포함한다. (4) 두 언약 모두 영원한 언약이다. (5) 두 언약 모두 땅에 관한 약속이라기보다는, 세상 전체에 관한 약속이다. 아브라함 **안에서** 인류의 모든 가족이 축복을 받고, 아브라함**으로부터** 많은 민족이 나오며(창 17:6), 궁극적인 그의 후손—아브라함의 씨인 그리스도—을 **통해** 할례를 받은 자나 받지 않은 자나 모두 하나님의 가족이 될 것이기 때문이다. 따라서 나는 바울이 그리스도 안에 있는 새 언약을 아브라함 언약의 완성 혹은 성취로 보았다고 결론짓는다.[3]

따라서 이야기는 이렇게 정리된다. 하나님은 아브라함을 우상숭배에서 불러내셨고, 그를 통해 민족들을 축복하실 것이라고 약속하셨다. 이는 복음을 예견한 것으로, 이방인들이 성령을 받고 아브라함의 약속된 씨인 그리스도를 믿는 믿음으로 하나님의 자녀가 될 것이다.

이스라엘

구약성경은 자주 이스라엘 이야기를 도발적이며 강렬한 방식으로 다시 들려주는데, 신명기 26:5("내 조상은 떠돌아다니면서 사는 아람 사람으로서")이나 에스겔 16:45("너희의 어머니는 헷 사람이며, 아버지는 아모리 사람이다")이

---

3 B. Witherington III, *Paul's Narrative Thought World* (Louisville: Westminster John Knox, 1994), p. 47.

그 예다. 초점은 올바른 시각으로 이스라엘의 과거를 되돌아봄으로써 현재를 대하는 태도에 영향을 주는 데에 있었다. 이와 유사하게, 바울도 예수님의 오심에 비추어 이스라엘 이야기를 새로운 시각으로 바라본다. 이스라엘을 규정하는 것은 더 이상 인종이나 토라가 아니라, 영적인 자녀가 되는 것과 메시아 안에 거하는 것이다.

갈라디아서 뒤에는 이런 질문이 숨어 있다. '누가 하나님의 백성인가?' 혹은 '누가 이스라엘에 속하는가?' 바울의 답은 '메시아를 믿는 사람들'이다. 그러나 갈라디아 교인들에게 영향력을 미치기 시작한 어떤 교사들은 바울의 메시지가 빠뜨리고 있는 것을 채우고 그들의 구원을 확실히 완성하기 위해서는 율법을 지켜야 한다고 부추겼다. 갈라디아서 4:21-31에서 바울은 비유를 통해, 아브라함에게 주어진 언약은 율법의 혈통을 따를 필요가 없다고 주장한다.[4]

율법	그리스도
아브라함	
하갈 언약	사라 언약
이스마엘('육신')	이삭('약속')
박해자	박해를 당하는 자
종의 자녀	자유인의 자녀
시내 산	시온 산? 골고다? 천국?
지상의 예루살렘	하늘에 있는 예루살렘
종노릇하는	자유로운
유대교 개종파	바울
옛 언약	새 언약

3. 숨어 있는 이야기들

바울은 이미 갈라디아서 3:15-4:7에서 율법이 임시적 조치 혹은 약속과 성취 사이에 낀 삽화라고 주장했다. 율법은 우리를 그리스도께 이끄는 '파이다고고스'(paidagōgos), 혹은 개인교사였다. 갈라디아서 4장에서 바울은 꽤 창조적인 주장을 제시하는데(아마도 갈라디아의 반대자들이 내놓은 유사한 주장에 반박하며), 약속은 율법을 준수하거나 이스라엘 민족의 일원이 되는 것을 통해 자동적으로 쌓이는 것이 아니다. 대신, 약속은 전혀 다른 계보, 곧 **믿음**의 계보를 따라 온다. 바울이 갈라디아서의 마지막에 나오는 축도에서 "하나님의 백성 이스라엘"을 언급하는 것은 별로 놀랍지 않다(갈 6:16). 주석가들은 이것이 이스라엘 민족을 의미하는지, 바울과 대립하지 않았던 유대인 그리스도인을 의미하는지, 유대인과 이방인이 하나 된 교회를 의미하는지를 놓고 서로 다른 의견을 내놓는다.

나는 다음 세 가지 이유로 마지막 의견을 지지한다.

1. 바울은 편지 내내 유대인과 이방인이 한 몸이 되어야 한다고 역설해 왔다. 따라서 편지를 마무리하는 시점에 갑자기 유대인과 이방인을 구분하여, 유대인에게만 '하나님의 백성 이스라엘'이라는 특권적 호칭을 사용하는 것은 앞뒤가 맞지 않다.
2. 바울은 다른 구절에서도 일반적으로 이스라엘을 묘사하던 언어를 그리스도인들에게 사용한다(예를 들어, 빌 3:3; 골 3:12).

---

4 도표는 S. McKnight, *Galatians*, NIVAC(Grand Rapids: Zondervan, 1995), p. 229에서 가져왔다.

3. 바울이 그리스도를 믿는 믿음과 상관없이 이스라엘을 축복할 리가 없다. 그리스도를 사랑하지 않는 자들은 저주 아래 있기 때문이다(고전 16:22).

고린도후서 3장에서, 바울은 두 언약과 두 사역을 대조한다. 모세의 언약과 사역, 그리스도 및 사도들의 언약과 사역이 그것이다. 모세의 언약은 빛나는 영광에 싸여 있으나, 그 영광의 빛은 점차 사그라들며 죽음을 가져온다. 반대로, 새 언약은 생명을 가져오는 더 크고 뛰어난 영광을 지녔다. 바울은 율법이 사람에게 가져오는 결과와 성령이 가져오는 결과를 대조한다. 즉 문자는 사람을 죽이지만 성령은 사람을 살리고, 모세의 언약은 유죄를 선고하지만 새 언약은 의를 가져온다.

로마서는 이스라엘의 문제와 예수님의 오심에 비추어 이스라엘의 역사를 어떻게 해석할 것인가의 문제를 다룬다. 2장에서 바울은 유대인을 상대로 가상의 논쟁을 벌인다. 이 논쟁에서 대단히 중요한 전제는 하나님은 차별이 없으시다는 것, 이는 곧 하나님 앞에서 유대인이 자랑할 근거가 아무것도 없음을 의미한다는 사실이다. 위선을 행하는 유대인들은 토라 **준수**를 근거로 자신의 도덕적 우월함을 주장할 수 없다(2:1-11). 마찬가지로, 그들보다 더 훌륭하게 토라를 실천하는 수많은 (그리스도인) 이방인이 존재하므로, 토라의 **소유권**도 주장할 수 없다(2:12-16).

민족적 특권(2:17-24)도, 할례의 증표(2:25-29)도 하나님 앞에서 의롭다 여김을 받기 위한 조건이 되지 못한다. 바울은 하나님이 이스라엘을 "눈먼 사람의 길잡이", "어둠 속에 있는 사람의 빛"이 되라고 부르신 것을 언급하는데, 이 주제는 다른 유대 문헌에서도 나온다.[5] 그는 이스라엘을 "제사장 나라"(출 19:5-6), "이방의 빛"(사 42:6; 49:6)으로 부르셨다고 말하는 성경에 기초하여 자신의 논지를 세운다. **세상을 위한** 이 스라엘이 되기를 거부하는 이스라엘은 그들의 언약적 지위를 박탈당한다. 이스라엘의 문제는 토라의 의를 지키지 못한 점뿐 아니라, 하나님의 구원이 이방 민족에게로 퍼지게 할 언약적 의무에 따라 살기를 거부했다는 점이었다.

대신, 그들은 자신이 토라를 준수하고, 이방 민족보다 우월하며 이방 민족에 맞선다고 자랑했다. 그러나 그들은 율법을 지킬 때에만 할례가 유익하며, 율법을 지키는 것이 할례와 똑같은 가치로 여겨질 수 있음을 잊어버렸다(우리는 여기서 바울이 어디로 향하는지 볼 수 있다. 바울은 로마서 9장에서 말하고자 하는 바를 위해 길을 놓고 있다). 바울에 대한 오해를 피하기 위해 덧붙이자면, 그는 로마서 3:1-5에서 유대 민족의 유익과 특권을 분명히 한다. 단, 그들이 심판에서만큼은 하나님의 공평하심을 인정한다는 단서 하에서 그렇다.

로마서 9-11장에서, 바울은 '이스라엘'의 문제를 더 깊이 다루기 위해 여러 방식으로 이 주제들로 다시 돌아간다. 특히 이 대목에서는 두 상대와 싸운다. 첫 번째 상대는 복음이 이스라엘이 아닌 이방인을 위한 것이라고 생각하는 이방인이다. 두 번째 상대는 하나님이 예비하

---

[5] 『시빌 신탁』(Sybilline Oracles) 3.194-195; 『레위의 유언』(Testament of Levi) 14.4; 요세푸스, 『아피온 반박문』(Against Apion) 2.291-295 참조.

신 구원은 여전히 이스라엘에만 제한되어 있다고 확신하는 유대인, 유대인 그리스도인, 유대교 개종자다. 바울은 이스라엘을 위해서라면 스스로 저주를 당해도 좋다는 간절한 바람을 토로하면서 로마서 9장을 시작한다. 그런 다음, 유대 민족의 복을 열거한다. 그 뒤로 다음과 같은 세 단계의 이스라엘에 대한 그의 묵상이 따라온다. (1) 과거의 이스라엘(9:6-29), (2) 현재의 이스라엘(9:30-10:21), (3) 미래의 이스라엘 (11:1-36).[6]

과거의 측면에서, 신실하게 믿음을 지킨 남은 자들의 존재는 새로운 일이 아니며, 오직 하나님의 택하시는 은혜에 달려 있다. 현재의 이스라엘은 토라에 대한 열심 때문에 그리스도에 걸려 넘어졌다. 비극적인 것은, 율법이 약속하던 목적을 성취하고 모든 믿는 자로 하여금 의를 얻게 하신 바로 그분을 그들이 거부했다는 점이다(롬 10:4). 하나님의 공평하심은 이스라엘도 무지로 인한 징계를 받을 수 있다는 것을 함축하지만, 또한 이스라엘의 불신앙으로 인해 이방인도 이스라엘의 소망 안으로 들어오는 것을 허락하심으로써 구원의 지평이 확장될 수 있다는 표지이기도 했다.

미래의 측면에서, 이스라엘의 실패는 이방인에 대한 경고가 된다. 하나님이 올리브 나무의 본 가지(이스라엘)를 잘라내실 수 있다면, 접붙인 가지(이방인) 역시 잘라내실 수 있다. 그러나 경고는 약속을 수반한다. 즉 반대로 하나님이 올리브 나무에 다른 가지(이방인)를 접붙이실 수

---

6 T. H. Tobin, *Paul's Rhetoric in its Contexts: The Argument of Romans* (Peabody: Hendrickson, 2004), p. 321.

있다면, 그 나무의 본 가지(이스라엘)를 다시 접붙이는 것은 얼마나 더 쉽겠는가. 언약에 대해 하나님이 신실하시다는 것은 이스라엘을 영원토록 결코 버리지 않으신다는 의미다. 바울의 소망은 이방인이 들어온 것이 이스라엘의 질투심을 자극하여 그들이 메시아를 받아들이고, 마지막에는 '온 이스라엘이 구원을 받게 [되는] 것'이었다(롬 11:26).

예수님

예수님 이야기는 바울에게 심히 중요하다. 첫째, 그는 예수님이 '보내심'을 받았다고 말하는 여러 구절을 통해 그분의 성육신을 말하며(갈 4:4; 롬 8:3), 예수님의 겸손과 높임받음의 유형을 그분이 원래 계셨던 위치에 비추어 언급한다(고후 8:9; 빌 2:5-11). 둘째, 예수님의 순종과 신실하심 역시 바울에게 매우 중요한 부분이다. 밀턴의 서사시 『복낙원』(Paradise Regained)은 십자가가 아닌 시험 이야기에 초점을 맞추는데, 구원을 가져온 것이 예수님이 시험을 받을 때 아버지께 순종하심을 통해서였기 때문이다. 로마서 5:12-21에서는 바울도 예수님의 순종이 구원의 결과를 가져왔다고 본다는 것에는 의심할 여지가 없다. 그러나 또한 나는 적어도 두 곳, 이를테면 에베소서 3:12과 빌립보서 3:9에서 바울은 구원에서 예수님 자신의 신실하심이 갖는 중요성을 언급한다고 확신한다. 예를 들면, 나는 빌립보서 3:8-9을 다음과 같이 번역한다.

그를 위하여 나는 모든 것을 잃었고, 그 모든 것을 인간의 오물로 여깁니다. 메시아를 얻고 메시아 안에 있는 사람으로 인정받기 위해서입니다. 율법에서 오는 내 자신의 의가 아닌, **메시아의 신실함**을 통해 오는 의, 곧 믿음에 근거하여 하나님으로부터 오는 의를 얻기 위해서입니다.

예수님의 순종과 하나님의 구원하는 행위 간 상관관계는 그리스도가 하신 일과 하나님이 하신 일이 동전의 양면이라는 사실을 함축한다.[7]

조금 더 헷갈리는 질문은 바울에게 '역사적 예수'에 대한 지식이 있었는가 하는 것이다.[8] 한 세대 이전 시기에, 바울이 고린도후서 5:16에서 더 이상 "육신의 잣대로 그리스도를" 알기를 거부한다고 말하는 구절에 많은 관심이 집중된 적이 있다. 이 구절은 사도가 역사적 인물인 예수님에게 의도적으로 무관심했다는 증거로 사용되었다. 그러나 반대로 바울이 말하는 바는, 그가 전에는 세상적인 관점으로 그리스도를 보았으나 이제는 "그리스도 안에" 있는 이의 관점으로 그리스도를 이해한다는 것이다. 바울이 언급하고 있는 것이 메시아에 대한 잘못된 인식에 기초해 있던 그리스도에 관한 이전 지식일 수 있고, 아니면 예수 운동에 대해 이전에 지녔던 적대감일 수도 있다. 그러나 둘 중 어느 쪽도 역사적 예수에 대한 바울의 관심을 부정하지는 않는다. 제롬 머피 오코너(Jerome Murphy-O'Connor)는 다음과 같이 쓴다.

역사적 예수는 바울 신학에서 핵심이다. 에베소서를 쓴 제자가 예수님을 그

---

[7] L. E. Keck, 'Paul in New Testament Theology: Some Preliminary Remarks' in *The Nature of New Testament Theology*, ed. C. Rowland and C. Tuckett (Oxford: Blackwell, 2006), p. 114.

[8] 참고. M. F. Bird, 'The Purpose of Preservation of the Jesus Tradition: Moderate Evidence for a Conserving Force in its Transmission', *BBR* 15(2005), pp. 164-165.

리스도라는 진리로 제시했을 때(엡 4:21), 이는 사도의 생각을 제대로 파악한 것이었다. 바울의 회심자들이 자신이 믿는 그리스도와 역사 속 예수를 구분하려 할 때, 바울은 영광의 주가 바로 십자가에 달린 예수라고 선포함으로써(고전 2:6), 또한 그들이 받아들인 그리스도는 곧 '주 예수'이심을 강조함으로써(골 2:6) 대응했다. 그가 역사적 예수를 전했다는 암시는 "우리가 전하지 않은 다른 예수를 전[하는]"자들에 대한 바울의 비난에서 공식적으로 확인된다(고후 11:4).[9]

바울 서신에서 예수 전통은 두 가지 형식으로 전승되는데, 예수님이 하신 말씀을 직접 **인용**하거나, 예수님의 가르침을 **되울리는** 구절을 통해서다.[10] 주목할 점은, 이 같은 예수님의 가르침을 인용하거나 되울리는 구절들이 실제적인 문제를 다루는 부분에서 보다 자주 등장한다는 것이다(예를 들어, 고전 7-15장; 롬 12-15장; 골 3장; 살전 5장).

몇 가지 예를 들어보면, 고린도전서 7:10-11에서 바울은 예수님이 이혼을 금하신 것을 언급한다(막 10:9-12; 마 5:31-32; 19:3-9; 눅 16:18). 고린도전서 9:14에서 복음을 전하는 사람들이 복음 전하는 일로 생계를 유지할 수 있게 하라는 명령은 누가복음의 전도 여행 담화에 나오는 예수님의 가르침을 암시한다(눅 10:7). 고린도전서 11:23-25에 언급된 성찬식 전통은 마지막 만찬에서 예수님이 하신 말씀을 떠올리게

---

9 J. Murphy-O'Connor, *Paul: A Critical Life* (Oxford: Oxford University Press, 1997), p. 91.
10 D. Wenham, *Paul: Follower of Jesus or Founder of Christianity?* (Grand Rapids: Eerdmans, 1995)를 보라.

한다(막 14:22-25; 마 26:25-29; 눅 22:14-23). 전체적으로 볼 때, 바울이 예수 전통을 취하는 방식은 인용이기보다는 '재진술'이라고 부르는 것이 적합하다.[11] 바울 서신에 나오는 예수님에 관한 언급에서 (이것이 그의 지식 전체를 대표하지는 않지만) 우리는 다음과 같은 점들을 관찰한다.

그는 여자의 몸에서, 율법 아래에 있는 인간(롬 9:5), 즉 유대인으로 태어나셨으며(갈 4:4), 다윗의 혈통을 물려받았으나(롬 1:3; 15:12) 아담과 같지는 않았다(롬 5:15). 그에게는 야고보라 부르는 이를 비롯한 여러 형제들이 있었고(고전 9:5; 갈 1:19), 잡히시던 밤에 식사를 하셨고(고전 11:23-25), 십자가에 달려 죽으셨으며(빌 2:8; 고전 1:23; 8:11; 15:3; 롬 4:25; 5:6, 8; 살전 2:15; 4:14 등) 무덤에 묻히셨고(고전 15:4), 3일 만에 살아나셨으며(고전 15:4; 롬 4:25; 8:34; 살전 4:14 등), 후에 베드로와 제자들과 다른 사람들에게 나타나셨다(고전 15:5-7).[12]

중요한 점은 바울 서신에 그가 '믿음의 그리스도'를 '역사의 예수'와 대립시켰다는 증거가 전혀 보이지 않는다는 것이다. 바울 기독론의 중심축은 십자가에 달린 예수님을 부활하고 높임받으신 주와 동일시하는 것이다.

---

11 S. Kim, 'Jesus, Saying of', in *DPL*, ed. G. F. Hawthorne, R. P. Martin and D. G. Reid (Downers Grove and Leicester: IVP, 1993), p. 482.
12 S. E. Porter, 'Images of Christ in Paul's letters', in *Images of Christ: Ancient and Modern*, ed. S. E. Porter, M. A. Hayes and D. Tombs (Sheffield: Sheffield Academic Press, 1997), pp. 98-99.

교회

우리가 마지막으로 살펴보아야 할 이야기는 교회 이야기다. 바울의 서신은 우리에게 팔레스타인, 시리아, 소아시아, 그리스, 이탈리아, 크레타의 많은 교회에 있었던 삶과 분투에 대해 증언한다. 이 집단은 여러 이름으로 불리는데, '에클레시아'(ekklēsia), 혹은 교회, 그리스도의 몸, 성도들, 사랑받은 자, 선택받은 자 등이 그 예다. 그들은 예배하는 공동체, 국제적 공동체, 가르침의 공동체, 성령이 이끄시는 공동체, 선교적 공동체였다. 그들은 새로운 피조물(고후 5:17)이었으며, 특권이나 지위를 경제적·사회적·민족적 또는 성별상의 우월함이 아니라, 그들을 하나로 묶으신 그리스도 예수에게서 찾았다(갈 3:28; 5:6; 6:15; 고전 7:19; 골 3:11).

이 영역에서는 "주님도 한 분이시요, 믿음도 하나요, 세례도 하나"다(엡 4:5). 교회 안의 개인들은 하나의 식탁 교제권, 즉 동일한 주님을 예배하고, 한 성령을 받았으며, 같은 믿음을 가지고, 세례의 끈으로 묶여 있고, 공동의 선교에 참여하고, 평화를 이루며, 서로를 격려하는 일을 추구하라고 부르심을 받았다. 이 교회들이 모든 면에서 완벽했다는 것은 아니다. 그들은 박해를 당했고, 지역 유대인 공동체와 어떤 형태로든 유대감을 발견하기 위해 고투해야 했다. 이러한 모든 문제 가운데서 내부적인 분열 역시 존재했으며, 고린도전후서가 입증하듯 이 분열은 때로 아주 신랄해지기도 했다.

로마서 14-15장에는 서로 다른 신념을 지닌 개인들이 예배 안에서 조화를 이루며 공존하는 길을 위한 바울의 비법이 나온다. 이교도 세상의 종교는 종종 윤리와는 무관했으며 일부 토착 종교는 사악한 의식들을 조장하기도 했다. 이에 맞서 바울은 신도들에게 윤리적으로 바른 삶을 살라고 끊임없이 경고해야 했다. 동시에 이 사람들 안에 일하고 계신 하나님이 그분의 목적대로 열매를 맺으실 것이며(빌 2:12-13), 그들을 자기 아들의 형상과 닮아 가게 하신다는 사실(예를 들어, 롬 8:29; 12:2; 고후 3:18)로 위안을 얻었다. 결국 하나님의 신실하심이 사도로서 행한 그의 사역을 헛되지 않게 하실 것이다(고전 1:8-9).

에클레시아는 새 이스라엘, 새로운 인류(골 3:1-17)가 되기 위해 부름받은 하나님의 백성이다. 교회는 카리스마적이고(성령을 받음), 다민족적이며(유대인과 이방인을 포함함), 그리스도 중심적이고(성찬, 세례, 그리스도를 닮아 감), 서로 연합되었으며(한 몸으로 세례받음), 사회의 일부분을 이루지만(선교), 사회를 답습하지는 않는다(거룩함).

4장

다른 사람의 편지 읽기

이미 말했듯이, 바울은 그의 서신을 통해 가장 잘 알려져 있다. 이 편지들을 읽는다면, 이는 다른 사람에게 온 편지를 우리가 읽는 것과 같다.[1] 바울 서신은 우리를 **위해** 쓰이긴 했지만, 우리**에게** 쓴 편지는 아니기 때문이다. 그래서 우리는 그 편지들을 읽으면서 대화 안으로 들어가기는 하지만 한쪽 이야기만 듣는다. 이번 장에서는 바울의 각 서신을 요약하고, 배경과 내용 및 중요성을 간단히 살펴볼 것이다.[2]

이를 주요 장으로 포함시킨 이유는, 많은 그리스도인들과 대학교 졸업반 학생들조차 바울 서신의 실제 내용은 잘 모른다는 것을 알게 되었기 때문이다. 특별히 마음에 와 닿는 로마서 몇 구절을 암송할 수 있거나 바울 연구사를 손바닥처럼 꿰뚫고 있다 해도, 실제로 바울이 그의 서신에서 말하는 내용을 대략적으로도 모른다면 아무 소용이 없다. 바로 그것이 내가 학생들에게 신약성경의 책별 개요를 공부하게 하고 개별적 바울 서신의 기본 내용을 파악하게 하는 이유이며, 이번 장의 목적이기도 하다.

갈라디아서: 복음의 진리를 위해 싸우다

예루살렘 공의회가 열리기 전(행 15장을 보라), 바울은 갈라디아 교회에 선동가들이 들어와 교인들로 하여금 할례를 받고 모세의 율법을 따

---

1 R. B. Hays, *First Corinthians* (Louisville: Westminster John Knox, 1997), p. 1.
2 각 서신의 보다 자세한 요약을 위해서는 I. H. Marshall, *New Testament Theology: One Gospel, Many Witnesses* (Leicester:Apollos, 2004); C. L. Blomberg, *From Pentecost to Patmos* (Nottingham: Apollos, 2006)을 보라.

르게 하고 있다는 소식을 듣는다. 바울에 대해 그들이 비판했던 것은 본질적으로 악의적인 것은 아니었으며, 아마도 자신들이 바울의 메시지에 명백히 결핍되어 있는 것을 보완해 준다고 생각했을 것이다. 그리고 바울이 할례를 가르치지 않는 것은 그 문제에 대한 그의 이중적 태도 때문이라고 설명했을 것이다.

바울은 첫 인사부터 자신의 사도직이 하나님께로부터 왔으며 믿는 자들을 죄와 악한 세대에서 구하는 그리스도의 죽음에는 우주적 권세가 있다고 강조한다. 주목할 점은 갈라디아 교인들에 대한 감사 기도가 빠져 있다는 사실이다. 다시 말해, 바울은 지금 기분이 별로 좋지 않다(1:1-5). 곧바로 그는 갈라디아 교인들이 그렇게 빨리 다른 복음으로 돌아선 것을 반어적으로 꾸짖는데, 이렇듯 바울은 책망으로 편지를 시작함으로써 어떤 이들의 주장처럼 그가 '사람들의 마음을 기쁘게 하려'는 것이 아님을 증명한다(1:6-10). 뒤이어, 바울은 자신의 회심 사건에 대해 말하면서, 자신의 복음은 그리스도로부터 직접 계시를 받은 것이지 유대인 교회 지도자들을 통해 전해 받은 것이 아님을 길게 강조한다(1:11-24).

바울은 디도와 동행했던 또 다른 예루살렘 방문에 관해 언급하면서, 이 방문에서 디도가 할례를 강요받지 않았을 뿐 아니라, 야고보, 게바(베드로), 요한으로부터 자신이 전하는 복음의 타당성과 이방인을 대상으로 하는 자신의 사도직의 합법성을 인정받았다고 쓴다(2:1-10). 그런데 게바가 안디옥에 왔을 때 "야고보에게서 [온] 몇몇 사람"의 요청으로 유대인과 이방인이 교제하던 자리를 떴는데, 야고보는 유대교로 개종하지 않은 이방인이 식사 교제에 동등하게 참여할 수 있게 하는 것을 반대하던 인물이었기 때문이다. 바울은 베드로의 위선(사도행전 10-11장에 기록된 그의 이전 행동에 비추어 볼 때)을 따끔하게 나무라면서, 그러한 행동은 "복음의 진리를 따라 똑바로 걷지 않는 것"이라고 힐난한다(2:11-14).

이어지는 구절에서 바울은 편지의 핵심 논지, 즉 율법의 행위가 아닌 믿음으로 의롭다 함을 받는다고 주장한다(2:15-21). 그런 다음, 갈라디아 교인들이 아브라함의 자손이 되는 것은 그들이 성령을 받았기 때문이지, 율법에 순종하기 때문이 아니라고 주장한다(3:1-5). 바울은 창세기 15:6과 하박국 2:4 말씀에 근거하여 의가 믿음을 통해 온다는 것을 보여 주고, 율법이 가져오는 것은 의와 생명이 아닌 저주임을 보여 주는 신명기 27:26과 레위기 18:5을 들어 대조한다(3:6-14).

다음으로, 모세의 율법이 아브라함이 받은 약속을 폐지하거나 무효로 만들지 못함을 밝힌다. 율법은 약속된 아브라함의 씨가 올 때까지 있었던 일시적 개인교사이기 때문이다(3:14-29). 그리스도가 하신 일은 믿는 자들로 하여금 종이 아닌 자녀가 되게 한다(4:1-7). 그리스도 안에 있는 구원을 받은 뒤 다시 율법을 지키려는 것은 이미 풀려난 종노릇을 다시 하려는 것이나 마찬가지다(4:8-20). 하갈과 사라의 비유로, 모세 언약으로 돌아가는 것은 이미 그들이 자유로운 여자의 자녀가 되었음에도 종살이의 멍에에 다시 예속되는 것임을 보여 준다(4:21-31). 대신, 갈라디아 교인들은 그들의 자유를 기뻐해야 하며, 할례를 받지 말아야 한다(5:1-12). 그러나 이 자유는 의무를 수반한다. 갈라디아 교인들은 육체가 아닌 성령을 따라 살아야 하는 것이다(5:13-26).

바울은 마지막으로 공동체 생활에 대한 몇 가지 교훈을 주고(6:1-10),

그들에게 십자가가 할례보다 훨씬 뛰어난 일을 하므로 할례를 받지 말라는 간곡한 호소로 편지를 끝맺는다(6:11-18). 갈라디아서의 핵심은 타협할 수 없는 복음의 중심성, 구원을 위한 복음의 완전성, 그리스도인의 삶을 변화시키는 복음의 능력이다.

데살로니가전후서: 기다릴 만한 가치가 있는 마지막

데살로니가에서의 사역 이후 아테네와 고린도로 옮겨 간 바울은 그곳에서 역경을 당하고 있는 데살로니가 교인들을 격려하고 그들에게 재림에 대한 열망을 고취하고자 편지를 썼고(데살로니가전서), 그 이후 다시 한 번 재림에 대한 오인 혹은 오해를 바로잡기 위해 두 번째 편지를 썼다(데살로니가후서).

데살로니가전서의 서두 인사에는 바울의 동역자 실라와 디모데의 이름이 함께 언급되고, 데살로니가 교인들의 믿음과 사랑, 예수님께 둔 소망으로 인해 자신이 늘 하나님께 감사드린다고 말한다(1:1-3). 바울은 데살로니가 교인들의 모범이었고, 또 그들은 마케도니아와 아가야에 있는 모든 신도들의 모범이 되었다(1:4-10). 바울은 그들과 함께 있을 때 자신이 어떻게 행했는지, 즉 밤낮으로 일을 하고, 하나님을 경외하며, 한 번도 자신을 내세우지 않았음을 그들에게 상기시킨다(2:1-12). 그다음, 다시 한 번 그들에 대한 감사 기도를 드리는데, 특히 그 감사의 배경에는 유대 사람들의 핍박이 있었다(2:13-16). 그리고 바울은 간절히 그들을 보기 원한다고 말한다(2:17-20). 디모데를 보낸 일과 그가 바울에게 돌아가 데살로니가 교인들의 상황을 알려 준 일의 경위는 그들을 위한 짧은 기도에서 절정에 달한다(3:1-13).

다음으로 바울은 하나님을 기쁘시게 하는 삶을 살라고 그들을 권면한다. 즉 음행을 멀리하고, 교우 간에 사랑하며, 외부 사람들이 볼 때 조용하고 생산적인 삶을 사는 것을 의미했다(4:1-12). 데살로니가 교회의 일부 교인들은 재림에 대해, 특히 재림 전 이미 죽었거나 죽게 될 신도들의 운명에 대해 궁금해했던 것 같다. 이에 대해 바울은 주께서 다시 오실 때 죽은 신도들이 먼저 일어나고, 남아 있는 신도들은 곧바로 변화될 것이라고 답했다. 이는 분명 데살로니가 교인들에게 위로가 되는 말이었다(4:13-18). 그러나 정확한 때는 알 수 없으니 신도들은 늘 주님의 오심에 비추어 합당한 삶을 살아야 한다(5:1-11). 바울은 몇 가지 일반적인 훈계와 은혜의 인사로 편지를 마무리한다(5:12-28).

데살로니가후서는 바울과 실라와 디모데의 인사, 데살로니가 교인들에 대한 감사로 시작한다(1:1-4). 바울은 교인들이 받고 있는 고난을 언급하고, 하나님이 그들을 괴롭히는 자들에게 갚아 주실 것이라고 말하면서(1:5-10), 그들의 인내로 인해 하나님이 영광받으시기를 기도한다(1:11-12). 바울은 이어, '주님의 날'이 벌써 온 것처럼 떠벌리는 예언과 가르침과 편지 때문에 놀랄 필요 없다고 안심시킨다(2:1-2). 바울은 '그날'이 오기 전, 먼저 배신이 일어나고 불법자가 나타난다고 설명한다(2:3-12). 그러므로 교인들에게, 받은 신앙의 전통을 든든히 지킬 것을 당부하고 그들을 위해 기도한다(2:13-17). 또한 교인들에게 자신과 자신의 동료들을 위해 기도해 줄 것을 부탁하고, 다시 한 번 그들을 향한 하나님의 신실하심을 상기시킨다(3:1-5). 이어 게으름과 그의 가르침에 불복종하는 것에 대한 경고를 덧붙이고(3:6-15), 축도와 바울의 친필 문안으로 편지를 맺는다(3:16-17).

고린도전후서: 좋은 사람, 나쁜 사람, 고린도 사람

바울은 에게 해 연안 전도 여행 중 고린도에 교회를 세운 뒤, 에베소에 들렀다가 예루살렘과 안디옥을 거쳐 다시 에베소로 돌아온다. 그 사이 아볼로가, 그리고 베드로도 고린도를 방문했던 것 같고, 이는 고린도에서 파벌 분쟁을 심화시키는 결과를 낳았다. 바울은 이전에도 고린도 교회에 편지를 써서 신도 중 음행하는 자들과 어울리지 말라고 가르쳤다(고전 5:9을 보라). 바울은 글로에의 집 사람들로부터 고린도 교회에 다양한 분열과 분쟁이 있다는 소식을 들었으며(고전 1:11), 고린도로부터 세 명의 대표인 스데바나, 브드나도, 아가이고(16:17)가 선물과 그 밖의 소식과 고린도 교인들이 궁금해하는 질문들을 가지고 그를 방문했다.

고린도전서는 바울과 소스데네의 인사로 시작하며(1:1-3), 하나님이 고린도 교인들에게 주신 영적 풍성함을 인해 하나님께 감사드린다(1:4-9). 그런 뒤 바울은 핵심 인물들을 둘러싼 분열과 당파 문제에 주의를 기울인다(1:10-4:21). 그는 십자가가 힘과 지위에 대한 모든 허세를 제거하며, 모든 복음의 사역자들은 그들이 한 수고에 대해 평가받게 될 것이고, 사도들이 모범을 보인 것처럼 진정한 위대함은 겸손과 섬김에 있음을 강조한다.

5:1-6:19에서 바울은 고린도 교인들 안의 부적절한 행동들, 예를 들어 아버지의 새 아내를 데리고 사는 사람, 신도 간의 법정 싸움 등

을 비롯해 전해 들은 사안들을 다루고, 어떤 종류의 음행도 피해야 한다고 가르친다. 7:1-16:11에서 바울은 여러 질문과 소식에 답한다. 금욕, 독신생활, 이혼, 결혼에 관한 질문(7:1-40), 우상에게 바친 음식에 관한 문제(8:1-13)를 다루고, 모금 활동에 관한 그의 동기를 의심하는 이들에 맞서 자신의 사도직을 변호하면서, 그가 행한 절제와 자기 부인을 증거로 제시한다(9:1-27).

그다음은 광야에서의 이스라엘 역사에 대한 논의로 이어지는데, 이는 이야기의 또 하나의 절정이다. 인내하지 않는 자들, 우상숭배를 범한 자들, 음행을 행하는 자들은 심판을 받을 것이다(10:1-13). 고린도 교인들은 이방인들의 제의적 식사에 참여해서는 안 된다(10:14-22). 시장에서 파는 고기를 먹는 것은 괜찮지만, 여기에는 다른 형제를 넘어지게 하면 안 된다는 전제가 따른다(10:23-11:1). 이어, 회중 모임과 관련된 문제들을 다루는데, 곧 여신도들이 머리 가리개를 쓰는 문제(11:2-16), 성만찬의 오용(11:17-34), 영적인 은사를 둘러싼 다툼과 예배의 질서(12:1-14:40)에 관한 문제들이다.

그런 다음 바울은 미래에 부활이 없다는 주장을 다루면서, 부활은 교회가 처음부터 전해 온 복음의 본질적인 부분이며, 예수님의 부활은 미래에 있을 부활의 원형이고, 부활의 몸은 그들 존재의 현 상태와 연속적이면서도 동시에 불연속적일 것이라고 역설함으로써 대응한다(15:1-58). 바울은 헌금 모금에 대한 지침을 주고(16:1-4), 그들에게 디모데를 보내려는 계획을 비롯해 자신의 여행 일정을 알리고, 스데바나의 리더십을 인정해 줄 것을 부탁한다(16:5-18). 그는 마지막 인사, 축복, 친필 서명으로 편지를 맺는다.

고린도전서와 후서 사이, 고린도에 도착한 디모데는 자신이 감당하기에는 상황이 너무 악화되어 있음을 깨닫는다. 이것을 전해 들은 바울은 고린도에 '고통스러운 방문'을 했고, 몇몇 이들과 심각한 마찰을 빚는다. 바울이 언제 혹은 왜 그렇게 빨리 고린도를 떠났는지는 알 수 없지만, 설상가상으로 추천장을 가진 몇몇 거짓 '사도들'이 고린도에 와서 바울의 사도직에 대해 의문을 제기함으로써 상황이 악화되었다(고후 3:1-5; 11:13-15).

따라서 바울은 몹시 괴로워하면서 고린도 교회에 세 번째 편지를 썼고, 그들을 향한 자신의 사랑을 알렸으며, 모든 일에 대해 순종할 것을 요청했다(고후 2:3-9; 7:8-13). 편지는 바울을 대적했던 주동자들을 처벌하도록 명했고, 그 편지를 전했던 디도가 돌아와 갈등이 해결되었다는 소식을 바울에게 전해 주었다.

고린도후서는 간단한 인사와 긴 감사 기도로 시작한다(1:1-11). 그런 뒤 바울은 자신의 여행 일정에 대해 변호하면서, (그가 고린도에 가지 않은 것은) 더 이상 그들과의 마찰을 원치 않았기 때문이라고 말한다(1:12-2:4). 그리고 그를 대적했던 사람을 어떻게 고린도 공동체로 돌아올 수 있게 할지 지침을 준다(2:5-11). 이어, 바울은 현재의 편지를 쓰기까지 일어났던 일과 자신의 최근 전도 사역에 관해 서술한다. 그는 자신의 동기가 순수함을 호소하고, 그렇게 말하기 위해 어떠한 추천장도 필요 없다고 주장하는데, 고린도 교인들이야말로 그를 천거하는 추천장이기 때문이다(2:12-3:3). 바울의 자신감은 그가 옛 언약보다 뛰어난, 영광스러운 새 언약의 일꾼이라는 사실에 기인한다(3:4-18).

이렇게 중요한 직분을 맡은 바울은 사방으로 죄어들고 거꾸러뜨림을 당하는 상황에서도 이 사역을 제대로 지키고자 전념하며, 어려운 상황 가운데서도 하나님의 새롭게 하시는 능력을 통해 낙심하지 않고 계속 나아갈 수 있음을 확언한다(4:1-18). 바울과 그의 동료들은 고난이라는 면에서는 쇠락해 가고 있는 것이 맞지만, 유한한 육체는 무너져도 하늘에 있는 영원한 집을 덧입게 될 것임을 알았다. 그들은 하나님 앞에서 각자의 사역에 대해 보고해야 할 것을 알기에 더욱 열심을 낸다(5:1-10). 바울은 자신이 그리스도의 사절로서 설득과 화해의 직분을 맡았다고 설명한다(5:11-21).

이에 근거하여, 바울은 고린도 교인들에게 하나님의 은혜를 헛되이 받지 말라고 권면한다(6:1-2). 이러한 고난들로 인해, 교인들은 바울이 그들을 용납한 것처럼 바울을 용납해야 한다(6:3-13). 바울은 믿지 않는 사람들과 사귀는 것을 조심하라는 훈계와 함께 순결함과 거룩함을 추구하라고 권고한다(6:14-7:1). 그는 자신과 고린도 교인들과의 관계에 대한 주제로 돌아가, 디도가 가져온 소식을 듣고 자신이 얼마나 기뻐하는지 표현한다(7:2-16). 그런 뒤 예루살렘의 가난한 성도를 돕기 위한 헌금과 관련하여 그들을 권면한다(8:1-9:15).

고린도후서 10-13장은 앞 내용과의 연결이 어딘지 부자연스러워 보이지만(어떤 이들은 바울의 '다른' 편지를 덧붙여 넣은 부분이라고 주장하기도 한다), 아마도 바울은 앞서 언급했던 그 '거물급 사도들'과 관련해 부족했던 내용을 한 번 더 말하고 싶었던 것 같다. 그들이 고린도 교인들로부터 후원을 받으려고 한다면, 예루살렘의 가난한 성도들을 위해 바울이 하는 모금에 악영향을 끼칠 수 있었기 때문이다. 여기서 바울은 먼저 자신의 사도 직분을 단호하게 변호하고(10:1-18), 참된 사도로서의 표증을 보여 주지 못하는 그 사도들은 사기꾼이나 다름없는 거짓 사도라고 대응한다(11:1-33). 바울은 자신의 약함을 자랑하지만, 역설적으로 이 약함은 그를 통해 일하시는 하나님의 크신 능력을 드러낸다(12:1-10). 바울은 그들을 세 번째로 방문하려는 계획을 설명하고 그들과 더 이상 갈등이 생기지 않기를 바란다(12:11-13:10). 그는 마지막 인사와 삼위일체적 축도로 편지를 끝맺는다(13:11-13).

빌립보서: 기쁨으로 놀라고, 재정으로 동요함

바울이 감옥에서(아마도 로마 감옥일 가능성이 높지만, 가이사랴 혹은 에베소 감옥일 수도 있다) 빌립보 교인들에게 쓴 편지는 감사와 기쁨과 격려로 가득 차 있다. 바울은 빌립보 교인들이 자신에게 후원금을 보낸 일을 칭찬하고, 그들이 물질적 후원을 계속 해 주기를 바란다.

편지는 바울과 디모데가 빌립보의 성도들과 감독들과 집사들에게 보내는 인사로 시작하고, 감사와 그들을 위한 기도가 이어진다(1:1-11). 바울은 자신이 감옥에 갇힌 일이 어떻게 다른 이들로 하여금 말씀을 더욱 담대하게 전하게 했으며, 복음의 진보를 가져왔는지 말하고(1:12-18), 빌립보 교인들의 기도에 대한 응답으로 자신이 풀려날 것을 기대한다(1:19-26). 바울은 그들에게 복음에 합당한 생활을 하라고 권면한다(1:27-30). 하나 될 것을 훈계하며(2:1-4), 성육신에 관한 아름다운 찬가를 통해 그리스도가 보이신 겸손의 본을 따르라고 권면한다(2:5-11).

타락한 환경에서도 순종과 거룩함을 지키라는 훈계가 이어지고(2:12-18), 그들에게 디모데를 보내고 그 뒤에는 자신도 방문할 것이라는 계획을 알린다(2:19-24). 그런 다음 빌립보 교인 중 하나이며 중한 병을 앓았던 에바브로디도를 그들에게 다시 보낼 것이라고 밝힌다(2:25-30). 그리고 할례를 옹호하는 자들에 대해 엄하게 경고한다. 아마도 이는 빌립보에 유대인 그리스도인 중 할례파가 있었기 때문이 아니라—이에 대한 아무런 증거도 남아 있지 않다—전에 다른 지역에서 있었던 할례를 주장하는 이들과의 다툼 때문인 것 같다(3:1-11). 바울은 빌립보 교인들에게 '십자가'의 원수들이 많지만 그들을 따라가지 말고, 자신을 본받아 목표를 향해 달려가라고 권면한다(3:12-4:1).

그런 다음, 바울은 일부 여인들 간의 화합, 경건한 덕목 및 행동의 함양 등 다양한 주제를 언급한다(4:2-9). 이어, 이 편지의 주된 목적—적어도 그의 입장에서는—을 꺼내는데, 빌립보 교인들이 그에게 보내준 관대한 후원에 대해 감사를 전하고, 그들이 자신의 필요를 다시 한번 채워 주기를 바라는 기대를 간접적으로 드러낸다(4:10-20). 편지는 황제의 식솔에 속한 성도들의 문안과 은혜의 인사로 끝이 난다(4:21-23).

골로새서: 그리스도의 충만함과 우월함

골로새서는 또 다른 옥중서신(바울이 감옥에 갇혀 있을 때 쓴 편지)이며, 60년대 초 로마에서 썼을 가능성이 크지만, 에베소에서 썼을 가능성도 배제할 수 없다. 이 서신은 바울이 소아시아 중앙의 리쿠스 계곡에 위치한 교회들에게 보낸 회람용 두 서신 중 하나이며, 다른 하나는 라오디게아 교회에 보내졌다(4:16). 골로새서에서 바울은 유대인 헬라주의자들 혹은 유대인 신비주의자들의 주장을 반박하는데, 그들은 리쿠스 계곡 일대의 토착 종교에서 유래한 표현 방식을 사용하여 골로새에 유대교를 전파하고 있었다.

첫 인사 이후 늘 그렇듯 감사 기도가 따라오는데, 여기서는 골로새 교인들의 믿음과 사랑, 암흑의 권세에서 그들을 건져내서 그분 아들의 나라로 옮기신 하나님의 행하심에 초점을 맞추고 있다(1:1-14). 그 뒤, 바울은 장엄한 그리스도 찬가를 통해 편지의 핵심 주제, 즉 창조와 구원에서 드러나고 모든 통치자와 권력자를 넘어서는 그리스도의 충만함과 우월성을 노래한다(1:15-20). 교인들을 격려하기 위해, 바울은 그리스도가 화해를 이루신 것(1:21-23)과 자신이 사역을 하면서 받았던 고난을 언급한다(1:24-2:5).

갈라디아서와 흡사한 언어로, 바울은 할례와 유대의 절기를 지키는 일, 신비주의적 천사 숭배와 금욕 훈련 등을 가르치는 '기만적인 철학'에 주의를 기울이지 말 것을 당부한다(2:6-23). 그들은 그리스도와 함께 죽었고 그와 함께 다시 일어났기 때문이며, 이제 새 이스라엘이자 새 인류가 되었기 때문이다. 이와 같이, 그들은 그들 가운데 버려야 할 행위를 제거하고, 거룩한 덕을 기르라는 명령을 받는다(3:1-17).

바울은 남편과 아내, 부모와 자식, 종과 주인의 관계와 관련해 그리스도인의 가정생활 지침(3:17-4:1)과 그리스도인으로서 외부 사람에 대해 가져야 할 태도에 관해 언급한다(4:2-6). 마지막으로 그들에게 바울의 사정을 알려 줄 두기고를 소개하고, 바울의 동역자들이 보내는 문안인사와 아킵보에 보내는 격려의 말 뒤 짧은 축도로 편지는 끝이 난다(4:7-18).

빌레몬서: 구원과 노예

바울이 빌레몬에게 편지를 쓰게 된 경위는 빌레몬의 노예였던 오네시모가 바울에게 도망쳐 온 일 때문이었다. 로마 또는 어쩌면 에베소 감옥에서 이 편지를 썼던 바울은 빌레몬에게 오네시모를 용서하고, 그를 도망친 노예가 아닌 그리스도 안에서 회개한 형제로서 받아 줄 것을 부탁한다.

편지는 빌레몬과 아마도 그의 아내였을 압비아, 그리고 골로새 가정 교회의 목사 내지 장로였을 아킵보에게 전하는 인사로 시작한다(1-3절). 그다음 빌레몬에 대한 감사 기도, 특별히 그의 믿음과 사랑에 대한 기쁨에 찬 감사 기도가 따라온다(4-7절).

이어, 바울은 사랑에 힘입어 오네시모에 관해 간곡히 부탁하는데, 오네시모는 바울이 갇혀 있는 동안 얻은 '아들', 곧 회심자였다(8-11절). 바울은 이 새로운 회심자를 자기 곁에 머물게 하면서 복음을 위해 자신의 시중을 들게 하고 싶었지만, 그를 빌레몬에게 돌려보내야만 한다는 부담을 느꼈다. 바울은 빌레몬이 오네시모를 단지 노예가 아닌 형제로 받아 줌으로써 그 두 사람 간의 화해가 성사되기를 기대한다(12-16절). 바울은 빌레몬에게 오네시모를 맞아 줄 것을 부탁하고, 오네시모가 그에게 진 빚이 있다면 자신이 갚아 주겠다고 약속하는 한편, 빌레몬이 바울에게 빚을 졌기에 그가 자기 부탁대로 해 주리라 확신한다(17-21절). 바울이 자기가 방문할 것을 대비해 손님방을 준비해 달라고 하는 것은 일종의 수사법이었을 것이다(22절). 편지는 바울의 동역자들이 보내는 문안 인사와 은혜의 말로 끝이 난다(23-25절).

에베소서: 그리스도의 위엄과 신비

골로새서와 유사한 이 편지는 바울이 로마에서 지낼 때 쓰였으며, 아마도 회람용 편지였을 것이다. 편지에서 바울은 특정 이단이나 일탈적 행동을 반박하고 있지 않으며, 가르침이 예배의 행위가 될 수 있음을 보여 준다. 즉 편지의 목적은 하나님의 영광에 대한 긴 묵상을 통해 하나님과 그리스도의 영광을 찬양하고, 독자들의 믿음을 풍요롭게 하는 것이었다.

첫 인사에 이어, 하나님의 자비와 은혜를 찬양하는 유려하고 시적인 문단이 나온다. 또한 이 부분에는 에베소서의 핵심 모티프를 담고 있는데, 곧 하나님의 뜻에 담긴 신비가 그리스도 안에서 계시될 것이며, 그리스도는 혼란스러운 우주에 조화를 가져오는 하나님의 계획을 실행하는 분이라는 것이다(1:1-14). 그 뒤로 편지의 수신자들에 대한 감사와 그들을 위한 기도가 이어진다(1:15-23). 바울은 독자들에게 믿음을 통해 은혜로 받는 구원을 일깨우고(2:1-10), 다시 유대인과 이방인이 한 몸을 이루는 공동체가 되었음을 말하는 문단으로 이어진다(2:11-3:6). 바울은 복음 사역자로서의 자신의 역할에 주의를 집중시키는데, 그 복음은 바로 영원 전부터 세운 하나님의 목적이 예수 그리스도 안에서 성취되었다고 말한다(3:7-13).

이어지는 영적 각성을 위한 기도는 하나님을 찬양하는 송영으로 끝이 난다(3:14-21). 다음 주제는 한 믿음, 한 주님, 한 세례, 모든 이의 아버지이신 한 하나님에 뿌리를 둔 하나 됨을 비롯해, 그리스도의 몸을 세우기 위한 사도, 예언자, 복음 전도자, 목사-교사의 사역과 직결된 하나 됨의 중요성에 맞추어진다(4:1-16). 이어서 이방 세계에 사는 신도들이 어떻게 하나님 앞에서 걸어가야 하는지(4:17-5:21), 그리스도인 가정에서 아내와 남편, 부모와 자식, 종과 주인 사이의 관계가 어떠해야 하는지에 관한 훈계가 따라온다(5:22-6:9). 바울은 여기에 하나님의 전신갑주를 입으라는 권고를 덧붙인다(6:10-20). 마지막으로 그들에게 바울의 사정을 알려 줄 두기고를 소개하고, 편지는 축도로 끝맺는다(6:21-24).

로마서: 화평을 도모하는 일에 힘쓰기

로마서는 55-56년경 고린도에서, 바울이 계획 중이던 스페인 선교를 위해 로마 교회의 후원을 받기 위해 쓰였다. 이러한 목적으로 바울은 구원, 율법, 의, 윤리, 이스라엘에 대한 그의 관점을 전반적으로 진술한다. 또한 클라우디우스와 네로 황제 통치 기간 동안 유대인 그리스도인들이 로마에서 추방되었다가 되돌아오는 일이 있었는데, 그 여파로 로마 교회에 인종 간 분파가 생길 것을 염려해 이를 예방하려는 목적도 있었다. 간단히 말해, 이 서신에서 바울의 목적은 로마 교인들을 '복음화'하는 것이다. 즉 그들을 복음의 능력과 실재에 맞추어 변화시키고(1-8장), 이방인 그리스도인들이 믿지 않는 유대인들과 어떻게 관계를 맺어야 하는지 이해를 돕고(9-11장), 그리스-로마 세계에서 예수 그리스도의 가치를 드러내는 삶을 살도록 그들을 권면하며(12-13장), 그들 중 소수인 유대인 그리스도인들과 예배 안에서 하나 될 것을 훈계하기 위해서다(14-15장).[3]

바울은 첫 인사로 특별히 주 예수 그리스도에 관한 복음을 언급하면서, 그리스도로 인해 은혜를 입었고 이방인들로 하여금 믿고 순종하게 하는 사도의 직분을 받았다고 말한다(1:1-7). 바울은 관례적인 감사 기도를 드리고, 로마를 방문하고자 하는 자신의 바람을 짧게 설명한다(1:8-15). 그런 뒤, 곧바로 편지의 핵심 주제인 복음에 나타난, 믿음으로 받는 하나님의 의에 관해 말한다(1:16-17).

바울은 모든 형태의 인간의 악함과 반역에 대해 하나님의 진노가 계속해서 나타난다고 강조한다(1:18-32). 그런 다음, 방향을 바꾸어 가상의 유대인과 논쟁하면서 유대 사람들의 실패에 관해 말한다. 바울은 유대인이 자랑하는 토라나 선택받은 민족이라는 사실이 심판의 날에 그들을 지켜주지 못할 것이라고 반박한다(2:1-3:8). 결과적으로, 유대인이든 이방인이든 모든 사람은 죄에 대하여 무력하며, 하나님 앞에서 옳다고 입증될 어떤 소망도 없다(3:9-20). 이런 비극적 상태는 예수 그리스도의 죽음에서 나타난 하나님의 의를 통해 역전되었고, 구속, 속죄, 칭의를 통해 유대인이나 이방인 모두 죄에서 구원을 얻는다. 이러한 것들은 행위가 아닌 믿음으로 깨달을 수 있으며, 따라서 종교적인 노력이나 혈통에는 구원을 위한 어떤 고유한 가치도 없음을 증명한다(3:21-31).

바울은 아브라함의 예를 들어 의롭게 되는 것은 행위가 아닌 믿음으로 말미암으며, 따라서 이방인들 역시 유대교로 개종하는 길을 거치

---

3 M. F. Bird, *The Saving Righteousness of God: Studies in Paul, Justification, and the New Perspective*, PBM(Milton Keynes: Paternoster, 2007), p. 141(로마서에 대한 보다 자세한 소개는 pp. 140-152를 보라).

지 않고도 하나님의 가족이 될 수 있음을 다시 한 번 역설한다(4:1-25). 그런 다음, 믿음으로 의롭다 하심을 받는 자들이라면 마땅히 지녀야 할 윤리적 덕목을 도입부로 깔고 화해의 심상이 그 뒤를 이으며, 마지막으로 하나님 은혜의 광대함을 되새김으로써 구원의 확신과 관련된 테마들을 조합한다(5:1-11). 아담/그리스도 유형론(The Adam/Christ typology)은 확장된 구원의 범위를 명확하게 함으로써, 칭의가 온 세상으로부터 아브라함 일가를 불러낼 뿐 아니라 새로운 인류를 창조한다는 것을 보여 준다. 믿는 자들은 아담의 범죄와 결부되는 죄와 죽음과 저주의 시대에서 새 아담의 순종과 결부되는 의와 생명과 칭의의 시대로 옮겨진다(5:12-21).

바울은 자신의 가르침에 반대하는 이들이 있으리라 예상한다. 율법이 의를 성취하는 수단이 아니라면, 또 율법이 더 이상 하나님의 백성을 구별해 주는 표지가 아니라면, 다음과 같은 질문이 따라오는 것은 당연하다. '그렇다면 의로운 행동의 동기는 무엇이며, 처음부터 율법이 존재한 이유는 무엇인가?' 의로운 삶에 대한 바울의 훈계에는 중요한 전제가 있는데, 곧 삶을 변화시키는 복음의 능력과 그리스도와의 연합으로 인해 창조되는 새로운 순종이다. 그리스도는 거룩함, 의로움, 구속의 세계에 계시며, 그리스도 안에 있는 모든 자는 죄와 죽음의 옛 시대에서 해방되어 그리스도의 이름으로 세례를 받고 하나님을 온전히 섬기는 삶을 살 수 있는 특별한 능력을 부여받는다(6:1-23).

율법의 목적은 죄를 죄로 보여 주는 것이었다. 그러나 율법은 구속이나 변화를 실제로 이루어 낼 능력이 없다. 그런 면에서, 토라는 구원을 바라보게 하지만 구원을 가져오지는 못한다(7:1-25). 이어서, 하나님의 구원하시는 의에 담긴 능력, 성령을 통해 힘을 얻는 신도의 의로운 삶, 마지막 심판 때 하나님 백성의 신원, 누구도 흔들어 놓을 수 없는 그리스도인의 보증된 구원 등 변화무쌍한 주제와 논의를 압축적으로 다룬다(8:1-39).

구원의 보증에 대한 언급은 자연스럽게 이스라엘에 대한 논의로 이어진다(9-11장). 메시아를 믿지 못한 그들의 실패는 잠재적으로 하나님의 신실하심에 대한 의심을 불러일으키기 때문이다. 바울은 이스라엘을 위해서라면 스스로 저주라도 받겠다는 간절한 바람과 이스라엘이 받은 복을 열거한 뒤, 이스라엘의 과거, 현재, 미래를 깊이 고찰한다.[4] 하나님은 이스라엘을 선택하셨고, 이는 곧 그들이 예수님에 대해 '아니오'라 하던 것이 시온으로 메시아가 돌아오실 때 마침내 '예'로 바뀌리라는 것을 의미했다. 그런 다음, 바울은 하나님을 위해 자신을 드리는 예배(12:1-2)와 영적 은사 및 직분의 사용(12:3-8) 등 그리스도인 공동체의 삶을 위한 청사진을 제시한다.

바울은 또한 그리스도인의 성품 혹은 윤리를 짧게 다룬다(12:9-21). 그리스도인의 윤리는 사회 구조에 유익이 되어야 하며, 그리스도인은 통치 세력을 존중해야 한다(13:1-7). 그리스도인들은 율법에서 자유로우나 사랑의 법에 매여 있으며(13:8-10), 구원의 날이 가까움을 기억하면서 어려운 환경을 버티고 살아가야 한다(13:11-14).

그 다음, 바울은 음식이나 친교와 관련된 분열을 가져오기 쉬운 사

---

4 T. H. Tobin, *Paul's Rhetoric in Its Contexts: The Argument of Romans* (Peabody: Hendrickson, 2004), p. 321.

안을 다룬다. 고린도전서 8장에서 가르쳤듯이, 그들의 확신과 자유를 사랑에 기초하여 서로 세워 주는 데에 사용하고, '강한' 자가 '약한' 자를 용납해 주어야 한다고 가르친다(롬 14:1-15:13). 편지의 결론 부분에서 바울은 예루살렘과 스페인 방문 계획에 대해 넌지시 알린다(15:14-33). 이어, 편지를 전달할 뵈뵈를 추천하고(16:1-2), 지인들에게 보내는 긴 안부 인사를 나열한 뒤(16:3-16), 분열을 일으키는 사람들에 대한 마지막 경고와 동역자들이 전하는 문안 인사를 덧붙이고, 송영으로 편지를 끝맺는다(16:17-27).

목회서신: 신실한 친구들에게 보내는 신실한 말

바울이 쓴 것으로 추정되는[5] 목회서신들은 그가 죽기 직전에 로마 감옥에서 갇혀 지낼 때 쓰였다. 편지의 수신자는 에베소의 디모데와 크

---

[5] 학술적인 문헌에서는 바울 서신 중 일부가 실제로 바울이 쓴 것인지에 대한 논쟁이 존재한다. 데살로니가후서, 골로새서, 에베소서, 목회서신 모두 그 진위성이 의문시되는 서신들이다. 특히 목회서신으로 알려진 세 서신의 경우, 바울이 저자일 가능성을 반박하는 강력한 논지가 있음이 일반적으로 인정되어 왔다. 그러한 논지는 (1) 바울의 연대기에 목회서신이 잘 들어맞지 않는 부분이 있고 (2) 서신의 구조에서 바울이 쓴 다른 편지와 약간 차이를 보이며 (3) 헬라어의 어휘나 문법 면에서, 바울 자신의 문학적 스타일을 얼마나 반영하는지에 대해서도 논쟁이 되며 (4) 목회서신에서 그려지는 바울의 이미지는 이전 시대에 살았던 믿음의 영웅과 어쩐지 비슷한 느낌을 주며 (5) '의'와 '믿음' 같은 몇몇 신학 개념과 표현이, 바울 저작이 확실한 서신에서 동일한 용어를 사용하는 것과 비교했을 때, 의미의 궤적이 다른 것처럼 보인다는 것이다. 이러한 논지를 반박하기 위한 제안인 서신들은 개인적 특성이 많이 드러나며, 누가와 같은 대필자나 비서가 이 편지들을 쓸 때 자신의 재량을 좀더 발휘하는 것이 허락되었다거나, 아니면 바울이 죽은 직후 그들이 바울을 대신해 이 편지들을 완성함으로써 그의 동역자들이 사도로부터 계속 격려받을 수 있게 했을 것이라는 설명도 충분히 설득력이 있다. 바울의 저작임을 옹호하는 최근 연구로는 P. H. Towner, *The Letters of Timothy and Titus*, NICNT (Grand Rapids: Eerdmans, 2006), pp. 83-89를 보라.

레타의 디도였다. 이 편지들을 하나로 함께 묶어서 다루는 것이 적절한 이유는, '성실한'(faithful) 혹은 '참된'(trustworthy)이라는 단어가 연이어 나오는 점(딤전 1:15; 3:1; 4:9; 딤후 2:11; 딛 3:8), 예수님의 '에피파네이아'(epiphaneia, 나타남)가 동일하게 언급된다는 점(딤전 6:14; 딤후 1:10; 4:1; 딛 2:13), 세 편지 모두 전체적으로 바울이 동역자에게 주는 목회적 지침을 담고 있다는 점에 근거한다. 그러나 각 서신의 고유한 문맥과 상황과 신학도 무시해서는 안 된다.[6]

디모데전서는 디모데에게 보내는 인사로 시작한 뒤(1:1-2), 하나님의 일이 아닌 신화에 착념케 하는 거짓 교사들에 대한 비난으로 곧장 이어진다(1:3-11). 그런 뒤 바울은 자신을 구원하시고 그동안 맡은 직분을 감당할 힘을 주신 하나님의 자비와 은혜를 증언하면서(1:12-17), 디모데에게 믿음의 선한 싸움을 싸우라고 격려한다(1:18-20). 이어서 높은 지위에 있는 사람들을 위해 기도할 것을 권고하고(2:1-7), 회중 가운데 있는 여인들의 의복과 행실에 대한 지침을 준다(2:8-15). 감독과 집사의 직분에 합당한 자질 목록(3:1-13)과 하나님의 가족에 관한 권고(3:14-15)가 뒤따른다. 그다음에 나오는 성육신에 관한 짧은 찬송 혹은 신경은 목회서신의 신학을 요약해 준다(3:16).

바울은 금욕을 실천하라고 부추기는 거짓 교사들에 대해 추가적으로 경고한다(4:1-5). 그들과 다르게 디모데는 신실한 일꾼이 되어 맡은 사역을 성실하게 감당할 것을 당부한다(4:6-16). 그다음에 나오는 긴 문단에는 공동체 안의 모든 연령의 남자와 여자 간의 관계 및 과부에

---

6 앞의 책, pp. 67-68.

관한 문제, 장로들에 관한 충고, 디모데에게 주는 충고, 종들에 관한 언급이 있다(5:1-6:2). 바울은 한 번 더 거짓 교사들에 관해, 이번에는 돈 문제와 관련하여 경고를 하고(6:3-10), 디모데를 향해 그런 일들을 피하여 믿음을 위해 싸우고 바른 것들을 추구하라고 명한다(6:11-16). 이어 바울은 디모데가 부자들에게 재물에 너무 큰 가치를 두지 말라고 가르쳐야 한다고 말한다. 편지는 디모데에게 맡겨진 것을 잘 지키라고 하는 마지막 훈계로 끝난다(6:17-21).

디모데후서는 비슷한 인사로 시작하고(1:1-2), 디모데가 전에 하나님께 받은 은사에 다시 불이 붙도록 그를 격려한다(1:3-7). 바울은 디모데에게 자신을 부끄러워하지 말라고 부탁하는데, 이는 바울 스스로가 복음을 부끄러워하지 않았기 때문이다(1:8-14). 바울은 자신을 버린 사람들과 자신을 돕는 사람들을 비롯한 자신의 처지에 관해 언급한다(1:15-18). 그리고 디모데에게 하나님의 은혜 안에서 굳게 서며, 그가 받은 가르침을 다른 이들에게도 전수하라고 명한다(2:1-7). 그 다음, 바울은 복음의 핵심 메시지를 반복해서 들려주는데, 이는 짧은 찬송 혹은 신경에서 절정에 달한다(2:8-13). 디모데는 거짓 교사들과 다르게, 진리의 말씀을 올바르게 가르치는 인정받은 일꾼이 되라는 훈계를 받는다(2:14-16). 바울은 말세의 특징이 악함과 배신이라고 설명한다(3:1-9).

바울은 모든 박해에서 자신을 건져 주신 하나님께 감사드리고(3:10-13), 선한 일을 할 수 있도록 그를 구비시켜 주는 성경의 진리 안에 머물 것을 훈계한다(3:14-17). 디모데는 꾸준하고 신실하게 말씀을 전하는 선포자가 되라는 격려를 받는다(4:1-5). 자신의 생명이 제물로 부어졌고 이제 자신을 위해 준비된 의의 면류관을 받기를 기다린다고 하는 바울의 말로 보아 그의 죽음이 임박했음이 명백해진다(4:6-8). 자신이 당한 여러 시험과 관계된 몇몇 사람들과 상황에 대한 개인적 언급이 나오고(4:9-18), 마지막 인사와 은혜의 말로 끝이 난다(4:19-22).

디도서는 평소보다 긴 인사로 시작하며 사도들의 선포로 드러난 영생의 소망을 언급한다(1:1-4). 바울은 디도를 크레타에 남겨둔 이유가 부족한 일을 바로잡고, 합당한 자질을 지닌 장로들을 세우기 위함이었다고 설명한다(1:5-9). 바울은 크레타의 할례파 가운데 불순종하는 사람들에 관해 디도에게 경고한다(1:10-16). 나아가 바울은 특정한 사람들, 예를 들어 나이 든 남자 및 여자, 젊은 사람들과 종들을 각각 어떻게 가르쳐야 할지 지침을 준다(2:1-10). 구원의 은혜가 나타났다는 것은 모든 믿는 자들이 거룩한 삶을 살면서 예수 그리스도의 영광이 나타날 것을 기다린다는 의미다(2:11-15). 크레타의 그리스도인들은 그곳의 통치자와 집권자에게 복종해야 하며, 모든 사람에게 선을 행해야 한다(3:1-8). 바울은 디도에게 율법에 관한 어리석은 논쟁을 피하고, 분파를 일으키는 사람들을 향해서는 경고할 것을 명령한다(3:9-11). 편지는 몇몇 사람들에 대한 지시와 마지막 인사와 은혜의 말로 끝을 맺는다(3:12-15).

8장

왕이 오심을 선포함

누군가는 복음을 다음과 같이 제시한다.

1. 하나님은 거룩하시다.
2. 인간은 죄인이다.
3. 죄인인 인간이 거룩하신 하나님 앞에 설 수 있는 유일한 길은 우리 죄를 대속하고 우리 대신 하나님께 순종하는 중재자가 나타나는 것이다.
4. 복음은 예수님이 하나님의 율법을 완벽하게 성취했으며, 그분의 죽음이 우리 죄를 대속했다고 우리에게 선포한다.
5. 그러므로 우리는 예수님을 믿는 믿음을 통해 우리 죄를 용서받으며, 그분의 순종적 삶이 우리 것으로 여김을 받아 거룩하신 하나님과 화평을 이룰 수 있다.

그러나 복음은 하나님의 거룩하심과 인간의 죄성에 관한 연역적 추론으로 얻어지는 것이 아니다. 이런 접근은 틀렸다기보다 결핍이 있다. 오히려 복음은 이야기, 곧 메시아 예수님에 관한 이야기이며, 그분의 죽음과 부활 그리고 그분을 믿는 믿음과 회개에 관한 이야기다. 우리가 복음을 구속사 이야기의 성취로 보기보다 특정한 결론에 도달하기 위한 명제들의 나열로 다루려고 할 때, 몇 가지 잠재적 오류가 따른다.

첫째, 하나님이 실제로 요구하시는 것을, 마치 지옥에서 천국으로 옮겨 가기 위해 충분한 마일리지 포인트를 쌓는 것 정도로 여긴다. 타락한 본성으로 인해 우리는 스스로를 위해 쌓아 둔 포인트가 전혀 없다. 그런데 포인트를 아주 넉넉하게 얻으신 예수님이 그 여분을 우리 몫으로 돌려 주셨고, 덕분에 우리는 죽어서 천국에 갈 수 있다. 물론 예수님의 순종과 신실함이 우리의 구원을 이룬 것은 사실이지만, 이러한 접근은 하나님을 천국의 문을 열어줄 때 먼저 장부부터 정리할 것을 요구하는 일종의 거대한 회계사처럼 보이게 한다.

반대로 나는 예수님의 순종이 중요한 이유는, 그분이 **새 아담**이자 **진정한 이스라엘**로서 인류와 이스라엘이 실패했던 지점에서 순종을 보이시기 때문이라고 생각한다. 우리의 부족한 마일리지 포인트를 대신 얻어 주기 위한 것이 아니라는 말이다. 예수님은 아담과 이스라엘이 망쳐 버린 지점에서 제대로 해내셨다. 예수님은 불순종 혹은 죄를 범하지 않은 분으로서 고난과 심판의 자리로 걸어 들어가 의롭다고 인정받으셨고, 따라서 그분 안에서 인류를 변화시키고 새 이스라엘을 재건하실 수 있으시다. 우리가 믿음을 통해 그분과 연합됨으로써 그분의 의에 함께하고 신원을 나누며 죽음과 죄를 이긴 승리에 참여할 때, 그분의 신실함과 순종은 우리 것이 된다.

둘째, 그러한 접근으로 예수님을 보면, 죄와는 무관한 출생 그리고 죄를 대속하는 그분의 죽음만이 전부다. 그분이 사셨던 생애의 실제 내용은 그다지 중요하지 않으며, 그분의 죽음에 비해 하찮은 것으로 취급된다. 그러한 시각에서는, 예수님의 삶에서 유일한 목적은 구원을 위한 필요조건을 성취하는 것이며, 그분의 가르침은 어떻게 해야 좋은 그리스도인이 되고 어떻게 해야 천국에 갈 수 있는지 보여 주기 위한 것으로 해석된다. 그리고 그것이 사실이라면, 복음서에서 예수님이 "나는 오직 이스라엘 집의 길 잃은 양들에게 보내심을 받았을 따름이다"(마 15:24)라고 하신 말씀이나, 바울이 "내가 말하는 것은 이러합니다. 그리스도께서는 하나님의 진실하심을 드러내시려고 할례를 받은 사람의 종이 되셨으니, 그것은 하나님께서 조상에게 주신 약속들을 확증하시고"(롬 15:8)라고 한 것은 설명이 되지 않는다.

예수님의 이스라엘 선교는 어떤 식으로 하나님의 구속사적 목적에 부합하는가? 예수님의 이스라엘 선교는, 이방인에게 예수님을 전하는 진짜 선교에 착수하기 전 통과해야 하는 병목 단계 같은 것인가? 대안적 관점은, 예수님의 이야기를 이스라엘을 위한 하나님 계획의 성취로 보는 것이 바울의 복음 선포에서 필수적 전제였다고 보는 것이다. 예수님은 이스라엘**에서** 나오셨을 뿐 아니라, 이스라엘을 **위해** 오셨다. 이것은 단지 역사적 편의의 문제가 아니었던 것이다. 이스라엘의 언약 헌장은 구원을 땅끝까지 확장하기 위함이었으며, 예수님은 그러한 요구를 현실로 만드셨다.

바울의 관점에서, 이스라엘의 조상들이 받았던 약속에 이방인들 참여를 가능하게 하는 것은 예수님의 이스라엘 선교다(롬 15:8). 그리스도께서 십자가에서 저주를 받으신 것은 죄인들도 천국에 갈 수 있게 하시려는 것 뿐 아니라, 아브라함의 복이 이방인에게 전달되게 하시려는 것이다(갈 3:13-14). 이스라엘은 구속사에서 독보적인 위치를 차지하는데, 이는 그들이 조상들이 받은 약속의 주요 상속자이며 그들을 통해 메시아가 세상으로 오셨기 때문이다.

이것이 바울이 자신이 유대인임을 자랑스럽게 여기는 이유다. 곧 그는 메시아가 유대인을 통해 오셨으며, 유대인과 이방인 모두를 구원하신다는 것을 알고 있다(롬 9:5; 11:25-26). 언약 헌장인 이스라엘 율법은 그리스도가 오면 효력을 잃고 폐기 처분 되어야 할 나쁜 것이 아니라,

그리스도 안에서 성취되고 절정에 이름으로써 모든 사람을 위한 차별 없는 의를 가져오는 선한 것이다(롬 10:1-13). 누가가 기록한, 비시디아 안디옥에서의 바울의 설교에서, 그는 이렇게 말한다. "우리는 하나님께서 조상들에게 하신 그 약속을 여러분에게 기쁜 소식으로 전합니다. 하나님께서 예수를 일으키셔서, [조상들의] 후손인 우리에게 그 약속을 이루어 주셨습니다"(행 13:32-33). 복음은 하나님의 계획에서 이스라엘이 차지했던 특별한 위치가 여전히 유효하며, 이스라엘에게 주신 복과 후손에 관한 하나님의 약속도 여전히 '그렇다'는 하나님의 응답이었다. 복음은 어떻게 예수님이 율법과 선지자들이 말한 바를 성취하며, 이방인을 구원으로 이끌어 아브라함의 확장된 가족이 되게 하시는지에 관한 이야기다.

셋째, 일부가 복음을 제시하는 방식과 달리, 부활과 재림이 복음 뒤에 덧붙여진 추가 사항처럼 취급되어서는 안 된다. 복음을 설명하면서 부활을 단지 예수님이 우리 죄를 위해 죽으셨다는 증거로만 사용하는 경우, 그 말도 사실이기는 하지만, 부활이 구원에서 갖는 중요성에 대한 충분하고 풍성한 이해로서는 부족하다. 바울은 죄를 용서받는 것이 부활과 연결되어 있으며(고전 15:17), 심지어 칭의도 부활과 연결되어 있다고 말한다(롬 4:25). 이와 비슷하게, 재림 혹은 그리스도의 다시 오심 역시 우리가 천국에 이를 때 훌륭하게 그리고 실제로 끝이 나는 이야기에 덧붙인 생뚱맞은 에필로그가 아니다. 그것은 새 하늘과 새 땅의 도래, 창조 세계를 향해 하나님이 세우신 목적의 성취를 의미한다. 에른스트 케제만(Ernst Käsemann)의 언어를 사용해 표현하면, 재림은 마침내 하나님이 그분을 위해 세상을 재소유하시는 순간이다.

넷째, 우리는 복음이 유대와 그리스-로마의 문맥 안에 있고, 예수 전통에 뿌리를 두고 있음을 인식해야 한다. 이사야 40:9-11과 52:7-10에서,[1] 좋은 소식이란 하나님이 이스라엘을 포로생활의 고통에 계속 시달리도록 내버려 두지 않으실 것이며, 새 출애굽에서 포로된 자들을 모으심으로써 이스라엘을 위해 자비와 속량을 베푸신다는 사실이다. 하나님이 직접 오셔서 목자처럼 그분의 백성을 먹이고 보살피시며, 그들 가운데서 친히 다스리실 것이다. 예수님 역시 이사야가 말하는 회복에 대한 소망과 직접적으로 연결된 복음을 선포하셨으며(눅 4:18-21; 눅 7:18-23/마 11:2-6), 이는 사해사본에 흔적이 남아 있는 메시아에 대한 소망과도 일치한다(『메시아 묵시록』(4Q521) 2.8-14). 마가가 요약한 예수님의 메시지에서도, 그분은 '하나님의 복음'과 '하나님 나라'의 도래를 선포하셨다(막 1:14-15). 예수님은 '복음'과 '나라'를 연계시키셔서, 우리가 믿어야 할 것이 선지자들이 말해 온 하나님의 구원하시는 역동적 통치임을 보여 주신다.

더 나아가, 복음은 하나님이 왕이 되시는 오래도록 기다려 왔던 그날이 바로 지금 움트고 있는 실재라고 선포하는 것이며, 그분의 치유와 축귀와 이적들이 그 증거였다. 또한 1세기에 '복음'은 로마 황제의 출생, 성년식이나 즉위를 알리는 좋은 소식을 의미했으며, 제국의 평화와 번영이 보장된 새로운 세계 질서의 시작을 지칭하기도 했다. 따라서 바울이 '복음'을 말할 때, 그는 이스라엘의 거룩한 전통에 기인한 소망을 되울리고 있었다. 또한 그는 예수님이 몸소 하신 선포를 부활

---

[1] 다른 문헌에도 유사한 구절이 나오는데, 솔로몬의 시편(*Psalms of Solomon*) 11이 그 예다.

절 이후 문맥에서 계속 이어 가고 있었으며, 이는 곧 그가 전하는 내용이 그리스인이나 로마인에게는 황제가 아닌 다른 왕을 선포하는 것으로 들릴 수 있었음을 의미했다.

복음은 이야기다

복음에도 물론 내재적 논리가 있지만, 복음은 본질적으로 그리스도를 중심인물로 하는 하나의 이야기다. 더 나아가, 복음은 하나님과 하나님의 아들에 관한 이야기가 절정에 다다른 장면이다. 어떤 이들은 내러티브 신학에 대한 이렇게 열광하는 것은 이야기를 위해 논리를 배제하는 포스트모더니즘의 곁줄기일 뿐이라며 반대할지 모르지만, 사실 그렇지 않다. 마르틴 루터(Martin Luther)의 말을 생각해 보자.

복음은 하나님의 아들 그리고 다윗의 자손이 죽고 다시 살아나 주님으로 세움받는 그리스도의 이야기다. 복음을 간결하게 요약하면 그렇다…그리고 장담하건대, 복음에 대한 이러한 이해를 놓치는 사람은 성경을 밝히 알 수도 없고, 바른 토대를 쌓을 수도 없을 것이다.[2]

마르틴 루터는 내러티브 신학이 유행하기 400년 전부터 내러티브 신학을 하고 있었음이 분명하다! 그러므로 우리는 복음의 이야기 안으

2　M. Luther, 'A Brief Instruction on what to Look for and Expect in the Gospels', in *Luther's Works*, ed. J. Pelikan and H. T. Lehmann, 55 vols. (St. Louis: Concordia; Fortress: Philadelphia, 1955-1986), vol. 35, pp. 118-119.

로 들어가서, 그 이야기의 신학적 중요성, 그것이 하나님과 인간과 구원에 관해 말해 주는 것을 자세히 알고자 노력해야 한다. 이제부터 나는 바울에 관한 몇몇 구절을 살펴보면서 그것이 복음에 관해 무엇을 말하는지 알아보고자 한다.

고린도전서 15:1-5

형제자매 여러분, 내가 여러분에게 전한 복음을 일깨워 드립니다. 여러분은 그 복음을 전해 받았으며, 또한 그 안에 서 있습니다. 내가 여러분에게 복음으로 전해드린 말씀을 헛되이 믿지 않고, 그것을 굳게 잡고 있으면, 그 복음을 통하여 여러분도 구원을 얻을 것입니다. 나도 전해 받은 중요한 것을 여러분에게 전해 드렸습니다. 그것은 곧,

> 그리스도께서 성경대로
> 우리 죄를 위하여 죽으셨다는 것과,
>> 무덤에 묻히셨다는 것과,
> 성경대로
>> 사흗날에 [일으킴받았다는] 것과,
>> 게바에게 나타나시고 다음에 열두 제자에게 나타나셨다고 하는 것입니다.

여기에 제시된 복음은 몇 가지 요소로 구성된다.
 1. **그리스도는 죽으셨고, 일으킴받았다.** 그리스도인의 가장 기본

적인 믿음은 예수님이 죽었다가 살아나셨다는 것이었다(예를 들면, 살전 4:14; 고후 5:15; 롬 4:25). 그리스도가 '죽으셨다'는 것은 명백히 십자가 사건을 일컫는 것이고, '일으킴받았다'는 것은 신적 수동태, 즉 예수님이 **하나님에 의해** 일으킴받았음을 함축한다. 더 나아가, 복음의 핵심 내용이 그리스도의 죽음과 부활이며, 이 두 가지 사건이 구원에서 본질적인 중요성을 갖는다는 것을 의미한다.

2. **그리스도는 "우리 죄를 위하여" 죽으셨다.** 이것은 아마도 '고난받는 종'이 이스라엘을 대표하여 그들의 범죄와 잘못과 허물을 진다는 이사야 53:5-6, 11-12의 헬라어 본문을 반영하고 있을 가능성이 높다. 여기서 바울은 명시적 속죄론(형벌 대속론 같은)을 제시하는 것이 아닌데, 이는 그가 예수님의 죽음과 부활의 **기제**보다 그것이 가져오는 **결과**에 더 관심이 있기 때문이다.[3] 그러나 여기에는 작동하는 전제가 있다. 즉 사람들을 하나님으로부터 소외시키는 것은 죄이며, 그리스도의 죽음은 그 죄를 소멸시키고 인간이 하나님과 다시 친밀한 관계를 맺을 수 있게 해 준다는 것이다. 그뿐만 아니라, 바울이 여기서 우리 대신 죽으신 제물 혹은 대속물 그리스도에 관해 말했던 다른 본문의 내용(롬 3:22-25; 5:6, 8; 14:15; 고후 5:14-15, 21; 갈 1:4; 2:20; 3:13; 살전 5:9-10; 딤전 2:6)과 다른 것을 말하고 있다고 볼 이유는 전혀 없다. 전치사 '휘페르'(*byper,* for)는 보통 '~의 유익을 위해'라는 의미로 쓰이지만, 그리스도의 죽음이 우리의 죄를 유익하게 한다거나 그리스도의 죽음으로 인해 우

---

3   S. McKnight, *Jesus and His Death: Historiography, the Historical Jesus, and Atonement Theory* (Waco: Baylor University Press, 2005), p. 347, n. 44.

리의 죄가 이롭게 되었다고 생각하는 것은 이치에 맞지 않는다.

보다 적절한 설명은 그리스도의 죽음이 죄를 제거하거나 대속했다고 보는 것이다. 우리의 죄를 위해 그리스도가 죽으신 것은 곧 우리 죄의 결과를 책임진다는 뜻이다.[4] 덧붙여, "우리 죄를 위하여"(hyper tōn hamartōn hēmōn)라는 표현은 아마도 70인역(주전 2세기에 나온 구약의 헬라어 역본)에 쓰인 '속죄 제물'(peri hamartias; 예를 들어, 레 5:11; 7:37; 롬 8:3을 보라)과 유사하다고 볼 수 있으며, 그리스도의 죽음이 지니는 희생 제물로서의 의미를 강조한다. 더 나아가, 로마서 9:3, 고린도전서 15:29, 고린도후서 5:15 같은 구절에서는 전치사 '휘페르'가 '안티'(anti, ~를 대신하여)와 중복되어 사용되는데, 이 역시 여기에 대속의 의미가 들어 있음을 시사한다.[5] 또한 바울이 고린도전서 15:17에서 부활이 없이는 죄 사함도 없다고 주장하는 것도 주목할 필요가 있다. 따라서 죄 사함을 위해서는 예수님의 죽음과 부활 모두 요구된다고 할 수 있다.

3. **이 일들은 "성경대로" 이루어졌다.** 바울은 그것이 어떤 성경 본문을 가리키는지, 그 구절들이 어떤 식으로 복음과 연관되는지는 말하지 않는다. 아마도 그리스도 중심적 틀로 해석된 히브리어 성경 전체를 의미했을 것이다. '아케다', 출애굽, 유월절, 제사법, 고난받는 종, 이 모든 것은 구원을 가져오는 그리스도의 죽음을 그림자처럼 보여 주며, 시편 16:8-11과 110:1-4 같은 몇몇 구절들은 다윗 자손의 부활을 예

---

4 S. Gathercole, 'The Cross and Substitutionary Atonement', *SBET* 21 (2003), pp. 160-161.
5 D. B. Wallace, *Greek Grammar Beyond the Basics* (Grand Rapids: Zondervan, 1996), pp. 383-389.

견한다. 요점은 그리스도의 죽음과 부활의 이야기가 성경에 부합하며, 따라서 그리스도의 사역은 전례를 갖지 않는 완전히 새로운 것이 아니었다는 점이다. 복음은 하나님이 이스라엘을 다루시는 과정의 연속이자 성취다.[6] 더 나아가, 이 일들이 성경대로 이루어졌다는 것은 그리스도의 죽음과 부활이 하나님의 계획 속에 이미 예정되어 있었으며, 당위적이었음을 보여 준다(또한 눅 24:25-27, 44-46; 행 8:35을 보라).

4. **복음은 구원을 가져온다.** 그리스도의 죽음과 부활은 구원의 객관적 토대다. 즉 하나님이 인간을 위해 행하신 일을 증언한다. 또한 복음은 그리스도인이 믿는 내용이기도 하다. 바울은 고린도 교인들에게, 그들이 전해 받았고 그 안에 서 있는 것이 바로 이 복음이며, 그것을 굳게 붙잡는다면 구원을 얻을 것이라고 말한다. 구원은 예수님이 성경대로 죽으셨다가 다시 살아나셨음을 믿는 믿음을 통해 온다.

5. **복음은 바울의 창작물이 아니다.** 이는 그가 (아마 다마스쿠스나 안디옥에서) 헬라어를 쓰는 유대인 그리스도인들에게서 전해 받은 자료의 형식 중 일부이기 때문이다. 11절에서 바울은 이 복음을 다른 사도들 역시 전파했다고 말한다. 그는 그리스도의 죽음과 부활을 선포하던 전통을 받아들였고, 이를 히브리어 성경의 틀 안에서 명료하게 설명되는 하나님의 구원하고 변화시키는 능력과 연결하여 해석했다.[7]

---

6 R. B. Hays, *First Corinthians* (Louisville: Westminster John Knox, 1997), p. 255.
7 A. C. Thiselton, *The First Epistle to the Corinthians*, NIGTC (Grand Rapids: Eerdmans, 2000), pp. 1184-1185.

로마서 1:1-4, 디모데후서 2:8

그리스도 예수의 종인 나 바울은 부르심을 받아 사도가 되었습니다. 나는 하나님의 복음을 전하기 위하여 따로 세우심을 받았습니다. 이 복음은 하나님께서 예언자들을 통하여 성경에 미리 약속하신 것으로

> 그의 아들을 두고 하신 말씀입니다.
> 이 아들은, 육신으로는
> 다윗의 후손으로 태어나셨으며,
> 성령으로는
> 죽은 사람들 가운데서 부활하심으로 나타내신 권능으로
> 하나님의 아들로 확정되신 분이십니다.
> 그는 곧 우리 주 예수 그리스도이십니다.

고린도전서 15:3-5과 유사하게, 이 본문에서도 예수님의 부활과 선지자들 및 성경을 통해 하나님이 약속하신 바를 그분이 성취하셨다는 언급이 나온다. 그러나 고린도전서 15:3-5은 복음의 핵심 요소로 그리스도가 행하신 **일**에 초점을 맞추는 반면, 로마서 1:3-5은 복음의 내용으로 예수 그리스도의 **정체성**에 중점을 둔다. 복음의 전면에 다윗의 후손, 하나님의 아들(메시아), 주님으로서 예수님의 역할이 제시된다. 바울은 이 압축된 복음, 즉 예수님이 약속된 메시아이자 주님이시라는 예언적이고 공적인 선포를 강조한다. 이것이 다른 본문에서 바울이 "그리스도의 복음"이라고 말하는 이유다(참고. 롬 16:25; 고전 9:12; 고후

4:4; 9:13; 갈 1:7; 빌 1:27; 살전 3:2). 복음의 내용이 그 사람이라는 것이다.

그러나 바울이 자신의 복음을 제시하면서 "하나님의 복음"이라는 명칭으로 시작하는 것에 주목하라(비교. 롬 15:16; 살전 2:2, 8-9; 딤전 1:11). 복음의 가장 주된 내용은 그리스도이지만, 반드시 이스라엘 하나님과의 관계 안에 놓여 있어야 하기 때문이다. 그리스도의 복음은 하나님의 복음이기도 하다. 다른 말로 하면, 그리스도의 정체성과 사역에 관하여 이야기하는 것은 궁극적으로 하나님에 관하여 그리고 하나님이 자신의 아들을 통해 세상 가운데 행하시는 일에 관하여 진술하는 것이다. 여기서 부활은 독보적인 중요성을 갖는데, 바로 그것이 예수님이 하나님의 아들임을 '확정'해 주기 때문이다. '호리조'(horizō)라는 단어는 '선언하다' 또는 '임명하다'라는 뜻을 갖지만, 이것을 예수님이 **부활**했을 때 비로소 하나님의 아들이 되었다고 주장하는 양자 기독론(adoptionist Christology)의 근거로 사용해서는 안 된다. 오히려 하나님의 아들이신 예수님이, 부활을 통해 전에는 수행하지 않았던 새로운 종말론적 역할을 수행하게 되었다는, 즉 아들 신분의 성격이 변화되었다고 보는 것이 적절하다.[8] 덧붙여, "죽은 사람들 가운데서 부활하심으로"(ex anastaseōs nekrōn)라는 구절은 예수님의 부활이 보편적 부활의 첫 시작임을 알려준다(참고. 행 4:2; 23:6; 고전 15:20, 23; 골 1:18; 계 1:5). 그렇다면 복음은 묵시적 좌표 상에서 읽혀야 하는데, 예수님의 죽음은 믿는 자들을 옛 시대에서 구해 내며(갈 1:4) 그분의 부활은 새 시대로의 진입을 나타내기

---

[8] 이에 대해 더 보려면, D. J. Moo, *The Epistle to the Romans*, NICNT (Grand Rapids: Eerdman, 1996), pp. 48-49를 보라.

때문이다(롬 1:4).

여기서 로마서 1:3-4과 아주 유사한 디모데후서 2:8도 살펴볼 필요가 있다. 이 구절에서 바울은 "내가 전하는 복음대로, 다윗의 자손으로 나시고, 죽은 사람 가운데서 살아나신 예수 그리스도를 기억하십시오"라고 말한다. 유사점은 예수님의 다윗 혈통(메시아 직분)과 그분의 부활을 언급한다는 점이다. 로마서 1:3-4과 디모데후서 2:8을 나란히 놓을 때, 복음 선포란 예수님의 통치를 전하는 것임이 분명해진다. 그분은 하나님의 구원과 주권이 나타나는 진원지이자, 선지자들의 약속이 향하는 목표다. 그분의 부활은 새 시대를 열었으며, 그분은 예정된 그날에 하나님의 심판을 주관하실 것이다(참고. 행 17:31; 롬 2:16; 14:10; 고후 5:10; 딤후 4:1). 톰 라이트(Tom Wright)는 바울의 복음에 대해 이렇게 말한다. "[바울]이 전한 것은 다음과 같다. 즉 십자가에 못 박힌 나사렛 예수는 죽은 자 가운데서 살아났으며, 이스라엘의 메시아임을 입증하였고, 온 세상의 주로 세움받았다. 더 간단히 말해, 바울은 십자가에 못 박혔고 다시 살아난 메시아, 예수가 곧 주라고 선포했다."[9]

이제, 균형 잡힌 정리가 필요하다. 우리는 복음을 구원받기 위해 믿어야 하는 일련의 목록, 예를 들어 그리스도의 의의 전가, 대환난 이전의 휴거, 성경 무오설, 성찬의 본질과 같은 것을 열거해 놓은 긴 목록으로 간주해서는 안 된다. 그러나 고린도전서 15:3-5은 예수님의 죽음과 부활의 구원하는 능력을 믿는 믿음이 구원을 위해 필수적임을 분명히 한다. 즉 복음은 우리가 믿는 것, 그리고 이를 통해 구원을

---

9   N. T. Wright, *What Saint Paul Really Said* (Oxford: Lion, 1997), p. 46.

얻게 하는 것이다.

다른 한편으로, 우리는 복음이 주 예수 그리스도의 왕 되심과 다스리심에 대한 선포를 포함한다는 것을 분명히 인식해야 한다. 복음은 멸시받고 버림받았던 분이 이제 통치자의 자리에 앉았으며, 세상의 가장 위대한 왕과 판테온 최고의 신들, 심지어 언약의 하나님이신 야웨께만 돌렸던 칭송을 받으시기에 합당하다는 폭발적 선포다. 다시 말해, 예수는 왕이시며 모든 것을 다스리신다.

그러나 단지 예수님이 왕이심을 진술할 뿐, 그분이 어떤 식으로 왕의 권세를 드러냈는지 언급하지 않는다면, 즉 그분이 어떻게 우리 죄를 위해 자신을 내어 놓고 우리의 무죄 선고를 위해 하나님에 의해 일으킴받았는지 말하지 않는다면, 완전한 복음 제시가 아니다.[10] 복음은 하나님이 예수 그리스도 안에서 왕이 되셨고, 대속하고 의롭다 칭하며 화해시키는 그 아들의 죽음과 부활로 구원의 주권을 드러내셨음을 알리는 장엄한 선포다. 왕을 전하지 않는 것은 복음이 아니며, 대속과 부활이 없는 것도 복음이 아니다.

고린도전서 15:3-5, 로마서 1:1-4, 디모데후서 2:8로부터 우리는 복음이 그리스도 자신 및 그분의 사역 둘 다에 관한 것임을 알게 된다. 성경에서 하나님은 창조 세계를 새롭게 하시며 이스라엘을 회복시키겠다고 약속하셨다. 복음은 하나님이 메시아이자 주이신 예수님 안

---

10 바로 이 점이 '복음'을 단지 예수님이 주님이심을 선포하는 것으로 축소한 톰 라이트에 대해 내가 비판하는 부분이다. 그의 'Romans', in *New Interpreters Bible*, ed. L. E. Keck, 12 vols. (Abingdon: Nashville, 2002), vol. 10, pp. 416-419, 그리고 특별히 D. J. Moo에 반대하는 n. 30, Wright, *Saint Paul*, p. 45를 보라.

에서 이 약속들을 이루셨다는 기쁜 소식이다. 예수님은 속죄의 목적을 위해 죽으셨고 다시 사셨으며, 그분과 그분이 하신 일을 믿음으로써 신도들은 하나님과 화평을 이루게 된다. 새 시대가 시작되었으며, 하나님은 복음을 통해 구원을 이루는 자신의 의를 드러내심으로써 사람들을 의롭다 하시고, 죄와 죽음의 형벌 및 그 권세로부터 그들을 구해 내신다.

복음과 황제

1930년대 후반, 베를린의 한 호화로운 호텔에서 여는 연회에 독일인 사업가, 은행가, 부호, 대학 강사, 독일 SS 기갑사단 장교 무리와 함께 참석하게 되었다고 상상해 보라. 그날 저녁의 분위기는 특별히 유쾌하고 즐겁다. 대화는 날씨, 투자 정보, 오스트리아 휴가 계획, 최근 오페라 등의 주제를 돌고 돈다. 그때, 기갑사단 장교가 자신의 잔을 두드리며 나치 총통 아돌프 히틀러를 위해, 그의 건강과 새로운 독일 제국을 위해 건배를 하자고 제안하고, 모두들 잔을 든다. 그런데 헌신된 그리스도인인 당신이 또 다른 건배를 제안하며, "예수님이 총통이십니다!"라고 외친다. 이제 기갑사단 장교들은 어떤 반응을 보일 것 같은가? 과연 독일에 두 명의 총통, 게다가 유대인 혈통을 가진 총통이 존재한다는 주장을 그들이 용납할까?

고대 세계에서 '주'(*Kyrios*)라는 호칭은 로마 황제에게도 쓰였다. 로마 시대에 은혜, 복음, 재림(*parousia*), 의, 자유, 주, 구원자, 하나님의 아들과 같은 용어들은 로마의 정치적 프로파간다를 위해, 그리고 로마제국의 황제 숭배 의식을 행하고 기원할 때에 사용하던 표현들이었다. 그렇다면 '예수는 주'라는 '기쁜 소식'에 담긴 의미는 황제가 주가 **아니라**는 뜻임을 유추하여 알 수 있다. 예수님은 이스라엘의 하나님을 대신하는 통치자이며, 그분과 경쟁할 상대는 없다. 우리는 바울이 전한 복음의 결론은 신정정치, 곧 예수님께 로마의 권력을 위협하는 막강한 권세와 권능이 있다는 주장인 것을 깨닫는다.

1세기 초, 지중해 동쪽 지역에서 빠르게 성장하던 종교는 황제 숭배였다. 에베소나 버가모 같은 도시들은 공식적으로 황제 숭배 의식을 관장하는 자격을 얻으려고 경쟁했다. 비시디아 안디옥, 고린도, 빌립보, 심지어 팔레스타인에도 황제 숭배를 위한 화려한 사원이 지어졌다. 어떤 황제들은 자신의 신성을 내세우는 일에 좀더 신중했는데, 예를 들어 칼리굴라는 이탈리아에서 황제 숭배를 명령했던 반면, 아우구스투스는 이를 금했다. 황제 숭배 의식은 로마가 종속시킨 다양한 족속과 사람들을 하나로 만드는 수단이었다. 이를 통해 로마는 황제와 제국을 둘러싸고 충성, 연합, 사회적 화합, 후원 관계, 정치적 안정을 꾀했다.

모든 지역의 로마 시민들은 로마의 숭배 의식에 의무적으로 참여해야 했고, 비시민은 로마와 아우구스투스에 대한 경의를 표해야 했다. 또한 이러한 숭배 의식은 별로 내켜하지 않는 사람들에게 억지로 강요된 것이 아니며 기꺼이 환영받으면서 장려되었는데, 도시들은 로마의 보호 아래 안전을 보장받기 원했고 다양한 길드와 연합체들은 황제의 후원을 필요로 했기 때문이다. 황제 숭배는 그리스-로마 사회의 모든 측면에 깊이 스며들어 있었고, 행렬, 저녁 파티, 축제, 종교 의식, 시민권, 운동경기, 검투사 시합 같은 모든 행사에는 로마라는 국가 종교의 인장이 찍혀 있었다.[11] 스테판 프라이스(Stephen Price)는 이렇게 쓴다.

숭배 의식은 사회 구조를 형성했던 권력망의 핵심적인 부분이었다. 황제 숭배는 세계의 종교 질서를 안정시켰다. 종교 의식을 위한 시스템은 정교하게 조직되었고, 상징체계는 황제와 신들의 관계를 형상화했다. 그러한 종교 의식은 또한 세계를 조직하는 힘으로써, 세계를 정의하고 그것을 모든 사람에게 강요했다. 정치, 외교와 더불어 황제 숭배 의식은 로마제국의 실재를 구성했다.[12]

베르길리우스(Virgil)는 아우구스투스 황제에 대하여 "우리에게 이 평화를 가져온 신—나에게 영원히 신이신 그를 위해, 우리 울타리에서 부드러운 양을 가지고 나와 자주 그의 제단에 바쳐야 하리라"라고 썼다 [『목가』(Eclogues) 1.6-8].[13] 아첨을 예술적 수준으로 구사했던 호라티우스(Horace)는 아우구스투스에 대해 이렇게 말한다. "하늘의 우레가 우리의 믿음을 확인해 주네—제우스는 하늘에서 다스리지만, 여기 땅에서는 브리튼과 파르티안을 새롭게 정복한 아우구스투스 역시 신이라고 소리 높여 외치는 것이 마땅하리라"[『오데스』(Odes) 3.5]. 로마 황제들은 피정복자들에게 절대적 충성을 요구했는데, 아리티움(Aritium) 시민들이 주후 37년 새로운 황제로 즉위한 가이우스 칼리굴라에게 맹세한 서약은 이를 잘 보여 준다.

---

11 M. J. Gorman, *Apostle of the Crucified Lord: A Theological Introduction to Paul and His Letters* (Grand Rapids: Eerdmans, 2004), pp. 16-17.
12 S. R. F. Price, *Rituals and Power: The Roman Imperial Cult in Asia Minor* (Cambridge: Cambridge University Press, 1984), p. 248.
13 모든 고전 문헌 인용은 Loeb Classical Library, Harvard University Press에서 가져옴.

내 양심을 걸고, 나는 가이우스 카이사르 게르마니쿠스의 적으로 드러난 사람들을 나의 적으로 삼을 것이며, 만약 누구라도 무력이나 내전을 통해 그와 그의 안전을 위험에 빠뜨리거나 빠뜨리려 한다면, 땅과 바다 끝까지 쫓아가 황제에 대한 그의 죄 값을 빠짐없이 치르게 할 것이다. 나는 나와 내 자식을 그의 안전보다 앞세우지 않을 것이며, 그에게 적대적인 이들을 나의 적으로 여길 것이다. 만약 내가 일부러 거짓 맹세를 하거나 맹세를 지키지 않는다면, 가장 뛰어나고 훌륭한 유피테르(Jupiter), 신과 같으신 아우구스투스, 다른 모든 불멸의 신들이 나와 내 자식들을 벌하고, 나는 나라와 안전과 내 모든 재산을 잃을 것이다.[14]

바울이 '예수는 주'라고 복음을 선포하던 곳은 바로 이런 세상이었다. 중요한 것은 바울의 메시지에 담긴 강력한 반제국적 기류는 반역적인 태도 자체를 목적으로 한 것이 아니었다는 점이다. 바울은 인문학 교수들이 쏟아내는 반정부적 열변이나 흉내 내는 20대 초반의 순진한 이상주의적 우상타파주의자가 아니었다. 바울이 황제에게 침을 뱉는다면, 오직 황제의 일이 하나님의 목적을 방해하기 때문이었다.

무엇보다 중요한 것은 바울이 회심자를 위한 목회 양육에서조차 이토록 위험한 입장을 견지하고 있었음을 주의 깊게 보아야 한다는 점이다. 벤 위더링턴은 이렇게 말한다.

> 그는 신학적인 세부사항의 의미를 놓고 느긋하게 사색을 즐기던 신학자가

---

14 J. R. Harrison, 'Paul and the Imperial Gospel at Thessaloniki', *JSNT* 25 (2002), p. 80에서 인용.

아니었다. 오히려, 회심자들의 믿음과 삶을 굳게 세우는 목회적 임무에 최선을 다했고, 그들이 압력과 박해 아래에서도 반문화적 운동의 일부가 되는 것을 감당할 수 있게 하고자 했다. 그는 의도적으로 신학적 표현에 제국의 수사법을 가져와서, 그것을 그리스도와 불법자(살후 2:8-9)로 전환시킨다. 바울은 오직 예수님만이 진정한 주님이시며, 황제에게 예배는 물론 절대적 충성을 명령할 권리가 없다고 믿었기 때문이다.[15]

그렇다면 바울의 복음과 황제 숭배에 병행 사용된 용어들을 구약의 배경과 더불어 간단히 살펴보도록 하자.[16]

용어	구약의 배경	그리스-로마적 의미	그리스-로마적 의미로 사용된 예
유앙겔리온 (euangelion, 복음, 좋은 소식)	야웨께서 이스라엘을 구하시기 위해 그분의 구원하시는 통치를 드러내신다는 좋은 소식.	군사적 승리, 황제의 출생이나 승리, 즉위, 자선행위에 대한 좋은 소식.	'그러나 신이 태어난 날은 세상에 좋은 소식이 전파되기 시작하는 날이었다'(비문). 베스파시아누스(Vespasian) 황제의 즉위 소식이 퍼지자, '모든 도시는 그 좋은 소식을 축하하면서 그를 위해 제물을 바쳤다'(요세푸스,『유대전쟁사』4.618). '베스파시아누스가 알렉산드리아에 왔을 때, 로마에서 온 좋은 소식이 기다리고 있었고, 이제 그의 것이 된 세상의 모든 지역에서 보낸 사절단의 축하도 그를 반겼는데…온 제국이 든든하게 세워졌으며, 로마제국이 가져온 구원은 상상할 수 없던 것이었다'(같은 책. 4.656-657).
퀴리오스 (kyrios, 주)	언약과 창조의 하나님 야웨를 가리키는 히브리어 네 자음(YHWH)의 헬라어 번역어.	그리스-로마 세계의 주인을 일컫는 제국의 호칭. 혹은 이방신들을 칭하기도 한다.	'네로, 온 세상의 주'(비문). '황제 [아우구스투스] 카이사르, 신이시며 주'(비문). '주 베스파시아누스'[『옥시링쿠스 파피루스』(P.Oxy) 246].

파루시아 (*parousia*, 나타남, 임재)	하나님의 임재.	황제가 도시나 지방을 찾는 공식 방문.		'신 하드리아누스(Hadrian)의 첫 번째 그리스 '파루시아'로부터 69년째 되는 해'(비문). 프톨레마이오스(Ptolemy) 왕의 방문을 위한 옥수수 징발 '그리고 왕의 '파루시아'를 위해 우리에게 정해진 것, 부과된 80아르타바를 채우기 위해 밤낮으로 부지런히 일함'(주전 2세기, 이집트 신성한 악어 미라를 쌌던 천에서 발견).
소테르 (*sōtēr*, 구원자)	이스라엘을 건지고 구하며 구속하시는 하나님.	내전을 종식시키고, 기근이 있을 때 먹을 것을 주며, 북쪽의 게르만족과 동쪽의 페르시아인으로부터 제국을 보호하는 황제.		에베소의 비문에 율리우스 황제를 '아레스(Ares)와 아프로디테(Aphrodite) 사이에서 태어난 신이며 인간 생명의 구원자'로 묘사함. '황제 카이사르 아우구스투스, 구원자이며 은혜를 베푸는 자'(비문). '네로 클라우디우스 카이사르…사람이 거주하는 세상 모든 곳에서 구원자이며 은혜를 베푸는 자'(비문).

 나는 지금 바울을 로마제국의 몰락을 위한 모략을 세우려고 엄청나게 많은 시간을 투자했던 반정부 투사로 만들려는 것이 아니다. 로마서 13:1-7을 대충만 읽어 보아도, 이 사도가 그리스도인은 다스리는 권세에 복종해야 한다고 말하며, 이는 하나님이 그들을 세우셨으며 그들이 사회의 질서를 유지하기 때문이라고 하는 것을 확인할 수 있다. 그러나 바울에게 국가와 교회의 철저한 분리란 있을 수 없으며, 예수

---

15 B. Witherington III, *1 and 2 Thessalonians: A Socio-Rhetorical Commentary* (Grand Rapids: Eerdmans, 2006), p. 237.
16 이 표는 Gorman, *Apostle of the Crucified Lord*, pp. 108-109를 참고했으며, 예문은 C. A. Evans, *Mark 8:27-16:20*, WBC (Nashville: Thomas Nelson, 2001), pp. lxxxi-xciii와 A. Deissmann, *Light from the Ancient Near East (LANE)*, trans. L. R. M. Strachan (Peabody: Hendrickson, 1995) pp. 338-378에서 가져옴.

님을 믿는다는 것은 순전히 내면화된 영성을 소유한다는 의미가 아니었다. 바울의 복음은 로마 권력자들이 보기에 체제 전복적인 성격이 짙고 위협적이기까지 했으며, 그 때문에 그들은 그리스도인들을 박해했다. 네로가 그리스도인들을 사자에게 던진 것은 그들이 '예수는 내 마음 속의 주'라고 고백했기 때문이 아니었다. 오히려 '예수는 모든 것의 주'라고 고백했기 때문이며, 이는 곧 황제의 절대 권력이 지배하는 영역이라고 생각했던 모든 것이 사실은 예수님의 주권 아래 있음을 의미했기 때문이다. 그리스도 추종자들이 피지배 지역의 신(야웨)과 유대 지역에서 내란 혐의로 십자가에 달려 죽은 유대인(예수)을 향해 헌신과 예배와 믿음을 바치는 한편, 황제를 위한 의식을 무시하고 거부한다는 것은 로마의 정치 조직에게 생각할 수조차 없는 일이었다. 이렇듯 바울의 복음은 로마의 신들과 이스라엘의 하나님 간 충돌이라는 측면에서 이해되어야 한다. 톰 라이트는 바울의 사역을 이렇게 설명한다.

> 그의 선교 사역은…단순히 사람들에게 새로운 종교적 경험을 제공하려고 돌아다니는 복음 전도자가 아니라, 오랫동안 기다려 온 한 왕을 위해 일하는 대사의 임무라는 측면에서 이해되어야 한다. 대사의 임무는 이 새로운 왕에게 충성을 바치는 소규모 집단들을 세우고, 그들의 삶을 그 왕의 이야기, 상징, 실천에 맞추어 재정비하며, 그들의 정신을 왕의 진리로 새롭게 하는 것이었다. 이는 심히 반제국적이며, 로마제국의 전체 조직을 전복하는 것으로밖에 이해되지 않는다. 그리고 사실 바울이 자신의 선교가 그런 식으로 이해되도록 의도했다는 많은 증거가 존재하며, 그는 사역의 결과로 감옥에서 생을 마치게 되었을 때 이를 그동안 사역을 제대로 해 왔다는 표지로 여겼다.[17]

이러한 상황에서, 로마의 폭력에 희생된 사람을 '주님'이자 '구원자'로 부르는 '복음'을 전하는 것은 반역 행위였다. 초기 기독교의 많은 문서에는 이것이 더 잘 드러난다.

첫째, 누가는 데살로니가에서 바울이 했던 사역이 폭동을 초래했고, 거기서 몇몇 신자들이 난폭하게 붙들려 관리들 앞에 끌려가 "예수라는 또 다른 왕이 있다고 말하면서, 황제의 명령을 거슬러 행동[한다는]" 고발을 당했다고 기록한다(행 17:7). 데살로니가 관리들에게 그리스도와 황제는 서로 배타적 존재로 인식되었음이 분명하다.

둘째, 사도들의 시대 이후, 황제 숭배를 거부했던 그리스도인들은 악명 높은 박해와 순교를 당했다. 『폴리카르푸스의 순교』(Martyrdom of Polycarp)에서 로마 관리는 폴리카르푸스에게 이렇게 묻는다. "카이사르는 주님이시다'라고 말하고 관련 의식에서 제물을 바쳐 자신을 구하는 것이 뭐가 나쁜가?" 그러나 폴리카르푸스는 그의 말을 따르지 않았고, 원형 경기장에서 죽음을 당했다(『폴리카르푸스의 순교』 8.2).

셋째, "바울의 순교"에서, 네로는 자신의 종 파트로클루스가 죽었다가 다시 살아난 것을 발견하고 그에게 인사한다.

그런데 그가 들어와 파트로클루스를 보았을 때 소리 질렀다. "파트로클루스야, 네가 살아 있었느냐?" 파트로클루스가 대답했다. "예, 카이사르여, 저는 살아 있습니다." 그런데 카이사르가 물었다. "너를 살아나게 한 그는 누구냐?"

---

17 N. T. Wright, "Paul's Gospel and Caesar's Empire", 〈http://www.ctinquiry.org/publications/wright.htm〉, 2007년 4월 4일 접속.

소년은 믿음의 확신에 차서 이렇게 말했다. "그리스도 예수, 영원한 왕이십니다." 황제는 놀라서 물었다. "그가 모든 나라를 무너뜨리고 영원히 왕이 된다는 말이냐?" 파트로클루스는 그에게 말했다. "네. 그분은 하늘 아래 있는 모든 나라를 무너뜨리고, 그분만 홀로 영원하실 것입니다. 그분을 피할 수 있는 나라는 없을 것입니다." 황제는 소년의 얼굴을 때리며 소리 질렀다. "파트로클루스야, 너 역시 그 왕을 위해 싸우려는 것이냐?" 소년은 대답했다. "그렇습니다, 나의 주 카이사르여. 그분이 나를 죽은 자들 가운데서 살리셨기 때문입니다." 네로의 참모들이었던 평발 바사바 유스도, 갑바도기아 사람 우리온, 갈라디아의 베스도 역시 말했다. "우리들도 그분, 영원한 왕을 위해 싸울 것입니다." 네로는 한때 자신이 사랑하던 이들을 고문한 뒤 감옥에 가두었고, 그 위대한 왕의 군사들을 찾아내라고 명했으며, 그리스도인과 그리스도의 군사를 발견하면 모두 죽이라는 칙령을 내렸다. (『바울행전』 중 "바울의 순교" 11.2)

바울에 관한 이 묵시적 이야기를 쓴 (2세기 후반 혹은 3세기 초반경) 저자는 분명 그리스도의 나라는 카이사르의 나라에 반하며, 로마의 그리스도인 박해는 그 때문이라고 생각했던 것 같다. 이야기를 들려주는 그의 방식은 상당히 창의적이라 할 수 있으나, 기독교와 제국의 관계에 관한 그의 지식은 분명 정확했다.

결론

한번은 〈트리비얼 퍼수트〉(Trivial Pursuit)에 나온 퀴즈에서, 찰리 채플린이 찰리 채플린 닮은꼴 대회에 나가서 2등을 했다는 사실을 들은 적이 있다. 이와 유사하게, 많은 그리스도인들이 가짜 복음을 접할 때 잘 알아보지 못한다. 그 결과, 많은 이들이 '하나님은 당신을 사랑하시며, 당신의 인생을 위해 멋진 계획을 갖고 계십니다'라는 식의 한 줄짜리 짧고 간결한 유사복음을 용인한다. 그러나 그것은 진정한 복음의 조악한 대체물이다. 바울은 그리스도인들이 '예수에 최신 유행을 첨가한' 유사복음에 속기를 바라지 않으며, 감성을 자극하는 심리학 용어나 지껄이는 것 정도로 복음이 축소되는 것 역시 원치 않는다. 바울의 진단에 따르면, 인간은 치료사가 아닌 구원자가 필요한 상태다.

바울의 복음에서 핵심은 메시아 주 예수 그리스도의 죽음과 부활이다. 그리스도의 죽음과 부활은 '우리를 위한' 것이며, 구원을 '위한' 것이다. 이 복음은 이스라엘의 성경이 담아내던 소망, 즉 하나님이 왕이 되실 것이며 이스라엘의 국운을 회복시키실 것이라는 소망과 이어지는 방식으로 설명되었다. 또한 이 복음에는 종말론적 독보성이 있어서, 황제 숭배의 좋은 소식 위에 그리고 그것에 맞서는 자리에 있었다. 그리스도의 복음은 예수 그리스도 안에서 드러난 하나님의 구원하시는 능력이 이스라엘과 인류를 위한 하나님의 계획—생명, 소망, 평화, 기쁨—을 현실로 이루어 냈다는 선포다. 이와 같이, 바울의 복음은 창조와 이스라엘 이야기에 연결되어 있으며, 이스라엘의 메시아가 가져오는 구원을 통해 창조 세계를 새롭게 하시려는 하나님의 구출 계획에 대한 바울의 시각을 드러낸다. 또한 바울의 복음은 죄 용서, 하나님의 의, 화해와 칭의 등 여러 신학적 개념들과도 연결되어 있다. 이 개념들은 복음에 따르는 구원을 자세히 설명해 주는데, 다음 장에서 살펴보고자 한다.

6장

복음의 정수

미국의 한 복음 전도자가 쓰는 전략 중 하나는 공항에서 다짜고짜 사람들에게 다가가 "당신은 언제 구원을 받았습니까?"라고 묻는 것이라는 이야기를 들은 적이 있다. 그는 그들이 진정으로 '구원받지' 못했다는 가정 하에, 어떻게 하면 구원을 받을 수 있는지 말해 주려 할 것이다. 어느 날, 어떤 남자에게 다가가 또다시 이 상투적인 질문을 던졌다. "당신은 언제 구원을 받았나요?" 그런 돌발적인 질문에 잠시 당황하던 남자는 이렇게 대답했다. "2천 년 전이지요. 그러나 내가 그 사실에 대해 알게 된 것은 최근입니다." 복음 전도자가 알고자 했던 것은 남자가 언제 믿음의 결정 혹은 고백을 했는가였는데, 남자는 구원의 객관적 근거, 즉 예수 그리스도의 십자가와 부활을 언급함으로써 질문에 답한 것이다.

예수님의 십자가와 부활은 바울이 선포하는 복음의 가장 두드러진 특징이며, 그의 신학적 사상의 중심을 이룬다. 그의 신학적 고찰은 구원이 그리스도의 죽음과 부활을 통해 온다는 데에 토대를 둔다. 그것은 복음의 **정수**였고, 그가 구원에 관해 말하는 모든 것은 그리스도의 죽음과 부활에 담긴 중요성을 설명하는 것에서 시작한다. 바울에게는 십자가와 부활이 실제로 성취한 바를 설명하기 위한 은유, 표현, 이미지, 개념의 레퍼토리가 있었다. 구원에 관한 바울 사상에서 일관된 핵심은 예수님의 죽음과 부활이었고, 바울은 구원이 무엇을 의미하며 어떻게 이루어지는지 설명하기 위해 많은 종속 개념들을 끌어온다.[1]

---

1 J. C. Beker, *Paul the Apostle: The Triumph of God in Life and Thought* (Philadelphia: Fortress, 1980), pp. 23-36; J. D. G. Dunn, *The Theology of Paul the Apostle* (Edinburgh: T.&T. Clark, 1998), p. 231.

이번 장에서는 그 개념들 중 일부의 의미와 중요성을 살펴볼 것이다.

의

'의'는 구원을 설명하기 위해 바울이 사용하는 가장 강력한 이미지 중 하나로, 구원의 원천이면서 또 결과이기도 하다. 이 말의 의미는 곧 구원이 시작되는 것은 '하나님의 의'가 나타났기 때문이며, 그 결과 믿는 자들이 '의롭게 된다' 혹은 보다 정확하게는 '의롭다 여김을 받는다'는 뜻이다. 이 부분에 관해서는 우리가 다룰 수 있는 수많은 논쟁거리가 있지만, 여기서는 그리 관심을 두지 않을 것이다. 대신, 구원에 관한 바울의 신학에서 '하나님의 의'와 '칭의'(의롭다 여겨짐)가 갖는 의미에 초점을 맞추려고 한다.[2]

바울은 '하나님의 의'(*dikaiosynē theou*)를 여러 번 언급한다(롬 1:17; 3:21-22; 10:3; 고후 5:21; 빌 3:9). 이것이 지칭하는 바는 (1) **주관적** 자질(윤리적 강직함, 진실함, 충실함 등 같은 하나님 자신의 의)인가, 아니면 (2) **객관적** 자질(하나님으로부터 오는 의)인가? 이에 답하기 위해서는 여러 사항을 고려해야 한다.

첫째, 우리는 이 용어를 **창조**와 **언약**이라는 문맥에서 이해해야 한다. 창조주로서 하나님은 모든 땅에 의를 세우고자 하셨다(예를 들어, 창 18:25; 대상 16:33-34; 시 98:9). 그와 동시에, 하나님은 이스라엘과 언약을

---

2 이 사안에 대한 국제적인 연구는, M. F. Bird, *The Saving Righteousness of God: Studies in Paul, Justification, and the New Perspective*, PBM (Milton Keynes: Paternoster, 2007), pp. 6-39를 보라.

맺으셨다. 즉 하나님이 이스라엘을 구하려고 개입하실 때, 그분은 의로움 가운데 그리고 그분의 언약에 대한 성실함 가운데 행하셨다(예를 들어, 신 7:9; 시 46:10-11; 111:7-8; 슥 8:8). 이스라엘을 구원하시는 하나님은 자신의 언약에 성실하시며, 그분의 백성을 언약적 지위로 회복시키신다.

둘째, 구약성경과 일반 유대 문헌에서 '의'는 종종 '구원'과 동의어로 사용된다(예를 들어, 삿 5:11; 삼상 12:7). 이사야서에서 우리는 다음과 같은 구절을 접한다. "너희는 공평을 지키며 공의를 행하여라. 나의 구원이 가까이 왔고, 나의 의가 곧 나타날 것이다"(사 56:1).

셋째, '하나님의 의'를 주격 속격, 즉 하나님께 속한 의로 이해하는 것이 더 맞는 것처럼 보이며, 이 경우 하나님 자신의 구원하시는 행위로 이해된다. 그 이유는 로마서에 나타나듯이 주격 속격으로 쓰인 유사하고 병행적인 다른 경우들, 예를 들어 "하나님의 능력"(1:16), "하나님의 진노"(1:18; 3:5), "하나님의 신실하심"(3:3), "하나님의 참되심"(3:7; 15:8) 등에 이 표현에 대한 가장 온전한 설명이 들어 있기 때문이다. 이 구절들은 모두 하나님께 속한 자질 혹은 성향을 가리킨다. 따라서 하나님의 의는 그분의 구원하시는 능력이 놀랍게 역사하는 복음에서 드러난다.

넷째, '하나님의 의'는 그리스도의 희생적인 죽음에서 드러났고, 죄인들을 하나님과 올바른 관계로 회복시키는 결과를 가져온다(롬 3:21-25). 또한 의로운 신분이 선물로 주어지는데(롬 5:15-19), 바울은 하나님에게서 오는 의가 믿는 자의 소유가 되는 것에 관해 말하기도 한다(빌 3:9). 그러나 일부 해석가들이 선호하는 해석처럼, '하나님의 의'가 단순히 믿음을 통해 예수 그리스도로부터 믿는 자들에게 전가되는 의라고 하는 것은 너무 지나치다. '하나님의 의'는 **구원의 계획 전체**를 이루어내는 모든 행위, 곧 칭의, 구속, 속죄, 용서, 새 언약 공동체의 일원이 되는 것, 화해, 성령의 은사, 새로운 순종의 능력, 그리스도와의 연합, 죄로부터의 해방, 마지막 심판 때의 신원 등을 모두 아우른다. 알랜드 홀트그랜(Arland Hultgren)은 다음과 같이 정확하고 적절하게 언급한다.

바울이 이 문장에서 하나님의 의에 대해 말할 때 그리고 그 의가 복음에서 드러났다고 말할 때, 그가 1차적으로 지칭하는 것은 믿는 자들에게 전가된 의가 아니다. 그는 하나님 아들의 복음에 드러난 의, 즉 하나님이 어떻게 자신의 아들을 죄에 빠진 인류를 구원하기 위해 보내셨는지에 관한 구원의 메시지를 말하고 있는 것이다. 하나님의 의는 이스라엘의 성경이 말하던 바, 곧 메시아의 오심 혹은 메시아의 시대와 함께 약속되었던 하나님의 구원 행위를 뜻한다.³

따라서 바울의 복음과 관련하여 '하나님의 의'에 담긴 다양한 배경과 그 결과를 다음과 같은 표로 정리할 수 있다.

영역	하나님의 의가 행하는 일	복음서에 계시된 하나님의 의
창조	징벌적 정의 창조 세계의 회복 모든 민족에게로 나아감	의인의 신분이 선물로 주어짐 생명과 부활 우주적 갱생
언약	언약에 충실함 속죄 이스라엘의 구원	죄에서 구속됨 새로운 생명으로 변화됨 새 언약 공동체의 일원이 됨

바울은 '칭의', 혹은 동사의 형태로 '의롭다 여김받다'에 대해 자주 말한다. 예를 들어, "모든 사람이 죄를 범하였습니다. 그래서 사람은 하나님의 영광에 못 미치는 처지에 놓여 있습니다. 그러나 사람은, 그리스도 예수 안에서 얻는 구원으로 말미암아, 하나님의 은혜로 값없이 의롭다는 선고를 받습니다"(롬 3:23-24). 또한 갈라디아서에도 "우리가 율법을 행하는 행위로가 아니라, 그리스도를 믿는 믿음으로 의롭다 하심을 받고자 했던 것입니다"라는 구절이 나온다(갈 2:16). 나는 바울이 말하는 '칭의'가 무엇을 의미하는지 설명할 때 다음의 네 갈래 전략을 사용한다.

첫째, 칭의는 **법정적** 개념이다. 즉 하나님 앞에서 우리가 갖는 신분을 뜻한다. 의롭다고 하심을 받는 사람은 옳다는 판결을 받는 사람 혹은 잘못에 대해 무죄라고 판결받는 사람이다. 의롭다고 여김을 받는 것은 저주 아래 놓여 있는 것의 반대다(신 25:1; 롬 8:1-3, 33-34; 고후 3:9). 하나님은 의인을 의롭다고 하시는 경우가 없는데, 자기 힘으로 하나님 앞에 진정으로 의롭게 설 수 있는 사람은 아무도 없기 때문이다(롬 3:20-23). 은혜로우신 하나님은 그리스도를 통해 죄인과 악인과 경건치 않은 자를 의롭다 하신다(롬 3:20-25; 4:5; 5:6). 그것은 하나님이 그들이 무죄인 양 대하시기 때문이 아니라, 예수님의 죽음이 하나님의 공의를 만족시켰기 때문이다.

둘째, 칭의는 **언약적** 개념이기도 하다. 칭의에 대한 바울의 논증은 주로 이방인이 유대교로 개종하지 않고도 하나님의 백성이 될 수 있

---

3   A. J. Hultgren, *Paul's Gospel and Mission* (Philadelphia: Fortress, 1983), p. 31.

는 권리를 변호하는 문맥에서 나온다. 믿음으로 받는 칭의는 믿음으로 들어가게 되는 공동체를 함축하는데, 예수님을 믿는 자들은 새 언약 공동체의 일원으로 인정되기 때문이다(롬 3:27-4:25; 갈 2:11-21; 4:31; 엡 2:11-3:6).

셋째, 칭의는 **종말론적** 개념이다. 유대 사상에서 심판의 날에 있으리라 여겨 왔던 판결이 현재에 선언되었기 때문이다(롬 2:13-16; 8:31-34; 갈 5:5). 정말로, 예수님의 죽음과 부활에서 미래의 판결이 이루어졌다. 하나님은 인간을 속죄하기 위해 예수님을 넘겨줌으로써 인간에 대한 소송을 제기했고, 그분의 아들을 죽은 자들 가운데서 일으킴으로써 인간에 대한 칭의를 공식화했다(롬 4:25).

넷째, 칭의에는 **실제적** 능력이 있다. 하나님은 변화시키는 능력으로 믿는 자들을 죄의 권세에서 해방시키는데, 이는 무죄 선고에 따르는 논리적 결과다(롬 6:7, 18). 따라서 칭의란 믿는 자들이 하나님과 바른 관계—하나님의 구원하시는 의에 의해 시작되고 유지되는 관계—안에 있음을 선언하는 것을 의미한다. 이러한 무죄 판결은 믿는 자들이 율법-죄-죽음의 세 머리를 가진 폭군으로부터 해방되었음을 의미하며, 동시에 하나님은 그분의 은혜와 자비를 한 민족에게만 제한하지 않으셨음을 보여 준다.

요약하면, 칭의는 하나님이 새 언약 안에서 새 자격을 가진 새 백성을 창조하시는 행위이며, 새 시대를 미리 맛볼 수 있게 해 준다.

그러나 칭의의 기초인 그리스도의 의의 전가는 어떻게 이해할 수 있을까? 이는 하나님이 예수님의 순종과 가치를 믿는 자의 것으로 전가하고, 반대로 그들의 죄를 십자가에서 예수님에게 전가했다는 개

넘이다. 그런데 사실상 성경에는 이러한 전가 개념을 뒷받침하는 증거 구절이 나오지 않는다. 만약 우리가 고린도후서 5:21이나 로마서 4:1-5, 고린도전서 1:30, 빌립보서 3:6-9에서 그리스도의 능동적 순종이 우리의 것으로 전가되며 우리의 죄가 그리스도의 것으로 전가된다고 하는 전가 개념의 패키지를 찾을 수 있다고 주장한다면, 미안하지만 그것은 우리의 착각이다. 그 구절들은 모두 그와 비슷한 내용을 말하고 있기는 하지만, 정확하게 그렇다고 말하지는 않는다. 더구나, 이 구절들은 똑같은 음조를 반복 재생하고 있다기보다는 그리스도가 하신 일에 관하여 각각 조금씩 다른 것들을 말하고 있다.[4]

따라서 성경 본문 자체로만 볼 때, 바울은 우리가 그리스도와 연합할 때 내가 '연합된 의'(incorporated righteousness)라고 부르는 것을 통해 의롭다 함을 받는다고 주장한다.[5] 예수님은 부활에서 의롭다 함을 받으셨고, 믿음으로 그분과 연합한 우리는 그분의 칭의를 공유한다. 믿음으로 그리스도께로 연합됨으로써, 그의 것은 우리의 것이 되고 우리의 것은 그의 것이 된다. 이제, 교리 경찰관들이 칼뱅의 『기독교 강요』를 들고 와서 나를 죽일 듯 심문하기 전에, 지금까지 내가 말한 것에 적절한 단서를 다는 것이 좋을 듯하다.

그리스도의 의의 전가는 필수적이고 논리적인 추론이며, 이를 통해 바울의 구원 이야기에 나오는 여러 생각과 개념을 하나로 일관성 있게 설명할 수 있다. 그리스도의 의가 믿는 자들에게 전가된다고 명

---

4 이에 관하여는 훌륭한 연구인 B. Vickers, *Jesus's Blood and Righteousness: Paul's Theology of Imputation* (Wheaton: Crossway, 2006)을 보라.
5 Bird, *Saving Righteousness of God*, pp. 60-87.

시적으로 말하는 성경 구절은 없다고 해도, 전가를 설명하는 일련의 신학 없이는 바울이 말하는 칭의의 많은 부분이 설명이 안 된다. 전가라는 개념은, 전가의 방향을 뚜렷하게 가리키거나 그와 아주 유사한 많은 주제들을 하나로 묶을 수 있는 종합적 방식이 된다. 다음 도표는 어떻게 전가가 바울 서신에 나오는 다양한 개념을 통합하는 핵심이 되는지 보여 준다.

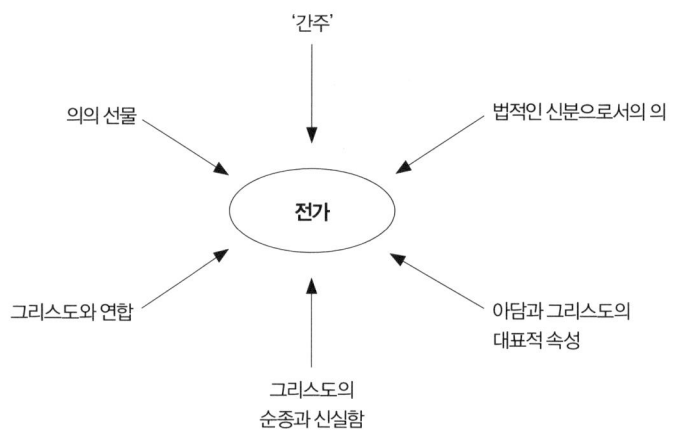

'간주'(reckoning)라는 언어, 그리스도의 순종과 신실함에 대한 강조, 아담과 그리스도가 갖는 대표적 속성, 그리스도와의 연합에 대한 언급, 의를 분명히 '선물'이라고 지칭하는 것, 의의 법정적 성격 등 모든 개념은 전가와 같은 신학적 개념과 통한다. 문제는 학자들이 아무리 좋은 의도를 지녔다 하더라도, 전가의 종합 패키지를 바울 서신의 특정 본문에 대입해 읽으려 한다는 점이다. 전가의 개념은 그런 식으로 도출되지 않는다. 나는 전가란 신자가 그리스도와 일체화되는 것의 논리

적 귀결이라는 레온 모리스(Leon Morris)의 의견에 동의한다.[6]

희생 제물

'희생 제물'이란 예수님이 속죄의 제물이 되어 죗값을 치르셨음을 의미한다. 그러나 이 은유 안에는 다양한 하위 은유가 작동하고 있다.[7] 바울이 사용하는 희생 제물과 속죄라는 언어의 1차적 배경은 물론 구약성경이다. 레위기 1-7장에는 속죄 제물과 곡식 제물 같은 다양한 제물에 관한 지침이 나온다. '속죄일'(Day of Atonement)은 이스라엘의 죄를 숫염소에게 돌린 뒤 그 염소를 진 밖의 빈 들에 내보내는 날이었는데(레 16:1-34; 23:26-32), 희생 제물이 효력을 발하는 근거는 이것이었다. "생물의 생명이 바로 그 피 속에 있기 때문이다. 피는 너희 자신의 죄를 속하는 제물로 삼아 제단에 바치라고 너희에게 준 것이다. 피가 바로 생명을 지니고 있기 때문에, 죄를 속하는 것이다"(레 17:11). 이사야 53장에 나오는 고난받는 종은 이스라엘 민족을 대신해서 고난을 받는다. 곧 그는 그들의 허물 때문에 찔리고, 그들의 죄악을 대신 짊어지며, 속죄 제물이 되어 고난을 받음으로써 많은 이들에게 의를 가져다준다.

6　L. Morris, *The Apostolic Preaching of the Cross*, 3rd ed. (Grand Rapids: Eerdmans, 1984), p. 282.
7　대속과 관련한 풍성하고 다층적인 은유와 의미에 대해서는, 이제는 고전이 된 J. Stott, *The Cross of Christ*, (Leicester: IVP, 1989), 개정판; 보다 최근 작품으로는 (그리고 논쟁의 여지도 약간 있는) J. B. Green and M. D. Baker, *Recovering the Scandal of the Cross: Atonement in New Testament and Contemporary Contexts* (Carlisle, UK: Paternoster, 2000)를 보라.

이 지점에서, 신구약 중간기의 유대 저자들은 그들이 처한 환경에서 희생 제물의 신학을 어떻게 해석하고 적용했는지 살펴보는 것은 도움이 된다. 마카베오4서로 불리는 유대 문서에서, 엘르아잘은 자신의 임박한 순교를 앞두고, 하나님께 이렇게 간청한다. "당신의 백성에게 은혜를 베푸셔서, 우리가 받는 벌이 그들의 죄를 대신하게 하소서. 나의 피가 그들의 정결함이 되게 하시고, 그들을 대신하여 저의 생명을 취하소서"(마카베오4서 6.28-29). 곧 자신의 죽음에 구원을 가져오는 효력을 부여하고자 하는 것이다.[8]

그리스-로마 문헌에서도 희생적이며 구원을 이루는 죽음은 생소한 개념이 아니었다. 리비우스(Livy)는 로마 장군 데키우스(Decius, 주전 340년 경)의 죽음에 대하여 "마치 신들의 모든 노여움을 풀기 위해 하늘에서 보낸 속죄의 제물 같았고, 그럼으로써 자신의 민족이 당할 뻔했던 멸망이 그들의 원수에게 임하게 했다"고 쓰고 있다(『로마사』 8.9.10). 플루타르코스(Plutarch)는 테르모필라이 전투에서 전사한 스파르타 왕 레오니다스를 두고 이렇게 썼다. "신탁에 순종하여 자신을 희생했으니, 곧 그리스를 [위하여] 자신을 바쳤다"[플루타르코스, 『펠로피다스』(*Pelopidas*) 20-21].

어떤 이들은 희생 제물과 대속에 관한 바울의 사상이 이교도의 신비주의 의식 같은 헬레니즘에 기원을 둔다고 주장하기도 하지만, 바울은 구약성경의 희생 사상에 훨씬 가까웠으며, 성서 후기 시대의 팔레스타인 문헌에도 이미 희생에 관한 신학적 고찰이 존재했다는 점을

---

8   마카베오4서 6.28-29과 이사야 53장과의 연관성에 관하여는, D. A. deSilva, *4 Maccabees: Introduction and Commentary on the Greek Text of Codex Sinaiticus*, SCS (Leiden: Brill, 2006), pp. 147-158를 보라.

고려할 때[마카베오상 6.44; 마카베오하 7.37-38;『욥기 타르굼』(11QtgJob) 38.2-3;『공동체 규율서』(1QS) 8.3-4;『아자리야의 기도』(Prayer of Azariah) 3.38-40;『성서고대사』18.5;『모세의 유언』(Testament of Moses) 9.6-10.1;『베냐민의 유언』((Testament of Benjamin) 3.8;『아담과 이브의 생애』(LAE) 3.1], 그러한 주장은 사실과 거리가 멀다.

바울의 '희생 제물' 신학에 관해 말할 수 있는 사실은, 첫째, 바울이 예수님의 죽음에 희생 제사와 제의 이미지를 자주 적용했다는 점이다(롬 3:25; 8:3; 고전 5:7; 고후 5:21). 희생 제물(thyō와 thysia)이라는 단어의 의미는 '제물로 죽임을 당하거나 바쳐진 것'이다.[9] "육신으로 말미암아 율법이 미약해져서 해낼 수 없었던 그 일을 하나님께서 해결하셨습니다. 곧 하나님께서는 자기의 아들을 죄된 육신을 지닌 모습으로 보내셔서, 죄를 없애시려고 그 육신에다 죄의 선고를 내리셨습니다"(롬 8:3). 바울이 이렇게 말할 때, 그 뒤에 깔려 있는 것은 바로 희생 제물로서 죽은 예수님의 죽음이다. 톰 라이트는 이 구절에 이렇게 주석을 단다.

바울의 어떤 글에서도, 또는 실제로 그 어떤 초기 기독교 문헌에서도 초기 그리스도인들이 십자가에서 일어난 일을 죄에 대한 법정 심판으로 믿었음을 이보다 더 명쾌하게 진술하는 구절은 없다. 고린도후서 5:21, 갈라디아서 3:13과의 부분적 유사성은 말할 것도 없고, 로마서 8:1과 연결된 이 구절의 전체 논지를 고려할 때, 바울은 예수님의 죽음이 죄가 마땅히 받아야 할 저주를 완전히 그리고 최종적으로 치렀으며, 따라서 죄인들의 머리 위에 걸려

---

9 BDAG, pp. 462-463.

있던 그 저주의 위협으로부터 그들이 단번에 그리고 영원히 자유로워질 것임을 말하고자 한 것이 분명하다.[10]

둘째, 예수님의 죽음은 때로 '아케다'(Aqedah), 즉 기꺼이 이삭을 바쳤던 아브라함의 순종을 떠올리게 한다. 로마서 8:32("자기 아들을 아끼지 않으시고")과 창세기 22:16("너의 외아들까지 아끼지 않았으니")의 유사성은 명백하다. 하나님은 그분의 아들을 아브라함이 이삭을 바쳤던 것과 동일한 방식, 곧 희생 제물로 내어 주신 것이다. 로마서 8:1-3과 갈라디아서 4:4-5에서는 그 아들의 '보내심'은 그로 하여금 대속 제물이 되게 함으로써 율법의 저주 아래 있는 자들을 속량하시기 위함이었다고 말한다. 당시 유대 문헌에서는 '아케다'를 대리적 의미로 해석하는 경향이 있었으며[예를 들면, 필로(Philo), 『아브라함에 관하여』(De Abrahamo) 172], 예수님의 죽음에 관한 생각을 말할 때 바울도 이러한 경향을 증언한다.

셋째, 또 다른 이미지는 그리스도를 유월절 양으로 보는 것이다. "우리들의 유월절 양이신 그리스도께서 희생되셨습니다"(고전 5:7). 그리스도의 죽음은 새 출애굽의 전조다. 즉 그는 각 히브리인 가정의 장자를 대신하여 양을 죽였던 것과 동일한 목적을 위해 죽으셨다.[11] 각 가정의 장자를 대신해 양이 희생되었던 것은 대속의 좋은 예가 된다.[12]

---

10 N. T. Wright, 'Romans', in *New Interpreters Bible*, ed. L. E. Keck, 12 vols. (Abingdon: Nashville, 2002), vol. 10, pp. 574-575.
11 유월절과 속죄는 특히 에스겔 45:18-22과 마지막 만찬 때 예수님의 자신의 죽음에 대한 해석에서(막 14:24) 서로 연결되어 있다. 바울에게 있어 유월절 이미지의 중요성은 T. Holland, *Contours of Pauline Theology* (Fearn, Ross-shire: Christian Focus, 2004)를 보라.

넷째, 바울은 또한 예수의 죽음에 대해 이렇게 말하기도 한다. "하나님께서는 이 예수를 '힐라스테리온'(*hilastērion*)으로 내주셨습니다. 그것은 그의 피를 믿을 때에 유효합니다"(롬 3:25). 논쟁이 되는 것은, '힐라스테리온'이라는 단어가 (1) 레위기 16장의 '속죄소'와 같은 속죄의 **자리**(틴데일, NET)를 지칭하는지, (2) 속죄의 **수단**으로서 죄의 제거 혹은 소멸을 의미하는 '속죄 제물'(expiation, NAB, RSV) 또는 (3) 하나님의 진노를 유화시킨다는 의미의 '화목 제물'(propitiation, NKJV, ESV, NASB)을 지칭하는지의 문제다.[13] 신약성경에서 이 단어는 히브리서 9:5에서만 한 번 더 나오는데, 여기서는 속죄소의 의미로 쓰였다(이는 70인역에서도 마찬가지다). 문제는 속죄소에 뿌려진 희생 제물의 피가 죄와 죄를 대하는 하나님의 태도에 어떤 식으로 영향을 미치는가이다. 20세기 중반, 속죄 제물이라고 주장하던 C. H. 도드(Dodd)와 화목 제물이라고 주장하던 레온 모리스가 논쟁을 벌였다. 나는 이 구절에서는 화목 제물이 올바른 의미라고 주장한 모리스의 의견이 더 설득력 있다고 생각한다.

더 나아가, 화목 제물이라는 해석이 로마서의 전체 문맥을 더 잘 뒷받침한다. 바울은 앞서 모든 악함과 불경건에 대한 '하나님의 진노'가 나타남을 언급했으며(롬 1:18), 이는 하나님의 진노를 불러왔던 죄에 대한 속죄와 구속을 가져온 '하나님의 의'의 나타남을 말하는 로마서 3:21-26과 병렬 관계를 이룬다. 그러나 우리는 이러한 구분에 너무 집착할 필요가 없는데, 예수님은 속죄의 **자리**('힐라스테리온'의 문자적 의미)인

---

12 M. D. Hooker, *Jesus and the Servant* (London: SPCK, 1959), p. 77.
13 NIV와 NRSV는 두 가지 의미를 모두 포함하기 위해 '속죄의 희생 제물'이라고 쓴다.

동시에 속죄의 **수단**(로마서 1-8장의 보다 넓은 문맥에서)이시기 때문이다. 또한 하나님의 진노는 죄를 향한 것이기 때문에, 죄가 소멸되면 하나님의 진노도 풀린다. 그렇다면 예수님을 화목의 제물로 세우신 분이 하나님이시고, 이로써 진노가 풀리는 분도 하나님이시라면, 이는 곧 하나님이 스스로 진노를 풀고 계신다는 의미가 된다. 누군가는 이를 두고 앞뒤가 맞지 않는 생각이라고 할지 모르지만, 나는 이것이야말로 십자가의 영광스러운 신비라고 말하고 싶다. 속죄를 주도하고 제공하는 분이, 바로 그 죄에 대해 분노하시는 하나님 자신인 것이다.[14]

이 구절에서 발견한 내용을 표현하기 위해 일반적으로 '형벌 대속'(penal substitution)이라는 용어를 쓴다.[15] 우리는 이를, 하나님이 예수님으로 하여금 우리를 대신하여 십자가에 달리게 함으로써 우리의 죄에 대하여 그를 대신 처벌했다고 보는 이론으로 정의할 수 있다. 그리스도의 죽음이 갖는 '형벌적' 속성은 (1) 그 아들의 "육신에다 죄의 선고를 내리셨습니다"라고 말하는 로마서 8:3과 (2) 진노를 유화시키는 것과 관련된 속죄를 언급하는 로마서 3:25이 뒷받침한다. 그리스도의

---

14 D. A. Carson, 'Atonement in Romans 3:21-26', in *The Glory of the Atonement: Biblical, Theological, and Practical Perspectives*, ed. C. E. Hill and F. A. James (Downers Grove: IVP; Leicester: Apollos, 2004), pp. 130-135를 보라.
15 형벌 대속을 주장하는 최근 연구로는, S. Jeffery, M. Ovey and A. Sach, *Pierced for our Transgressions: Rediscovering the Glory of Penal Substitution* (Nottingham: IVP, 2007); T. R. Schreiner, 'Penal Substitution View' in *The Nature of the Atonement: Four Views*, ed. P. R. Eddy and J. K. Beilby (Downers Grove: IVP, 2006), pp. 67-98; S. Holmes, 'Can Punishment Bring Peace? Penal Substitution Revisited', *SJT* 58 (2005), pp. 104-123; A. T. B. McGowan, 'The Atonement as Penal Substitution' in *Always Reforming: Eplorations in Systematic Theology*, ed. A. T. B. McGowan (Leicester: Apollos, 2006), pp. 183-210; 또한 J. I. Packer의 고전적 에세이 'What Did the Cross Achieve? The Logic of Penal Substitution', *TynBul* 25 (1974), pp. 3-45를 보라.

죽음에 있는 '대속'의 요소는 고린도전서 5:7, 갈라디아서 3:13, 디모데전서 2:6 등 몇몇 다른 구절에도 함축되어 있으며, 그리스도가 '우리의 죄를 위해' 죽으셨다는 사실은 그분이 우리를 대신해 죽으셨다는 함의를 내포한다. 이렇듯, 그분은 죄인이 아님에도 불구하고 죄인의 자리를 대신하셨다는 사실은 예수님의 죽음에 **배타적** 의미를 부여한다.

또한 우리는 예수님의 죽음에 관한 모든 구절에 형벌 대속 패키지를 대입해 읽지 않도록 주의해야 한다. 예를 들어, 바울은 "하나님께서는 죄를 모르시는 분에게 우리 대신으로 죄를 씌우셨습니다. 그것은 우리가 그리스도 안에서 하나님의 의가 되게 하시려는 것입니다"라고 말한다(고후 5:21). 여기에서 말하는 것을 설명할 때는, '대속'보다는 '교환'이나 '전이'가 더 적절한 표현일 것이다.[16] 죄를 모르는 이가 죄가 되어 죄의 값을 감당하고, 진짜로 죄를 범했던 이들은 희생 제물이 바쳐짐으로써 결백하고 깨끗하며 무죄하다고 인정되는 반전이 일어난 것이다. 이러한 교환 혹은 전이는, 십자가의 순종을 통해 아담의 죄와 저주를 무효화시킬 수 있는 그리스도의 인간성 안에서 일어난다.

또 다른 차원에서, 우리는 또한 예수님이 믿는 자들의 대표이시라는 점을 분명히 인식해야 한다. 예수님이 우리를 대신해 심판을 받으셨다고 설명한다고 해서, 우리가 심판에서 완전히 자유로워졌다는 의미는 아니다. 믿는 자들이 구원을 받는 것은 오직 그들이 그리스도의

---

16 M. D. Hooker, 'Interchange in Christ', *JTS* 22 (1971), p. 353; R. P. Martin, *2 Corinthians*, WBC (Waco: Word, 1986), p. 144.

죽음에 동참하기 때문이다. 바울은 수차례에 걸쳐, "나는 그리스도와 함께 십자가에 못박혔습니다. 이제 살고 있는 것은 내가 아닙니다"(갈 2:20), "우리의 옛사람이 그리스도와 함께 십자가에 달려 죽은 것은, 죄의 몸을 멸하여서"(롬 6:6)라고 말한다. 하나님은 그리스도에게 심판을 내리고 진노를 쏟으시는데, 그리스도는 믿는 자들의 대표이시기 때문에 이는 곧 믿는 자들 역시 심판과 저주를 경험했다는 의미다. 논리는 이렇다. 믿는 자들은 이미 죽음을 통과했기 때문에, 다시 그것을 통과할 수는 없다. 더 나아가, 그들이 그리스도의 죽음과 심판에 연계되고 동참하는 것과 같은 방식으로, 그들은 그분의 부활과 회복도 함께 나눈다(롬 6:4-5; 골 2:12; 3:1; 엡 2:6).

이는 논쟁의 여지가 많은 바울의 두 구절을 이해하는 데 도움을 준다. 그는 로마서에 "그러니 한 사람의 범죄 행위 때문에 모든 사람이 유죄판결을 받았는데, 이제는 한 사람의 의로운 행위 때문에 **모든 사람**이 의롭다는 인정을 받아서 생명을 얻게 되었습니다"(롬 5:18)라고 썼고, 고린도후서에는 "그리스도의 사랑이 우리를 휘어잡습니다. 우리가 확신하기로는, 한 사람이 모든 사람을 위하여 죽으셨으니, **모든 사람**이 죽은 셈입니다"(고후 5:14)라고 썼다. 이 구절들이 말하는 것은, 그리스도의 죽음이 모든 인간의 구원을 보장한다고 하는 일종의 보편구원론(universalism)이 아니다. '모든 사람'을 '모든 믿는 자들'과 연결 짓는 것도 가능할 수 있으나, 이 역시 인류를 대표하는 두 번째 아담으로서 예수님이 행하시는 대표적 역할을 신중히 고려할 필요가 있다. 예수님은 전 인류의 대표이시며, 그분의 죽음은 모든 인간이 죽어야 함을 뜻한다. 모든 인간은 그들을 위해 죽음을 경험하신 두 번째 아담 안에서 죽음으로 들어갈 수도 있고, 그들 스스로 죽음 자체를 경험할 수도 있다.

바울의 요점은 예수님의 죽음이 하나님과의 관계에서 전 인류의 운명을 결정짓는 단일 요소라는 것이다. 예수 그리스도의 죽음은 인류가 죽음과 심판과 진노를 경험하고도 여전히 살 수 있는 유일한 길이다. 죽음과 심판을 피할 수는 없지만, 그리스도의 죽음에 참여하고 닮아 감으로써 죄도 죽음도 진노도 그 힘을 지속하지 못한다.[17] 이런 면에서, 인류의 일원으로서 인류를 위해 고난을 받으신 예수님의 죽음에는 **포괄적** 의미가 있다. 그러므로 예수님은 인류의 대표이시며, 모든 인간은 **그분에게** 내려진 심판을 통해 **그분 안에서** 심판을 경험한다. 대표는 또한 대속하는 자이기에, 누구든 (회개만 한다면) 심판과 죽음의 시련을 통과하여 면죄와 생명을 받고 일어날 수 있다. 따라서 대속은 대표성을 전제하며, 예수님은 우리를 대표하시기 때문에 우리를 대속하실 수 있다.

다른 말로 하자면, 예수님이 죄 없는 자로서 우리를 대신하여 우리 죄를 질 수 있는 것(배타성)은 그가 우리의 인간성을 나누어 가지셨기 때문이다(포괄성). F. C. 바우어(Baur)는 대속과 대표성의 구분에서는 약간 미흡하지만, 바울의 생각에 담긴 논리를 정확하게 포착했다.

대속이라는 개념은 두 가지를 함축한다. 첫째, 한 명이 많은 이를 대신하여 그들이 받아야 할 것을 받을 때 그는 그들과 똑같다. 둘째, 그는 그들이 갖

---

17 Dunn, *Theology of Paul the Apostle*, pp. 210-211, 223.

지 못한, 말하자면 그가 그들을 대표하게 한, 그들에게는 부족한 무언가를 가지고 있다는 것이다. 그리스도께서 사람들의 죄를 위해 죽으셨고, 그 죽음이 자신이 아닌 다른 이들의 죄에 대한 형벌로써 효력을 가지려면, 그리스도 자신에게는 죄가 없었어야 한다.[18]

화해

또 다른 이미지는 '화해'인데, 이것은 세상의 관계에서 차용한 것이다. 이는 사람들 간의 관계, 예를 들면 남편과 아내의 관계(고전 7:11), 이스라엘 동족 간 관계(행 7:26)에서의 회복을 지칭한다. 그런데 바울은 인류가 하나님과 화해를 이루었다고 말한다(롬 5:10-11; 고후 5:18-21; 엡 2:14-17; 골 1:20-22). 여기서 핵심 단어는 '카탈라소'(katalassō)인데, 기본적으로 '적대감을 우호적 관계로 바꾸는 것'을 의미한다.[19]

많은 유대인 저자도 화해를 언급한다. 예를 들면, 요세푸스는 모세의 역할을 하나님과 사람들의 화해를 위한 중재자로 묘사한다. "하나님의 결정에 따라 모세가 그들에게 말했을 때, 큰 무리가 고통에서 신음하게 되었고, 모세에게 그들이 하나님과 화해할 수 있도록, 그리하여 더 이상 광야를 떠돌지 않아도 되게 해 달라고 간청했다"(『유대고대사』 3.315). 또한 요세푸스는 예루살렘을 포위하고 있던 로마의 보병대가 매복병들에게 어리석게 당한 이야기를 기록하는데, 보병대의 어리석음 때문

---

18 F. C. Baur, *Paul the Apostle of Jesus Christ: His Life and Works, His Epistles and Teachings: Two Volumes in One* [Peabody: Hendrickson, 2003 (1873-1875)], vol. 2, pp. 155-156.
19 BDAG, p. 521.

에 화가 난 티투스 황제는 그들에게 매서운 징계를 가하려 했지만, 지휘관들의 탄원으로 화가 수그러들었다. 요세푸스는 이렇게 쓴다. "그는 군사들과 화해하였으나, 그들에게 앞으로는 보다 지혜롭게 행하라고 특별히 명령했고, 유대인들의 책략에 대해 어떻게 보복할 수 있을지 고심하였다"[『유대전쟁사』(Jewish War) 5.129]. 마카베오하에 나오는 순교자들 중 한 명은 이렇게 말한다. "그리고 살아 계신 우리 주께서 우리에게 잠깐 화가 나서 꾸짖고 징계하시더라도, 그는 그의 일꾼들과 다시 화해하실 것이다"(마카베오하 7.33). 이는 바울이 말하는 것, 특히 로마서 5:1-11과 고린도후서 5:14-21의 배경이었다.

그렇지만 스탠리 포터(Stanley Porter)가 주장하듯, 중요한 것은 바울이 피해자 측(하나님)에서 먼저 화해의 손을 내민다고 말한 첫 번째 저자였으며, 따라서 동사 '카탈라소'(katallassō, 내가 화해한다)를 능동형으로 쓰고 있다는 사실이다.[20] 바울에 따르면, 화해는 은혜 가운데서 먼저 손을 내미시는 하나님으로부터 시작한다. 잘못을 행한 쪽에서 평화와 용서를 구하며 나아오는 것에서 시작하지 않는다. 이런 점에서, 화해는 하나님의 은혜를 표현한다. 이런 이유로, 어떤 학자들은 화해가 바울의 구원 신학의 핵심 주제라고 주장해 왔으며, 그런 주장은 충분히 일리가 있다.[21]

고린도후서에서 바울은 이렇게 쓴다. "이 모든 것은 하나님에게서

---

20 S. E. Porter, Katalass in *Ancient Greek Literature, with Reference to the Pauline Writings* (Cordoba: Ediciónes El Almendro, 1994).
21 R. P. Martin, *Reconciliation: A Study of Paul's Theology* (Atlanta: Westminster John Knox, 1981); Marshall, *New Testament Theology*, pp. 719-720.

났습니다. 하나님께서는 그리스도를 내세우셔서, 우리를 자기와 화해하게 하시고, 또 우리에게 화해의 직분을 맡겨 주셨습니다. 곧 하나님께서 사람들의 죄과를 따지지 않으시고, 화해의 말씀을 우리에게 맡겨 주심으로써, 세상을 그리스도 안에서 자기와 화해하게 하신 것입니다"(고후 5:18-19). 그리고 로마서에서 이렇게 진술한다. "우리가 하나님의 원수일 때에도 하나님의 아들의 죽으심으로 말미암아 하나님과 화해하게 되었다면, 화해한 우리가 하나님의 생명으로 구원을 얻으리라는 것은 더욱더 확실한 일입니다. 그뿐만 아니라, 우리는 또한 우리 주 예수 그리스도로 말미암아 하나님을 자랑합니다. 우리는 지금 그로 말미암아 하나님과 화해를 하게 된 것입니다"(롬 5:10-11).

하나님과 멀어진 세상이 하나님께로 다시 돌아간다는 점에서 화해는 전 지구적이며 우주적 범주를 아우른다. 이 화해는 오직 십자가를 통해서만 이룰 수 있다. 골로새서에서 바울은 화해의 우주적 결과와 십자가 중심적 원리를 훌륭하게 조합한다. "그분의 십자가의 피로 평화를 이루셔서, 그분으로 말미암아 만물을, 곧 땅에 있는 것들이나 하늘에 있는 것들이나 다 자기와 기꺼이 화해시켰습니다. 전에 여러분은 악한 일로 하나님을 멀리 떠나 있었고, 마음으로 하나님과 원수가 되어 있었습니다. 그러나 지금은 하나님께서 그리스도의 죽으심을 통하여, 그분의 육신의 몸으로 여러분과 화해하[셨습니다]"(골 1:20-22).

화해에는 유대인과 이방인의 연합이 따르는데, 그들 사이를 가로막던 담이 허물어지고 그들이 하나가 되었기 때문이다. 즉 하나님은 "원수 된 것을 십자가로 소멸하시고 이 둘을 한 몸으로 만드셔서[자신] 과 화해시키셨[다]"(엡 2:16). 화해는 칭의의 다른 면이기도 하다. 인간과 하나님 사이의 소외와 적대가 끝났음을 나타내는 표지이며, 창조주와 피조물의 구멍 난 관계를 메운다. 화해는 그리스도(특별히 그의 죽음)를 통해 혹은 그 안에서 일어나며, 하나님이 죄인들에게 더 이상 죗값을 묻지 않게 됨으로써 그 결과 평화―주관적 경험으로서가 아니라, 서로 싸우던 적들이 더 이상 싸우지 않는 객관적 평화의 상태―가 온다.

속량

구원을 '속량'으로 표현하는 것은 바울이 사용하는 또 다른 은유며, 그는 여러 곳에서 이 표현을 사용한다(롬 3:24; 8:23; 고전 1:30; 6:19-20; 갈 3:13; 4:5; 골 1:14; 엡 1:7, 14; 4:30; 딤전 2:6; 딛 2:14). 바울의 다른 많은 사상과 마찬가지로, 이 이미지에는 유대 및 그리스-로마 배경이 있다. 구약성경에서 위대한 속량 사건은 출애굽이다(예를 들어, 출 6:6; 신 7:8; 9:26; 13:5; 15:15; 24:18; 대상 17:21; 느 1:10; 시 77:15; 78:42; 미 6:4). 하나님이 이스라엘 조상에게 하셨던 약속을 기억하셔서 자기 백성을 종살이에서 속량하신 역사적 순간이었다. 해마다 유월절에는 이 사건을 기념한다. 더 나아가 선지자들은 하나님이 이스라엘을 종살이와 속박에서 속량해 주셨던 것처럼, **다시 새 출애굽을 통해** 이스라엘을 포로 생활에서 속량시키실 것이라고 선포했다(예를 들어, 사 43:1-7; 48:20; 51:10-11; 62:12; 렘 16:14-15; 31:11-12; 미 4:10; 슥 10:8).

구약성경에는 개인들이 자신을 죄(시 19:14; 103:3-4; 130:8)와 죽음(욥 33:28; 시 49:15; 103:3-4; 호 13:14)에서 구속하신 하나님께 감사하는 구절들이 나온다. 유월절이 첫 번째 출애굽을 기념하듯, 바울에게 성만찬은 새 **출애굽**을 성취한 예수님의 죽음을 기념했다. 즉 죄와 죽음의 결박에 붙들렸던 자들을 해방시키신 하나님의 위대한 구원 사건을 기념하고 기억하는 식사였다. 또한 속량은 채무와 정의에 관한 언약 규정에서 필수적인 부분이기도 했다. 레위기 25장에는 '친족의 기업 무를 자'와 관련된 지침이 나오는데, 이는 가까운 친척 중 채무로 인해 팔린 재산을 물어주거나 종으로 팔린 사람을 값을 치르고 데려올 수 있는 사람을 말한다(레 25:25, 47-55).

출애굽기 21장에는 실수로 사람을 죽였거나 상대에게 상해를 입힌 경우에 적용하는 배상 제도가 나온다(출 21:28-32). 소가 사람을 들이받는 습관이 있는데도 소 임자가 단속을 하지 않아서 사람을 죽게 하였으면, "그 임자도 함께 죽여야 한다. 그러나 피해자 가족이 원하면, 소 임자를 처형하는 대신에, 그에게 배상금을 물릴 수 있다." 따라서 소 임자는 요구된 배상금을 내고 자신의 목숨을 구할 수 있었다.

이는 그리스-로마의 문맥에서 적절한 값을 치르면 노예를 풀어 주고 전쟁 포로를 송환시키던 속량 제도와도 유사하다. 이러한 포로 송환 제도는 속량이 종살이에서의 해방, 죽음으로부터의 구원을 의미했다는 점을 부각시킨다.[22] 이것이 믿는 자들은 그리스도의 죽음에 참여한다고 바울이 말하는 이유다. 그럼으로써 그들은 더 이상 '죄의 노

---

[22] '거룩한 속량'은 노예가 가상으로 지역 신에게 팔린 뒤 그 신이 그를 놓아 주는 형태로 이루어졌다. 주인과 노예가 함께 신전으로 나아가, 주인은 그 노예를 신에게 판 뒤 신전 금고에서 그 값을 받았다(노예는 이미 자신의 돈으로 성전에 그 값을 미리 지불한 상태다). 한 고대 비문에는 이렇게 새겨져 있다. "델포이 신전의 아폴로는 니케아라는 여자 노비를 해방시키기 위해 암비사의 시시비우스에게 은 세 므나 반의 값을 주고 샀다. 법에 따르면 그 이전 주인은 암비사의 유므나스투스이며, 그는 그 값을 받았다. 그러나 그 값은 니케아가 자유를 위해 아폴로에게 이미 바친 것이었다"(*LANE*, pp. 322-323).

예'가 아니다(롬 6:6). 다른 곳에서는 이렇게 쓴다. "여러분은 하나님께서 값을 치르고 사신 사람입니다. 그러므로 사람의 노예가 되지 마십시오"(고전 7:23). 또한 그는 장차 올 시대의 생명으로 들어가는 것을 최후의 '속량'이라 부르기도 한다(롬 8:23; 엡 1:14; 4:30).

바울에게 속량은 다양한 차원으로 연계되어 있다. 먼저 속량은 죄 용서(골 1:14; 엡 1:7), 의와 거룩함(고전 1:30)과 연결되어 있다. 또한 그것은 그리스도의 '희생' 혹은 '피'를 통해 성립된다(롬 3:24-25; 엡 1:7). 그리스도는 율법-언약과 결부된 저주로부터(갈 3:13-14), 또한 악함으로부터(딛 2:14) 믿는 자들을 구원한다. 심지어 바울은 예수님을 모든 사람을 위한 '몸값'(ransom, 대속물)이라고 부르기도 한다(딤전 2:6; 비교. 막 10:45/마 20:28). 우리는 속량을 말할 때, 그리스도가 우리의 자리를 대신하셨다고 하기보다 우리의 값을 치르셨다고 말하고 싶은 유혹을 받는다. 그러나 갈라디아서 3:13에서 바울은 그리스도께서 "우리를 위하여 저주를 받은 사람이 되심으로써" 혹은 우리 대신 저주를 견디심으로써 우리를 율법의 저주에서 속량해 주셨다고 말한다. 이는 속량이 대속을 통해 성립됨을 함축한다.

또한 우리가 많은 경우 소홀히 여기는 측면, 곧 믿는 자들이 구원을 받는 목적은 경건한 삶을 살고 의로운 행위를 드러내기 위함임을 반드시 기억해야 한다. 그리스도께서 사람들을 구속하신 것은 그들이 더 이상 '죄의 노예'로 살지 않게 하고(롬 6:6), 그들을 "깨끗하게 하셔서 선한 일에 열심을 내는 백성으로 삼으시려는 것[이다]"(딛 2:14). 마지막으로 바울은 고린도 교인들에게 이렇게 훈계한다. "여러분은 여러분 자신의 것이 아닙니다. 여러분은 하나님께서 값을 치르고 사들인 사람입니다. 그러므로 여러분의 몸으로 하나님을 영화롭게 하십시오"(고전 6:19b-20; 참고. 갈 5:1, 13). 바울에게 속량이란 그리스도의 노예가 되는 것, 그리하여 그리스도 안에서 압축적으로 드러난 삶의 목적과 패턴에 자신을 완전히 맡기는 존재로 사는 것을 의미했다.

입양

바울이 구원을 설명하기 위해 사용하는 또 다른 은유는 '입양'인데, 이는 그리스도인이 하나님의 가족 안에서 자녀의 신분을 얻게 되는 것을 말한다. 로마법에서 '아돕티오'(adoptio)는 '원 가족의 가장'(paterfamilias)의 권위 아래 있던 입양아가 자신을 입양한 아버지의 권위 아래로 옮겨 오는 절차를 의미했다. 그렇게 되면 입양아는 새 가족의 일원이 되었고, 심지어 그 아버지 재산의 유일한 상속자가 되기도 했다. 바울에게 입양 혹은 자녀 신분을 얻는 것은 하나님의 백성이 되는 것을 의미했다. '입양'(huiothesia)이라는 단어가 구약성경의 헬라어 역본에는 나오지 않지만, 이스라엘을 하나님의 '자녀들'로 보는 사상은 분명 존재했다(예를 들면, 출 4:22; 호 11:1).

바울은 갈라디아서에 하나님이 그의 아들을 보내셔서 율법 아래에 있는 사람들을 속량하신 것은 "우리로 하여금 자녀의 자격을 얻게 하시려는 것"이었다고 썼고(갈 4:5), 로마서에서는 우리가 "자녀로 삼으시는 영을 받았[다고]" 말한다(롬 8:15). 믿는 자들은 자녀이기 때문에 더 이상 종이 아니며, 하나님의 영을 받아 하나님을 "아빠, 아버지!"라고 부를 수 있다(갈 4:6-7; 롬 8:15-16). 그들은 이제 아브라함의 가족이자 그리스도의 가족이며, 하나님의 약속을 받을 상속자이고 심지어 그리스도와 공동 상속자다(갈 3:29; 롬 8:17). 믿는 자들의 이러한 전환은 아주 급진적이라 할 수 있는데, 자식도 아버지도 없던 존재가 그리스도와 함께 공동 상속자요, 창조주 하나님을 아버지로 둔 존재가 되었기 때문이다.

우리가 주목할 사실이 두 가지 더 있다. 첫째, 바울은 입양을 속량과 밀접하게 연결시킨다(갈 4:4-5; 롬 8:23). 속량과 입양은 현재에 경험하는 것이지만, 또한 미래에 이르러 보다 충만하고 완전해지기를 기다리는 것이기도 하다. 몸을 '속량'해 주실 것을 기다리는 그리스도인들은 또한 '자녀로 삼아 주실 것'을 고대한다. 이로써 하나님의 자녀가 되는 것에는 보다 광범위한 종말론적 의미가 부여된다. 둘째, 입양은 메시아인 하나님의 아들 안에서 일어난다. 예수님은 이전에 죄와 죽음의 노예였던 이들에게 하나님의 가족이라는 신분과 그리스도 예수 안에 거하는 자들을 위한 약속과 축복을 받게 해 주는 중개자 혹은 중개의 수단이다.[23]

새롭게 함

바울의 시각에서, 구원이란 하나님이 십자가에서 성취하신 일회적 사건이 아니다. 구원은 하나님이 과거와 미래에 행하셨고 행하실 일인

---

23 신약성경에 나오는 입양에 대한 상세한 연구는 T. J. Burke, *Adopted into God's Family: Exploring a Pauline Metaphor*, NSBT 22 (Nottingham: Apollos; Downers Grove: IVP, 2006)를 보라.

만큼, 또한 현재 믿는 자들의 삶 속에서 하나님이 행하고 계신 일이기도 하다. 하나님은 믿는 자들의 삶 속에서 구원의 능력을 쉼 없이 행하고 계신다. 바울은 순종에 대해 말하면서 이렇게 쓴다. "두렵고 떨리는 마음으로 자기의 구원을 이루어 나가십시오. 하나님은 여러분 안에서 활동하셔서, 여러분으로 하여금 하나님을 기쁘게 해 드릴 것을 염원하게 하시고 실천하게 하시는 분입니다"(빌 2:12-13). 믿는 자들은 하나님이 그들 안에 행하시는 것을 이루어 가야 한다. 우리는 이를 가리켜 새롭게 하시는 하나님의 사역이라고 부를 수 있으며, 바울은 종종 '아나카이노'(anakainoō, 내가 새롭게 하다)와 '아나카이노시스'(anakainōsis, 새롭게 함)라는 단어를 통해 이러한 생각을 표현한다.

고린도후서에서 바울은 자신이 겪었던 수많은 시련과 고난을 나열한다. 심지어 거의 죽을 뻔했던 경우도 있었다. 그는 "우리의 겉사람은 낡아가나, 우리의 속사람은 날로 새로워[진다는]" 사실에서 위안을 받는다(고후 4:16). 그리스도인에게 시련이 가져오는 퇴행 효과는 그들을 붙들고 계시는 하나님의 재생 능력을 이기지 못한다. 그리스도인 사역자들은 하나님이 **그들을 사용하시고자** 한다면, 그들을 부르신 그 사역을 계속 감당할 수 있게 하기 위해 **그들을 새롭게 하신다는** 사실에서 위로를 얻어야 한다.

로마서 12장 서두에 담은 훈계에서, 바울은 로마의 교인들에게 "여러분은 이 시대의 풍조를 본받지 말고, 마음을 새롭게 함으로 변화를 받아서, 하나님의 선하시고 기뻐하시고 완전하신 뜻이 무엇인지를 분별하도록 하십시오"라고 권면한다(롬 12:2). 그리스도인들은 자신이 귀하고 가치 있게 여기는 것을 하나님이 귀하고 가치 있게 여기시는 것에 맞추어 감으로써 이 세상의 풍조에 맞서야 한다. 오직 새롭게 된 마음만이 하나님의 일을 생각할 수 있다. 이와 같이, 바울은 믿는 자들에게 "마음의 영을 새롭게 하여, 하나님의 형상을 따라 참 의로움과 참 거룩함으로 지으심을 받은 새 사람을 입으십시오"라고 권면한다(엡 4:23-24). 그 이면에는 옛 삶의 방식을 버리고 죄를 짓는 행동에서 벗어나라는 권면이 있다.

비유를 들자면, 바울은 에베소 교인들이 첨단 하드웨어로 업그레이드한 최신형 컴퓨터 세트와 같다고 말하고 있다. 그러므로 깨끗한 새 하드웨어에 바이러스로 오염된 구식 소프트웨어를 깔려는 시도를 멈추라는 것이다. 잘 알려진 디도서 3:5-6은 이렇게 말한다. "[하나님께서] 우리를 구원하셨습니다. 그분이 그렇게 하신 것은, 우리가 행한 의로운 일 때문이 아니라, 그분의 자비하심을 따라 거듭나게 씻어주심과 성령으로 새롭게 해 주심으로 말미암은 것입니다. 하나님께서는 이 성령을 우리의 구주이신 예수 그리스도로 말미암아 우리에게 풍성하게 부어 주셨습니다." 여기서 분명한 점은 그리스도인의 삶이 시작되는 새로운 출생 혹은 '거듭남'은 성령의 새롭게 하시는 역사를 수반한다는 것이다.

나는 범퍼 스티커 신학, 다시 말해 간결한 신학적 문구를 자동차 범퍼에 붙이고 다니는 것을 그다지 좋아하지 않는다. 특히 '그리스도인은 완벽하지 않다. 다만, 용서받았을 뿐이다'라는 문구는 정말 별로다. 어떤 면에서는 맞는 말이지만, 그리스도인의 생활에서 결정적 요소라 할 수 있는 성령을 통해 우리를 새롭게 하시는 하나님의 능력을 간과하고 있다. 그보다는 이런 문구가 훨씬 나을 것 같다. '그리스도인은 완벽하지 않다. 그러나 하나님은 생기를 불어넣는 성령의 능력을 통해, 금이 간 토기를 거룩함과 의로움과 선함을 담는 영광스러운 그릇으로 변화시키고 계신다.' 이렇게 긴 문구를 넣을 큰 범퍼 스티커가 있기만 하다면 말이다! 바울의 글에서, 새롭게 됨은 하나님의 형상으로 변화되는 과정을 말하며, 이는 하나님의 영광과 성령의 행하심을 통해 실현된다. 성령은 믿는 자들 안에서 쉼 없이 일하시면서, 그들 자신은 점점 줄어들고 하나님의 아들을 점점 닮아 가게 하신다.

승리

마지막으로, 바울에 따르면 예수님의 죽음은 죄와 죽음 그리고 악한 세대의 영적 권세를 이긴 승리다. 기독교가 시작되고 처음 천 년 동안, 십자가가 성취한 것을 설명하는 데 가장 많이 사용된 방식은 '속전론' (ransom theory)이었다. 다시 말하면, 하나님이 믿는 자들의 몸값으로 예수님을 사탄에게 넘겨주었다고 보는 관점이다. 사탄은 어리석게도 예수님을 죽음과 지옥의 결박에 붙들어 놓을 수 있다고 생각했지만, 사실은 그럴 수 없었고 예수님은 사탄을 이기고 승리하여 무덤에서 일어나셨다. 따라서 사탄은 미끼(그리스도의 육신)를 잡으려다 낚싯바늘(그리스도의 신성)에 걸려든 것이다. 이런 비유는 조금 불편하게 느껴지는 것이 사실이지만, 이것이 말하는 분명한 사실 하나는 예수님의 죽음과 부활이 이 악한 세대의 어두운 세력을 이긴 전 우주적 승리라는 점이다.[24]

골로새서의 탁월한 본문에서, 바울은 하나님이 "모든 통치자들과 권력자들의 무장을 해제시키시고, 그들을 그리스도의 개선 행진에 포로로 내세우셔서, 뭇 사람의 구경거리로 삼으셨습니다"라고 말한다(골 2:15). 영적 통치자들과 권세자들에 대한 하나님의 명백한 패배로 보였던 것이 사실은 하나님의 가장 위대한 승리였던 것이다. 요한 크리소스토무스(John Chrysostom)는 이 구절에 대해 이렇게 썼다.

> 사탄이 이토록 수치스러운 곤경에 빠진 적은 없었다. 그를 잡았다고 생각했으나, 오히려 이미 붙잡았던 이들까지 놓치고 만 것이다. 그리스도의 육신이 십자가에 못 박혔을 때, 죽은 자들이 살아났다. 십자가에서 죽음은 부상을 입었고, 죽은 육신이 주는 죽음의 일격을 당했다. 운동선수처럼 상대방을 때려 눕혔다고 생각한 순간, 오히려 자신이 결정타를 맞은 것이다. 그리하여 그리스도는 진정 거만하던 사탄이 수치를 당할 뿐 아니라, 죽음을 맞았음을 보여 주셨다.[25]

사탄에 대한 하나님의 승리라는 주제는 로마서의 마지막 부분에서도 명백히 나온다. "평화의 하나님께서 곧 사탄을 쳐부수셔서 여러분의 발 밑에 짓밟히게 하실 것입니다"(롬 16:20).

로마 세계에서 '트리움푸스'(triumphus)는 승리를 거둔 장군이나 왕이 군중의 환호 속에서 로마로 돌아오는 개선 행진을 말했다. 승리를

---

24 이 주제에 관한 고전인 G. Aulén, *Christus Victor: An Historical Study of the Three Main Types of the Idea of Atonement*, trans. A. G. Herber (New York: Macmillan, 1977)를 보라.
25 P. Gorday (ed.), *Colossians, 1-2 Thessalonians, 1-2 Timothy, Titus, Philemon*, ACCS 9 (Downers Grove: IVP, 2000), p. 35에서 인용.

기념하는 행진 중에 개선장군이나 왕은 네 마리의 말이 끄는 전차를 타고 도시의 중앙대로를 지나갔다. 그의 뒤로는 군대가 따르고, 그의 앞에는 전리품과 포로들이 앞서갔으며, 카피톨리노 언덕에 올라 유피테르 신전에서 제물을 바쳤다. 바울은 자신과 자신의 동료들이 개선 행진의 마지막에 처형당하기를 기다리는 전쟁 포로와 같다고 말하면서 이 이미지를 부정적으로 사용하기도 했다(고전 4:9). 다른 부분에서는 그리스도를 '트리움파토르'(triumphator) 혹은 개선장군으로 표현하면서, 자신도 그분의 승리를 나누어 갖는 것으로 묘사한다. "그러나 그리스도의 개선 행렬에 언제나 우리를 참가시키시고, 그리스도를 아는 지식의 향기를 어디에서나 우리를 통하여 풍기게 하시는 하나님께 감사를 드립니다"(고후 2:14). 그리고 에베소서에는 예수님의 승천을 왕의 승리로 보면서, "그분은 높은 곳으로 올라가셔서, 포로를 사로잡으시고, 사람들에게 선물을 나누어 주셨다"고 쓴다(엡 4:8/시 68:18). 높은 곳에 오르신 예수님이 그분의 교회에 주신 선물은 사도와 선지자, 복음 전도자, 가르치는 목자의 직분이다.

죽음은 하나님의 백성의 개인적 원수로 의인화되기도 하는데, 바울은 "맨 마지막으로 멸망 받을 원수는 죽음"이라고 쓰기도 한다(고전 15:26). 죽음 그리고 동맹 세력인 죄와 율법은 십자가에서 죽고 다시 살아나신 그리스도가 정복했다. "죽음의 독침은 죄요, 죄의 권세는 율법입니다. 그러나 우리 주 예수 그리스도를 통하여 우리에게 승리를 주시는 하나님께 우리는 감사를 드립니다"(고전 15:56-57). 나는 설교에서 헬라어 단어를 분석하는 것에 주로 비판적이지만, 단어 하나가 그 자체로 설교 주제가 될 수 있는 경우가 있다면 로마서 8:37-39에 나오는 '휘페르크리노멘'(*hyperkrinōmen*), 즉 '우리는…이기고도 남습니다'이다.

그러나 우리는 이 모든 일에서 우리를 사랑하여 주신 그분을 힘입어서, **이기고도 남습니다**. 나는 확신합니다. 죽음도, 삶도, 천사들도, 권세자들도, 현재 일도, 장래 일도, 능력도, 높음도, 깊음도, 그 밖에 어떤 피조물도, 우리를 우리 주 예수 그리스도 안에 있는 하나님의 사랑에서 끊을 수 없습니다.

십자가를 선포하는 것은 많은 이들에게 어리석게 들리지만, 사실 그것은 하나님의 지혜다. 이와 같이, 무능력한 것처럼 보이는 것이 하나님의 능력이었고, 비극처럼 들리는 것이 놀라운 승리였으며, 너무도 수치스럽게 보였던 죽음이 하나님께 영광이 되었고, 비통한 일처럼 보였던 일이 표현할 수 없는 기쁨의 원천이었다. 하나님은 예수님의 십자가에서 승리를 이루셨고, 우리는 그 승리를 그분과 함께 나눈다.

7장 왕의 귀환

그리스도 안에서 만난 말세: 바울의 종말론

대학원생일 때, G. E. 래드(Ladd)의 역작『신약 신학』(*A Theology of the New Testament*)[1]을 처음부터 끝까지 읽어야 했던 적이 있다. 그런데 그 책을 읽으며 거의 매 쪽마다 '종말론'이라는 단어가 나오는 것 같다고 생각했던 기억이 난다. 신약 신학이 사실 신약 종말론의 다른 표현이 아닌가 했을 정도다. 그 후 10년을 더 공부한 지금 나는 정말 그 생각이 맞았다고 확신한다. 종말론은 마지막 일들 혹은 장차 올 시대에 관한 연구다. 바울 신학의 기초는 하나님 아들의 삶과 죽음, 부활을 통해 미래 시대(종말)가 이미 현재로 침입해 들어왔으며 이미 **개시되었다는** 사실에 있다.

동시에, 믿는 자들은 여전히 하나님의 구원 계획이 예수 그리스도의 강림 혹은 재림에서 완전히 이루어지고 성취되기를 기다리는데, 그때는 메시아의 나라가 시작되고 죽음은 완전히 패할 것이다. 우리는 두 세계의 중간, 즉 하나는 시작되고 다른 하나는 점차 사라져 가는 두 세계 사이에서 살고 있다. 이는 믿는 자들이 이미-아직의 시간에 살고 있음을 의미하는데, 마치 제2차 세계대전의 총공격일(D Day)과 승전기념일(VE Day) 사이에 살고 있는 것과 비슷하다고 할 수 있다.[2] 이러한 틀은 바울의 사상에서 아주 확고했으며, 그의 세계관과 우주의 시간 속에서 그가 어디에 서 있는지를 규정했다. 또한 이 확신은

---

[1] D. A. Hagner ed., (Grand Rapids: Eerdmans, 1993), 개정판.
[2] O. Cullmann, *Christ and Time*, trans. F. V. Filson (Philadelphia: Westminster, 1950), p. 84.

그를 많은 유대인 동족과 구별시켜 주었다. 알베르트 슈바이처(Albert Schweitzer)는 이렇게 말한다.

다른 믿는 자들이 세상의 시계 바늘이 장차 올 시간이 시작하는 지점에 다다르고 있다고 생각하면서 이를 알리는 종소리를 기다리고 있을 때, 바울은 시계 바늘이 이미 그 지점을 통과했으며, 예수님의 부활에서 그 종소리가 울렸지만 그들은 그것을 듣지 못한 것이라고 말했다.³

바리새인 사울은 두 시대, 즉 현재의 악한 시대와 장차 올 시대가 있다고 믿었다. 그는 현재의 악한 시대에서 장차 올 시대 그리고 하나님 나라와 메시아의 출현을 기다리며 살고 있었다. 다마스쿠스 도상에서 장차 올 시대가 예수님의 부활로 모태에서 생명이 움트듯 이미 시작되었음을 깨달았을 때, 그 희망은 산산이 흩어졌다. 바울에 따르면, 예수 그리스도는 우리로 하여금 "말세를 만[나게]" 한 분인데(고전 10:11), 이는 그분의 부활과 성령을 보내심이 미래 시대가 지금 여기 부분적으로 도착했음을 드러내는 표지이기 때문이다. 이제 두 시대는 서로 겹친다. 그리스도의 부활은 장차 올 시대의 첫 열매이며(고전 15:20, 23), 그는 보편적인 부활에 앞서 가장 먼저 살아나신 분이다(롬 8:29; 골 1:15, 18).

이와 같이, 성령이라는 선물은 아직 완전하게 도래하지 않은 새 시대의 보증이며(고후 1:22; 5:5; 엡 1:13-14), 주님의 재림까지 믿는 자들을

---

3   A. Schweitzer, *Mysticism of Paul the Apostle*, trans. W. Montgomery [Baltimore: Johns Hopkins University Press, 1998 (1931)], p. 99.

굳세게 하기 위해 오셨다(고전 1:7). '지금'과 '아직' 사이의 이러한 긴장은 바울의 구원에 대한 이해에도 영향을 주었다. 이는 바울이 '구속', '자유', '유산', '의로움'을 신자들이 현재 세상에서 받는 것이기도 하지만, 동시에 미래에 받기를 고대하는 것으로 묘사하는 이유다. 우리는 바울의 종말론을 다음과 같이 도식화할 수 있다.

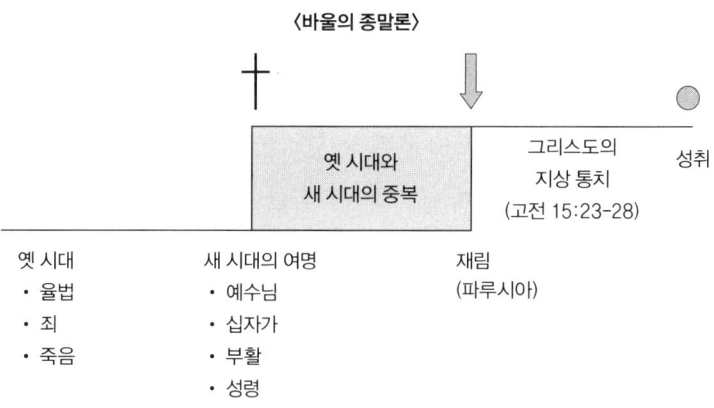

예수님의 오심으로 구속사의 새 막이 열렸고, 하나님의 새 시대는 비밀리에 진행되고 있는 적진의 후방 포위 작전처럼 이 세상 가운데 이미 시작되었다. 메시아를 믿는 믿음을 고백하며 성령의 변화시키는 능력을 경험한 사람들은 지구라는 대도시의 살아 있는 전광판으로서 하나님이 이 세상 가운데 이루고 계신 일과 장차 올 일을 알린다. 동시에 옛 시대 역시 지속되며, 그래서 죽음과 악은 우리가 계속 대면하고 견뎌야 하는 실재다. 그러나 그 권세는 원칙적으로, 또 실제적으로도 이미 꺾였다. 더 나아가, 마침내 하나님이 그것들을 소멸하시고 옛 시대를 완전히 끝장내실 날이 다가오고 있다. 그날에는 하나님이 '만유의 주'가 되실 것이다(고전 15:28).

바울의 종말론을 이해하고자 할 때 종종 우리의 마음은 혼란스러워지는데, 특히 이를 요한계시록의 사건, 언어, 묘사와 연결 지어 이해하고자 할 때는 더욱 그렇다. 그럴 때는 '결과적 천년설'(pan-millennial), 즉 모든 것은 마지막에 잘될 것이라는 믿음에 만족하고 싶은 유혹을 받기도 한다. 그러나 다시 한 번 우리는 복음을 변호하며(고전 15장), 슬퍼하는 자들에게 소망을 주는(살전 4장) 바울의 종말론적 가르침의 중요성을 간과해서는 안 된다. 바울은 믿는 자들이 '광신적 종말론자'나, 종말이나 최후의 심판에 관한 사이비 교도가 되기를 바라지는 않지만, 반대로 믿는 자들이 마지막 일들에 관한 교리를 "모르고 지내는 것" 역시 원하지 않는다(살전 4:13). 따라서 바울의 종말론에 대해 관심을 갖고 진지하게 받아들이되, 날짜나 시간표에 대한 집착은 피하도록 하자.

마지막이 오기 전: 불법자와 이스라엘의 운명

바울은 그리스도가 오시기 전 고난과 유혹과 환난의 시기가 있으리라는 사실을 잘 알고 있었다. 자신의 사역에서도 그것을 경험했으며(특히 고전 4:9-13; 고후 1:8-11; 12:1-10을 보라), 자신이 당한 곤경에 대해 "그리스도의 남은 고난을 그분의 몸 곧 교회를 위하여 내 육신으로 채워가고 있습니다"(골 1:24)라고 말하기도 한다. 이 구절 바탕에 있는 믿음은 새 시대의 도래에 앞서 흔히 '해산의 진통'이라 부르던 고난의 시간이 있으리라는 것이었다(참고. 막 13:8; 마 24:8; 살전 5:3). 그리스도의 죽음은 메시아적 재앙과 마지막 심판의 '저주'에서 그의 양들을 대신하고, 보호하며, 구원했지만(롬 5:9; 살전 1:10; 5:9),[4] 그와 동시에 믿는 자들은 두 시대가 중복되는 시간을 살면서 그리스도의 고난에 동참해야 한다(롬 8:17-18; 고후 1:5-6; 빌 1:29; 3:10; 살전 3:4). 바울은 자신도 그리스도의 본을 따라 다른 이들을 위해 이 고난을 대신 받고 있다고 말한다. 이것은 바울 자신이 박해를 당하고 감옥에 갇힘으로써 회심자들에게 향했을 관리들의 주의를 자신에게 돌릴 수 있었으며, 그렇지 않았다면 회심자들 역시 동일한 박해를 당했을 것이라는 의미라 할 수 있다.

데살로니가 교회에 보낸 서신에는 이 주제에 관한 더 많은 가르침이 나온다. 데살로니가전서 4-5장에서 바울은 재림 전에 죽은 사람들도 부활의 날을 놓치지 않을 것이라는 말로 그들을 안심시킨다. 바울이 하나님은 믿는 자들을 진노하심에 이르도록 정해 놓지 않으셨다고 말할 때, 그가 가리키는 하나님의 진노하심이란 마지막 환난이 아닌 마지막 심판 때의 진노하심이다(살전 5:9). 이것이 확실한 이유는 마지막 환난은 분명 박해를 수반하는데, 이미 1-2장에서 데살로니가 교인들을 향해 고난과 박해를 인내하라고 권면한 바울이 여기서는 반대로 하나님이 그들로 하여금 박해를 피하게 하실 것이라고 말할 리가 없기 때문이다. 데살로니가후서 2:1-12로 넘어가 읽으면서, 우리는 주님이 오시기 전 불법자가 올 것이며 그리스도가 오실 때 그를 멸하신다는 것을 알 수 있다.

---

4 이러한 관점을 더 발전시킨 주장으로는 S. McKnight, *Jesus and His Death: Historiography, the Historical Jesus, and Atonement Theory* (Waco: Baylor University Press, 2005)를 보라.

적용하면, 서구 사회에 사는 우리는 무엇보다도 박해를 당하는 교회를 위해 기도하는 것을 잊지 말아야 한다. 북아프리카, 중동, 중국, 북한, 터키, 남아시아의 성도들은 우리의 몫이기도 한 고난을 자신들의 육신에 채우고 있다. 어쩌면 서구에도 세속적 근본주의(모든 근본주의가 종교적이지만은 않기 때문에)가 그리스도인들이 종교적 다원주의와 범성애를 거부하는 것에 대해 법적 소송, 구금, 박해를 가하는 날이 올지도 모른다.[5] 그런 날이 온다면, 우리는 단지 "주여, 우리를 악에서 구하옵소서"라고 기도할 뿐 아니라, 한 선교사 친구가 알려 준 아시아 성도들의 기도처럼 "주여, 우리가 고난 앞에서도 꿋꿋이 견딜 수 있게 해 주십시오"라고 기도해야 할 것이다. 우리의 교회, 특히 미국의 일부 교회들은 더욱 비신자들을 향해 '뒤에 남겨질 것'을 경고하는 일에 힘쓰기보다, 신자들을 향해 그리스도를 아는 것은 그분의 고난과 죽음에 동참하는 것을 의미한다고 가르치는 일에 더욱 힘써야 한다!(빌 3:10) 어느 날, 번영의 거품이 사라질 때 불법자가 나타날 것이기 때문이다.

또한 바울은 마지막이 오기 전에 이스라엘 가운데 질투심이 일어 유대 민족 전체 혹은 일부가 회심하고 그리스도를 믿게 될 것이라는 자신의 소망을 표현한다. 로마서에서 바울은 로마의 교회들이 인종에 따라 흩어지고 율법 준수에 대한 다양한 입장에 따라 분파로 나누어지는 것을 막는 예방 차원의 목회에 관심을 기울인다. 특히, 그는 로마의 이방인 그리스도인들이 로마의 문화적 엘리트들의 반유대주의를

---

5 캐나다에서 정통적 신앙을 고백하는 그리스도인들은 이미 그날이 오고 있으며 이미 왔다고 말할지도 모르겠다.

모방하지 않기를 바란다[로마인들이 유대인을 어떻게 생각했는지 보려면, 타키투스(Tacitus), 『역사』(Histories) 5.5을 읽으라]. 바울은 복음이 첫째로는 유대인을 위한 것이며, 그다음이 이방인이라고 주장한다. 하나님이 이스라엘은 포기하고, 유대인 대신 이방인을 위해 복음을 주신 것이 아니라는 뜻이다.

로마서 11장에서, 사도는 하나님이 이스라엘을 완전히 버리신 것이 아니라고 주장한다(롬 11:1-2). 정말로, 하나님은 이미 유대인 중 남은 자, 즉 이미 예수님을 믿는 유대인 그리스도인들을 부르셨다. 그들은 이스라엘에 대한 하나님의 부르심과 택하심이 아직 취소되지 않았다는 증거였다(롬 11:3-6). 메시아를 믿지 못한 이스라엘 민족의 실패는 복음이 이방인에게 이를 수 있는 기회가 되었다. 바울은 이것이 이스라엘 민족에게 질투심을 일으켜 그들도 마침내 믿음으로 반응하게 되기를 소망한다. 그의 주장은 작은 것에서 더 큰 것으로 나아간다. 즉 이스라엘이 메시아에 걸려 넘어진 것이 이방인들의 부요함이 되었다면, 이스라엘이 바로 서는 것은 얼마나 더 좋은 것을 의미하겠냐는 것이다(롬 11:7-14). 사실 이스라엘이 믿음으로 반응한다면, 죽은 사람의 부활과 맞먹는 기적일 것이다(롬 11:15). 그리고 만약 하나님이 다른 가지(이방인)를 접붙이실 수 있다면, 잠시 잘려 나갔던 본래 가지(이스라엘)를 다시 그 나무에 접붙이는 것은 얼마나 더 쉽겠는가?

바울은 이스라엘의 완고해짐이 일시적이기를 바라는 자신의 소망을 전하고, 구원받을 이방인의 수가 다 찰 때 "온 이스라엘이 구원을 받게 되리라"고 말한다(롬 11:26). 여기서 "온 이스라엘"이 의미하는 것은 (1) 유대인과 이방인으로 구성된 교회, (2) 유대인 중 남은 자, (3) 모든 유대인 중 하나일 것이다. 나는 두 번째일 가능성이 가장 크다고 보는데, 이는 그 입장이 로마서 9-11장의 '남은 자 신학'과 잘 들어맞고, 이스라엘 민족의 운명에 관한 초점과도 잘 맞기 때문이다. 바울은 미래에 많은 수의 유대인이 그리스도인으로 개종하는 일이 일어나기를 고대하지만, 그 일을 마지막 환난에 바로 투사하거나 그 일이 그리스도의 재림 혹은 세 번째 재림(세대주의 신학이 주장하는 것처럼)의 계기가 될 것이라고 생각하지는 않는다. 하나님의 신실하심이 입증되고, 그리스도인이 하나님의 구원하시는 의에 대한 진정한 확증을 얻으려면, 이스라엘의 문제가 바르게 정리되어야 한다. 그렇지 않다면, 하나님 자신의 성품이 의심받고 위태로워진다.[6]

재림: 이봐, 게임 끝났어!

그리스도의 재림은 완승을 의미한다. 이제는 집에 갈 시간, 상황 종료, 기차는 이미 떠났고, 마지막 아리아가 끝나가고 있다. 혹은 C. S. 루이스(Lewis)가 말했듯, 작가가 무대 위에 모습을 드러내면 연극이 끝났다는 뜻이다.

바울은 이 중대한 사건을 묘사하기 위해 다양한 용어를 사용한다. 헬라어 단어 '파루시아'는 문자적으로 '참석' 또는 '도착'을 의미하

---

[6] 바울과 이스라엘에 관해서는 W. S. Campbell, 'Israel', in *DPL*, ed. G. F. Hawthorne, R. P. Martin and D. G. Reid (Downers Grove Leicester: IVP, 1993), pp. 441-446; 이스라엘의 선택받음(election)에 대한 바울의 의미 재규정에 대해서는 N. T. Wright, *Paul: Fresh Perspectives* (London: SPCK, 2005), pp. 108-129를 보라.

는데, 흔히 왕이나 고위 관리가 지방 도시를 찾는 성대한 공식 방문을 위해 쓰는 단어였다(고전 15:23; 살전 2:19; 3:13; 4:15; 5:23; 살후 2:1). '에피파네이아'는 '나타남' 또는 '등장'을 의미하며, 성육신(딤후 1:10)과 그리스도의 재림(살후 2:8; 딤전 6:14; 딤후 4:1, 8; 딛 2:13; 참고. 골 3:4) 두 경우 모두에 사용되었다. 바울이 사용한 또 다른 표현, '아포칼립시스'(Apokalypsis)는 '계시' 혹은 '드러냄'으로 번역되며, 하나님이 주 예수를 드러나게 하신다는 뜻이다(고전 1:7; 살후 1:7). 무엇보다 가장 자주 사용된 표현은 예수 그리스도의 '날'인데(고전 1:8; 5:5; 고후 1:14; 빌 1:6, 10; 2:16; 살후 1:10; 딤후 1:18), 이는 명백하게 구약성경에 나오는 '주의 날'과 연결된다(예를 들면, 암 5:18; 사 2:12-22).

그리스도의 재림은 하나님 나라가 완전하고 최종적으로 드러나는 것을 의미하며, 옛 시대의 소멸을 공표한다. 예수님은 다스리고 통치하기 위해 다시 오시며, 창조 세계의 모든 것이 그분 앞에 무릎을 꿇을 것이다. 이는 원래부터 그분의 것이었던 권세가 진정으로 그분의 것이 되는 시간이다. 하워드 마샬(Howard Marshall)의 말을 빌리면, "재림의 언어는 하나님이 성취의 때에 (창조와 구속의 때와 마찬가지로) 예수님을 통해 일하신다는 것, 그리고 그때에는 타락한 세상이 주님께 굴복하고, 부활을 통해 선포되었던 그분의 주권이 최종 확립될 것임을 확언한다."[7]

부활을 비롯한 여러 사건은 재림과 결부되어 있다. 그리스도의 재림과 동시에 모든 사람의 부활이 있을 것이다(살전 4:16; 고전 15:52). 그때

---

7 I. H. Marshall, *1 and 2 Thessalonians*, NCB (Grand Rapids: Eerdmans, 1983), p. 144.

에는 예수 그리스도가 "우리의 비천한 몸을 변화시키셔서, 자기의 영광스러운 몸과 같은 모습이 되게 하실" 것이다(빌 3:21). 믿는 자들이 받을 몸은 어떤 종류의 몸인가에 관한 질문은 고린도에서 뜨거운 논란거리였는데, 바울은 부활의 몸이 우리 존재의 현 상태에 연속적이기도 하고 불연속적이기도 하면서 물리성을 초월한다고 말한다(고전 15:35-50). 새 몸은 썩지 않으며, 영광스럽고 강할 것이다(고전 15:42-43).

아마도 보다 많은 논쟁의 여지가 있는 이슈는 바울이 암시하는 그리스도의 메시아적 지상 통치 또는 천 년 통치에 관한 주장일 것이다. (이 관점을 제안하는 것이 약간 조심스럽기는 하다.) 그는 "그러나 각각 자기 차례대로 되리니 먼저는 첫 열매인 그리스도요, **다음에는** 그가 강림하실 때에 그리스도에게 속한 자요, **그 후에는** 마지막이니 그가 모든 통치와 모든 권세와 능력을 멸하시고 나라를 아버지 하나님께 바칠 때라. [**왜냐하면**] 그가 모든 원수를 그 발 아래에 둘 때까지 반드시 왕노릇 하시리니"(고전 15:23-25, 개역개정). 여기에는 분명 세 단계가 있다. (1) 그리스도의 부활 (2) 재림 때 신도들의 부활, 그다음 (3) '마지막'이다. 그리스도의 부활과 재림 사이에 간격이 있는 것과 마찬가지로, 그리스도의 재림과 그분이 모든 권위를 복속시키실 '마지막' 사이에 또 다른 간격이 있음이 암시되어 있다. 부가 설명하는 구절인 25절을 이끄는 '왜냐하면'(gar)으로 인해 24절에 나오는 그리스도의 통치가 '마지막'(telos)보다 일시적으로 선행하는 것처럼 보인다. 다시 말해, 그리스도가 모든 통치자를 다스리는 것은 '마지막' 혹은 성취 이전의 일이라는 것이다. 나는 여기에 내 전부를 걸지는 않겠지만, 이러한 해석은 본문과 일치하고, 또 요한계시록 20:1-10에 나오는 천년왕국의 이미지와도 부합한다. 유대의 몇몇 묵시 문학 작품, 예를 들어 『에스라4서』 7장과 『바룩2서』 29장에서도 메시아 왕국을 예견하며, 파피아스(Papias), 순교자 유스티누스, 테르툴리아누스(Tertullian)를 비롯한 많은 초기 기독교 해설가들도 그리스도가 다스리는 천 년의 지상 통치를 기대했다.

또한 그리스도의 날은 신도와 비신도 모두에게 심판의 날이 될 것이다. 의로운 자와 악한 자가 받을 미래의 심판에 대한 생각은 유대인의 말세 사상에서 흔한 것이었다(참고. 롬 2:12-16). 바울이 미래 시대가 예수님의 부활 및 성령의 오심으로써 부분적으로 이미 시작되었다고 한 것을 기억해 보라. 죄에 대한 하나님의 판결은 그리스도의 죽음으로 시행되었고, 그리스도의 부활로 무죄가 입증되었다.[8] 그렇다면 심판의 날은 더 이상 그리스도인에게 공포의 대상이 아니다. 이미 복음을 듣고 성령이 주시는 생명 안에서, 저주가 아닌 칭의의 판결, 죽음이 아닌 생명을 경험했기 때문이다(롬 8:1, 33-34). 사실, 그들을 정죄할 수 있는 단 한 분이 바로 그 순간 그들을 위해 중보하고 계신다(롬 8:34). 그러나 바울은 하나님의 일꾼들이 그들의 사역에 대한 평가를 받게 될 것이라고 말한다(고전 3:10-15). 모든 신도 역시 그리스도의 심판의 보좌 앞에 설 것이다(고후 5:10; 롬 14:10). 바울은 그리스도인들이 믿음 안에 계속 거하지 않거나 육신대로 살면서 그들 자신을 죄에 넘겨줄 때, 그들에게 어떤 일이 일어날지 생생하고 엄중하게 경고한다(예를 들면, 롬 8:13; 고전 6:9-10; 갈 5:21). 구원에 이르는 믿음은 오직 끝까지 인내하는

---

[8] M. Seifrid, *Christ, our Righteousness*, NSBT 9 (Leicester: Apollos; Downers Grove: IVP, 2000).

믿음이며, 누구도 행함으로 구원받지는 못하지만 행함은 우리가 고백하는 믿음의 진실성을 드러낸다.

성경에서 새 창조 세계를 가장 영광스럽게 묘사하는 부분 중 하나는 로마서 8장이다. 거기서 바울은 창조 세계를 의인화하여 "하나님의 자녀들이 나타나기를 간절히 기다리고 있습니다"라고 말한다(롬 8:19). 다른 말로 하면, 창조 질서 자체가 하나님의 자녀들의 부활을 간절히 염원한다는 말이다. 자녀들의 부활 다음에 오는 것이 창조 세계의 부활, 즉 온 우주의 새로운 창조임을 알기 때문이다. 바울은 "피조물도 썩어짐의 종살이에서 해방되어서, 하나님의 자녀가 누릴 영광된 자유를 얻으리라"라고 덧붙인다(롬 8:21). 믿는 자들이 부활의 때에 경험할 썩어짐에서의 해방과 영원한 영광은 결국 창조 세계 전체로 흘러갈 것이며, 모든 창조 세계가 동일한 자유와 영광을 함께 누릴 것이다. 창조 세계가 이러한 일들을 고대하며 '신음'하듯, 그리스도인들 역시 그들 몸의 구속(영지주의가 주장하는 것처럼, 그들 몸으로부터의 구속이 아니라)을 기다린다. 이것이 곧 믿는 자들을 지탱시켜 주는 부활과 새 창조에 대한 소망이며, 믿는 이들은 성령의 인도하심을 따라 인내하고 기도하면서 이를 기다린다(롬 8:22-27).

개인적 종말

재림 이전에 죽은 신도들은 어떻게 되는가? 바울은 여러 번 이 질문을 받았고(살전 4:13-18; 고전 15:29-30, 51), 자신도 주님이 오시기 전에 죽을 것이라 예상했다(빌 1:20-26; 고전 6:14; 딤후 4:6). 바울에 따르면, 분명히 내세가 존재한다. 그는 믿는 자들을 위해 하늘에 쌓여 있는 소망(골 1:5), 생명과 영생에 대한 약속(롬 5:21; 6:22-23; 갈 6:8; 고후 5:4; 딤전 1:16; 4:8; 6:12; 딤후 1:1; 딛 1:2; 3:7)을 언급한다. 요한계시록에도 나오듯, '생명책'이 존재하며(빌 4:3), 바울은 그리스도인들이 바라는 것이 이 세상에만 해당되는 것이라면 그들이야말로 모든 사람 가운데 가장 불쌍한 사람일 것이라고 말한다(고전 15:19).

바울의 주된 소망은 죽은 자들 가운데서 살아나는 부활이지만(롬 8:11; 빌 3:10-12; 살전 4:16; 고전 6:14; 15:1-58; 고후 4:14; 참고. 골 3:4), 그보다 앞서 신도들이 죽을 때 하늘에 있는 "하나님께서 지으신 집"을 덧입을 것이라고 말하며(고후 5:1), 또한 "세상을 떠나서 그리스도와 함께 있는 것[…]이 훨씬 더 나으나"(빌 1:23)라고 말하기도 한다. 제2차 세계대전이 끝나 갈 무렵, 디트리히 본회퍼(Dietrich Bonhoeffer)는 히틀러 암살 계획에 가담했다는 이유로 게슈타포에 의해 피아노 줄로 교수형당했다. 그는 마지막에 이렇게 말했다고 알려져 있다. "이제 끝이다. 그러나 나는 지금부터 시작이다." 이는 그리스도 안에서 죽는 모든 사람에게 동일한 사실이다. 이 얼마나 영광스러운 시작인가!

8장

한 분 하나님, 한 분 주님:
유일신 신앙과 메시아

어렸을 때 여호와의 증인이 가끔 우리 집에 찾아왔다. 어머니는 우리가 그들을 반기지 않는다는 사실을 분명히 느낄 수 있도록 호주의 다채로운 토속적 표현들로 겁을 주어 쫓아내셨다! 우리 집에서 멀리 떨어지지 않은 어떤 집 마당에는 '여호와의 증인은 조심할 것! 우리 개는 이슬람 신자임'이라는 우스운 푯말을 박아 두었던 기억도 난다. 그러나 예수님이 하나님이 아니라는 여호와의 증인들 주장을 반박하고 싶을 때, 꼭 모욕적인 언사를 사용하거나 55킬로그램의 사냥개에 '무함마드'라는 이름을 붙이지 않아도 된다. 우리에게는 예수님의 신적 정체성을 확신했던 사도 바울이면 충분하다.[1]

우리는 초기 기독교 문헌에서 한 가지 독특한 현상을 접한다. 곧 그리스도인 대부분이 독실한 유일신주의자들이었으며, 창조주이시고 이스라엘과 언약을 맺으신 유일하신 하나님 한 분만 믿었다는 사실이다. 바울 자신도 유일신주의자였는데, 이는 로마서를 대충만 읽어도 분명해진다. 동시에, 바울을 포함한 초기 그리스도인들은 예수 그리스도가 하나님이심을 믿었다. 프란시스 왓슨(Francis Watson)은 이렇게 표현한다. "만약…하나님이 우리 주 예수님을 죽은 사람들 가운데서 일시적이 아니라 최종적이고 궁극적으로 일으키신 하나님이라면, 곧 우리 주 예수 그리스도의 아버지이신 하나님이라면, 예수님의 정체성이 하나님과의 관계에서 결정되듯이, 하나님의 정체성도 예수님과의 관계에서 결정되어야 한다."[2]

---

1 R. Bauckham, *God Crucified: Monotheism and Christology in the New Testament* (Carlistle: Paternoster, 1998)는 이 주제를 보다 자세히 다루고 있다.
2 F. B. Watson, 'The Triune Divine Identity', *JSNT* 80 (2000), p. 117.

놀랍게도, 창조와 구속에서 하나님과 예수님의 역할은 두드러지게 중복된다. 동일하게 놀라운 사실은 바울의 글에서 '주'라는 존칭이 예수님과 아버지께 모두 사용된다는 것이다. 바울 같은 저자들은 하나님을 언급할 때 항상 예수님을 함께 언급해야 한다고 느꼈고, 마찬가지로 예수님을 언급할 때에도 하나님을 함께 언급해야 한다고 느꼈다.[3] 바울은 우리가 **메시아적 유일신주의**[4]라고 부르는 입장을 지지한 것이다. 즉 하나님이 메시아 예수를 통해 알려지신다는 뜻, 또는 예수님은 하나님의 성품과 행하심을 나타내고 드러내시는 분이라는 뜻이다. 나는 바울 서신에서 이러한 정서가 드러나는 몇 구절(지면상 모든 구절을 살펴볼 수는 없으므로)을 간단히 살펴보고자 한다.

고린도전후서

고린도 교회에 보낸 서신에는, 바울이 예수님과 하나님 간의 친밀한 관계를 시사하는 대목이 여러 번 나온다. 이스라엘의 가장 기본적인 신경 혹은 고백은 신명기에 나오는 '쉐마'(*Shema*)로, 이스라엘의 신앙을 배타적 유일신 신앙으로 규정한다. 그런데 고린도전서 8:6에서 바울은 '많은 신'과 '많은 주'가 있다고 하는 생각을 깨우치기 위해 '쉐마' 형식을 그리스도와 연결하여 사용한다.

---

3   M. de Jonge, *God's Final Envoy: Early Christology and Jesus's Own View of His Mission* (Grand Rapids: Eerdmans, 1998), p. 130.
4   참고. N. T. Wright, *The Climax of the Covenant* (Edinburgh: T.&T. Clark, 1991), p. 114; *Paul: Fresh Perspectives* (London: SPCK, 2005), pp. 91-96.

신명기 6:4	고린도전서 8:6
이스라엘은 들으십시오!	그러나 우리에게는
주님은 우리의 **하나님**이시요,	아버지가 되시는 **하나님 한 분**이 계실 뿐입니다. 만물은 그분에게서 났고, 우리는 그분을 위하여 있습니다.
주님은 오직 **한 분**뿐이십니다.	그리고 **한 분 주님**이신 예수 그리스도가 계십니다. 만물이 그분으로 말미암아 있고, 우리도 그분으로 말미암아 있습니다.

바울은 '예수님이 아버지이시다'라고 말하지 않지만(이는 이후 '양태론'이라 부르는 이단이 주장하던 바다), 예수님의 정체성을 '쉐마'의 틀 안에서 이해함으로써 '주'와 '하나님'이라는 호칭을 예수님과 아버지에게 동일하게 사용한다.

고린도전서 마지막 부분에서, 바울은 다음과 같은 짧은 훈계로 편지를 마무리한다. "누구든지 주님을 사랑하지 않는 사람은 저주를 받으라. **우리 주님, 오십시오!**"(고전 16:22) 마지막 구절 "우리 주님, 오십시오!"는 아람어인 '마라나타'를 번역한 것인데, 여기서 '마라'(*mara*)는 '주' 혹은 '야웨'(칠십인역에서는 '퀴리오스')를 의미한다. 바울이 아람어권 교회에서 사용하던 찬양 혹은 기도를 가져와 사용한 것으로 보인다. 아람어권 교회는 사실상 미래에 있을 예수님의 재림을 종말론적 하나님의 오심으로 생각했고, 일반적으로 하나님께 사용하던 호칭을 예수님께 사용했다.

고린도후서 8장에서 바울은 다음과 같이 고린도 교인들에게 예수님의 본을 따라 베푸는 일에 관대하라고 권면한다. "여러분은 우리 주 예수 그리스도의 은혜를 알고 있습니다. 그리스도께서는 부요하나, 여러분을 위해서 가난하게 되셨습니다. 그것은 그의 가난으로 여러분을 부요하게 하시려는 것입니다"(고후 8:9). 부요에서 가난으로 바뀐 것은 분명 성육신 신학을 가리킨다. 사람이 됨으로써 예수님은 "가난하게 되셨[다.]" 또한 성육신에는 구원의 목적이 있음을 주지해야 한다. 곧 예수님이 가난하게 되신 것(인간의 모습을 취하심)은 고린도 교인들을 "부요하게"(구원을 얻게) 하시려는 것이었다.

빌립보서와 골로새서

옥중서신은 그리스도에 대한 상상할 수 없을 만큼 풍요롭고 생생하며 섬세한 묘사를 담고 있다. 빌립보서 2:5-11에 나오는 유명한 그리스도 찬가는 바울의 메시아적 유일신주의를 명료하게 표현하는 훌륭한 예다(이에 관한 더 자세한 설명을 위해서는 9장을 보라). 이 찬가 혹은 산문시는 기본적으로 기독론적 사색이 아닌 겸손과 자기 희생에 대한 윤리적 권면이다. 그렇다 해도, 바울이 여기서 예수님께 신적 정체성을 부여하는 언어와 이미지를 사용하는 것은 틀림없는 사실이며, 그분의 성육신의 실재와 목적을 암시하고 있다.

여러분 안에 이 마음을 품으십시오. 그것은 곧 그리스도 예수의 마음이기도 합니다.

그는 하나님의 모습을 지니셨으나

하나님과 동등함을 당연하게 생각하지 않으시고,
오히려 자기를 비워서
종의 모습을 취하시고,
사람과 같이 되셨습니다.
그는 사람의 모양으로 나타나셔서,
자기를 낮추시고, 죽기까지 순종하셨으니,
곧 십자가에 죽기까지 하셨습니다.
그러므로 하나님께서는 그를 지극히 높이시고, 모든 이름 위에 뛰어난 이름을 그에게 주셨습니다.
그리하여 하늘과 땅 위와 땅 아래 있는 모든 것들이
예수의 이름 앞에 무릎을 꿇고,
모두가 예수 그리스도는 주님이시라고 고백하여,
하나님 아버지께 영광을 돌리게 하셨습니다.

이 본문은 우리에게 초대교회의 예배와 신학적 묵상을 들여다볼 수 있는 창문 역할을 한다. 이 찬송을 원래 바울이 아닌 다마스쿠스나 안디옥에 살던 헬라어권 그리스도인들이 썼다면, 바울보다 앞선 기독교 아주 초기 시절부터 메시아적 유일신주의 관점을 띠는 기독론이 존재했다고 할 수 있다.

첫째, "하나님의 모습을 지니셨으나"라는 표현은 하나님의 속성을 가리키며, "하나님과 동등함"이라는 표현 역시 마찬가지다. 다시 말해, 예수님은 하나님의 본성과 특권을 지니고 계셨다. "하나님의 모습"에서 "종의 모습"으로 바뀐 것에는 인간이 될 때 그리스도 예수 편에서 스스로를 낮추신 은혜로운 겸양의 태도가 함축되어 있다. 더 나아가, 이는 아버지에 대한 순종에서 나온 자발적 행위였다. 따라서 하나님 안에도 역할적 종속관계와 존재적 동등함이 있음을 알 수 있다.

둘째, "하나님과 동등함을 당연하게 생각하지 않으시고"는 번역하기도 어렵고, 해석하기도 어려운 구절이다(흠정역에서는 이를 "하나님과의 동등함을 강도질이라 생각하지 않았다"로 번역하는 것을 보라). 톰 라이트는 6-8절을 요약하면서 핵심을 제대로 간파해 낸다. "선재하는 아들은 하나님과의 동등함이 자신에게 주어진 (구속을 위한) 고난과 죽음의 임무를 면제해 주는 것이 아니라, 오히려 실제적으로 그 소명을 위한 독보적 자격을 부여해 준다고 여겼다."[5]

셋째, 신학자들은 예수님이 자신을 비웠다고 할 때 그것이 정확히 무엇인지, 즉 그분의 영광인지, 신적 특권의 독립적 행사인지, 전지전능 같은 특정한 신적 속성인지를 놓고 끝없는 논쟁을 벌여 왔다. 그러나 이 모든 논쟁은 방향이 잘못되었다. 예수님이 자기를 비웠다는 것은 신적 속성 중 어떤 것을 제쳐 놓았다거나 하나님과 동등한 권위를 포기했음을 의미하는 것이 아니고, 자신을 내어 주는 그분의 태도를 나타내는 일반적 진술이라고 하는 것이 더 맞다. 그리스도 예수는 자신의 유익을 '붙드는 것' 혹은 '잡는 것'과 반대로, 종의 모습을 취하심으로써 자신을 내어 주셨고, "자신을 비우[셨다.]"[6] 중요한 것은 그가 **무엇**을 비우셨는가가 아니라 **어떻게** 그렇게 하셨는가이며, 답은 당연

---

5   Wright, *Climax of the Covenant*, pp. 83-84.
6   G. D. Fee, *Paul's Letter to the Philippians*, NICNT (Grand Rapids: Eerdmans, 1995), pp. 210-211.

히 성육신과 십자가에 달리심으로써가 될 것이다.

넷째, 9-11절은 분명 이사야 45:23의 되울림이다.

빌립보서 2:9-11	이사야 45:23
그러므로 하나님께서는 그를 지극히 높이시고, 모든 이름 위에 뛰어난 이름을 그에게 주셨습니다. 그리하여 하늘과 땅 위와 땅 아래 있는 모든 것들이 예수의 이름 앞에 무릎을 꿇고, 모두가 예수 그리스도는 주님이시라고 고백하여, 하나님 아버지께 영광을 돌리게 하셨습니다.	내가 나를 두고 맹세한다. 나의 입에서 공의로운 말이 나갔으니, 그 말이 거저 되돌아오지는 않는다. "모두가 내 앞에 무릎을 꿇을 것이다. 모두들 나에게 충성을 맹세할 것이다."

이는 바울이 예수님의 신적 정체성을 염두에 두고 있음이 명백히 드러나는 진술이다. 야웨나 '주님'을 묘사할 때 주로 쓰던 표현을 가져와 예수님께 적용한다. 여호와의 증인이 우리 집 문을 두드릴 때(이제 어머니와 함께 살지 않기에, 사실 나는 조금씩 그들을 상대해 주고 있다), 나는 언제나 이사야 45:23을 읽어 준 뒤 그들에게 묻는다. "선지자가 누구에 관해 말하고 있다고 생각하십니까?" 그들은 당연히 여호와 혹은 야웨라고 대답한다. 그러면 나는 그들에게 빌립보서 2:9-11을 읽어 주고 다시 묻는다. "바울이 누구에 관해 말하고 있습니까?" 여기에 그들이 들려주는 다양한 답을 자세히 늘어놓을 생각은 없다. 나는 아직 그들 중 누구도 납득시키지 못했지만, 주께서 뜻하시는 때에 언젠가 그런 날이 오리라고 말하는 것으로 만족하겠다.

신약성경에서 내가 가장 좋아하는 책, 그중에서도 가장 좋아하는 구절은 골로새서 1:15-20이다.

그 아들은 보이지 않는 하나님의 형상이시요,
모든 피조물보다 먼저 나신 분이십니다.
　만물이 그분 안에서 창조되었습니다.
　하늘에 있는 것들과 땅에 있는 것들,
　보이는 것들과 보이지 않는 것들,
　왕권이나 주권이나
　권력이나 권세나 할 것 없이,
　모든 것이 그분으로 말미암아 창조되었고,
　그분을 위하여 창조되었습니다.
그분은 만물보다 먼저 계시고,
　만물은 그분 안에서 존속합니다.
그분은 교회라는 몸의 머리이십니다.
그는 근원이시며,
죽은 사람들 가운데서 제일 먼저 살아나신 분이십니다.
　이는 그분이 만물 가운데서 으뜸이 되시기 위함입니다.
　하나님께서는 그분의 안에 모든 충만함을 머무르게 하시기를 기뻐하시고,
　그분의 십자가의 피로 평화를 이루셔서,
　그분으로 말미암아 만물을,
　곧 땅에 있는 것들이나 하늘에 있는 것들이나 다,
　자기와 기꺼이 화해시켰습니다.

이 본문에서 특별한 점은, 일반적으로 하나님과 연계되던 창조와 구속의 역할이 여기서는 예수님을 설명하는 술어가 되고 있다는 사실이다.

"먼저 나신 분"(맏아들)이라는 말은 예수님이 피조물이라는 의미가 아니다. 이 말의 배경은 구약성경인데, 거기서 이스라엘은 하나님의 맏아들(출 4:22)로 불렸고, 이스라엘의 왕에게도 동일한 호칭이 사용되었다(시 89:27). 나아가, 고대의 가족에서 맏아들은 유언 집행에서 서열적 특권을 갖는 지정된 상속자였다.

따라서 예수님이 "모든 피조물보다 먼저 나신 분"이라는 언급은 그분께 창조 세계와 인류를 다스리는 주권과 월등한 권위가 있다는 말이다. 그분은 시간상으로나 서열상으로나 모두 으뜸이시다. 즉 선재성과 우월성 모두를 소유하고 계신다. 사실, 바울은 예수님이 우주를 지탱하는 힘이라고도 말한다. 다시 말해, 그분은 우주가 혼란이 아닌 질서 잡힌 상태로 존재하는 이유다. 예수님은 지난 50여 년간 물리학자들이 찾아온 이른바 '모든 것의 이론'(theory of everything), 즉 우주를 하나로 붙드는 은하 간 접착제의 역할을 하고 계신 셈이다.[7]

예수님은 구원의 역사에서도 독보적인 위치를 차지하신다. 그분은 죽은 사람들 가운데서 제일 먼저 살아나신 분이다. 곧 예수님의 부활은 믿는 자들의 부활의 원형이자 동시에 약속이라는 뜻이다. 하나님의 새 시대는 부패와 죽음이 만연한 현재의 질서 속에서 폭발하듯 나타났으며, 장차 올 것의 맛보기로써 하늘의 생명을 이 땅에 가져온다. 더불어, 하나님의 충만함은 사람이 만든 조각이나 우상이 아니라, 만물의 창조주이며 새 창조의 지휘관이신 하나님의 맏아들 안에 거한다.

---

7 '모든 것의 이론'은 우주의 기원 및 존재에 관한 모든 것을 설명해 줄 거대 과학 이론을 발견하고자 하는 물리학자와 우주학자가 사용하는 용어다.

예수님은 십자가에서 흘리신 피를 통해 범우주적 화해의 사역을 성취하셨고, 또한 십자가에서 폭압적인 모든 영적 권세들을 무장해제시키셨으며, 그들을 흩으셨다(골 2:15을 보라). 이러한 설명은 다원주의와 다신론을 자랑스럽게 표방하던 당시 세계를 향한 중대한 선포였다. 로마의 판테온에 신을 추가하는 것은 평화를 유지하기 위해 로마인들이 쓰는 영리한 방법이었는데, 그렇게 함으로써 신들이 어느 편에 설지 확실히 알 수 없을 때 민족들, 나라들, 부족들이 반역을 일으킬 수 있는 가능성이 줄어들기 때문이었다. 따라서 예수님이 어떤 경쟁 상대도 용납하지 않는 하나님의 전형적 표상 혹은 "하나님의 형상"이라고 하는 그리스도인들의 주장(고후 4:4도 보라)은 다른 이들을 향해 불필요한 편협함을 드러내는 자세이자, 잠재적으로 로마 권력이 내세우던 평화와 사회적 안정이라는 얇은 막을 와해시킬 수도 있는 태도였다.

2세기의 이방인 저자였던 켈수스(Celsus)는 그리스도인들의 이러한 배타적 주장에 대해 다음과 같이 신랄하게 비판한다. "가장 높은 하나님을 부르든, 제우스를 부르든, 아도나이를 부르든, 사바지오스를 부르든, 이집트인처럼 아문을 부르든, 혹은 스키타이인처럼 파파이오스를 부르든, 다 똑같다"[오리게네스(Origen), 『켈수스 반박문』(*Contra Celsum*) 5.41]. 시인 알렉산더 포프(Alexander Pope, 1688-1744)가 쓴 시에도 동일한 생각이 나타난다.

모든 시대, 모든 이들의 아버지
모든 나라에서, 경배받으시는
성인도, 야만인도, 현자도 [경배하는]

제호바, 제우스, 혹은 주님.⁸

그리스도인들은 무신론자이거나 공공질서에 위협적이라는 맹렬한 비난에도 불구하고, 대다수의 정통 그리스도인들은 창조와 구속에서 하나님의 대행자로서 그리스도가 갖는 독보적 위치를 주장한다. 만약 소위 말하는 다른 신(들)이 있다면, 그들도 예수님이 다스리신다. 만약 종교적 차원의 다른 권세가 있다면, 그들 역시 예수님의 우월한 권세 아래 있다. 온 우주의 상속자이신 그분의 권위 아래 속하는 범위, 그분의 통치가 미치는 영역을 벗어나 있는 것은 아무것도 없다. 온 창조 질서가 **그분으로 말미암아** 움직일 뿐 아니라, **그분을 위하여** 움직이기 때문이다.

갈라디아서와 로마서

바울의 다른 서신에도, 예수님이 행하시는 임무의 범위 및 그분 정체성의 본질을 짧게 언급하는 구절들이 있다. 갈라디아서 4:4과 로마서 8:3에서는 하나님 아버지가 그를 '보내셨음'에 관해 말한다.

갈라디아서 4:4-5	로마서 8:3
그러나 기한이 찼을 때에, 하나님께서는 **자기 아들을 보내셔서**, 여자에게서 나게 하시고, 또한 율법 아래에 놓이게 하셨습니다. 그것은 율법 아래에 있는 사람들을 속량하시[려는]…것이었습니다.	육신으로 말미암아 율법이 미약해져서 해낼 수 없었던 그 일을 하나님께서 해결하셨습니다. 곧 하나님께서는 **자기의 아들을** 죄된 육신을 지닌 모습으로 **보내셔서**, 죄를 없애시려고 그 육신에다 죄의 선고를 내리셨습니다.

물론 유대인의 관점에서 하나님은 이스라엘에게 율법을 보내셨고, 그 율법은 하나님이 시내 산에서 만들어 낸 것이 아니라 선재하던 하나님의 지혜를 구현한 것이었다. 이후 하나님은 비슷한 방식으로 자기 아들을 보내셨다. 따라서 앞의 두 본문은 동일하게 선재 사상에 적합하다. 하나님은 먼저 율법을 보내셨지만, 이제는 아들을 보내셔서 율법을 범한 이들을 위해 속죄의 제물이 되게 하심으로써 율법 아래 있는 자들을 구속하신다.

로마서에는 바울이 예수님의 신적 정체성에 대해 언급한다고 볼 수 있는 구절이 하나 더 있다. 로마서 9:5인데, 아쉽게도 이 구절이 예수님을 하나님으로 진술하고 있는지 문법적으로는 모호하다. 이 구절의 다른 두 번역 간 차이를 비교해 보라.

RSV	ESV
족장들은 그들의 조상이요, 그리스도도 육신으로는 그들에게서 태어나셨습니다. **만물 위에 계신 하나님은 영원토록 찬송을 받으실지어다.** 아멘.	족장들은 그들의 조상이요, 육신으로는 그들에게서 태어나신 **그리스도는 만물 위에 계시며 영원토록 찬송을 받으실 하나님**이십니다. 아멘.

문제는 가장 초창기 사본 전체가 단어 간 띄어쓰기나 마침표 없이 모두 대문자로 쓰였다는 점이다. 따라서 번역본에서 문장을 어떤 식으로 끊어서 읽을 것인지 판단하는 것은 번역의 문제라기보다는 해석상의 문제다. 간단히 말해, 문자 그대로 옮겨 "만물 위에 계신 한 분

---

8   A. Pope, 'The University Prayer', stanza 1.

영원토록 찬송을 받으실 하나님 아멘"이라는 마지막 구절의 언급을 하나님(RSV)으로 볼 것인가 아니면 그리스도(ESV)로 볼 것인가? 어떤 이들은 바울이 그리스도의 신성에 대해 그토록 명확하고 전폭적인 주장을 할 수 있었을지 의구심을 제기하면서, 문법상으로는 명확하게 판단할 수 없다고 지적한다. 이런 위험성을 충분히 인지하면서도, 나는 두 번째 입장, 즉 그 구절이 그리스도를 하나님으로 지칭한다는 의견에 좀 더 동의한다. 이유는 (1) "만물 위에 계신 분"에 해당하는 자연스러운 선행사가 "그리스도"이고, (2) 생각의 흐름상, 메시아는 이스라엘의 후손이자 또한 이스라엘의 하나님이라고 말하는 것으로 보이고, (3) 바울의 송영은 보통 "찬송받으실 하나님"이 아니라 "하나님을 찬송할지어다"의 형식을 쓰며, (4) 예수님을 하나님으로 지칭하는 것은 바울이 그리스도에 대해 쓴 다른 구절들, 곧 고린도전서 8:6, 15:47, 16:22, 빌립보서 2:5-11에서 말하는 내용과도 어긋나지 않기 때문이다.

결론

인도에서 기차 여행을 하던 한 선교사가 하나님에 대한 그리스도인의 생각이 너무 교조적이라고 생각하는 어떤 사람을 만났던 이야기를 들은 적이 있다. 그 사람은 선교사에게 자신의 주장을 뒷받침할 성경 구절까지 인용했는데, 그 구절은 고린도전서 2:9에서 바울이 인용한 이사야 64:4이었다. "하나님이 자기를 사랑하는 자들을 위하여 예비하신 모든 것은, 눈으로 보지 못하고 귀로 듣지 못하고 사람의 마음으로 생각하지도 못하였다"(개역개정). 따라서 하나님이 이토록 신비롭고 이해할 수 없는 존재라면, 그분에 관해 우리가 안다고 주장하는 데에 있어 그렇게 교조적 자체를 취하는 것은 너무 오만하며 잘못된 태도라고 주장했다. 그러나 선교사는 바울이 이사야서 구절을 인용한 맥락을 잘 알았다. 그래서 그다음 구절인 고린도전서 2:10을 인용하여 답했다. "(그러나) 하나님께서는 성령을 통하여 이런 일들을 우리에게 드러내주셨습니다."

하나님은 정말로 신비로운 존재다. 그러나 그 신비는 그리스도 예수 안에서 드러났다. 사실, 고린도전서 2:1-16 전체 문맥은 하나님에 대한 그리스도인의 지식, 즉 십자가가 말해 준 것과 성령의 조명하시는 역사를 통해 그들이 알게 된 하나님에 대한 지식을 놀랍게 풀어 준다. 바울은 자신이 더듬더듬 하나님을 어떻게 정의할지 찾아가고 있거나, 언어의 게임 뒤에 숨은 궁극적 실재의 비인격적 표현으로 신을 모호하게 정의하려 한다고 생각하지 않는다. 바울에게 있어, 하나님은 주 예수 그리스도의 은혜와 아버지의 사랑과 성령의 교제 안에서 알려진 분이다.

9장

복음에 합당하게 살기:
바울의 윤리학

바울은 교조적인 신학자가 아니었으며, 그의 관심은 회심자들이 칭의, 구원론, 성례, 정치에 관한 바른 믿음을 갖추는 것 그 이상에 있었다. 바울에게 진리가 중요하다는 것은 의심할 여지가 없었지만, 그는 교회의 행동, 실천, 태도, 생활 방식에도 깊은 관심이 있었다. 그들이 어떤 사람들이고, 어떤 공동체를 이루어 가며, 무엇보다 그리스도 예수 안에서 부르심을 따라 제대로 살고 있는지 알고 싶어 했다. 바울의 말을 사용하자면, 그는 회심자들이 개인으로서 또한 공동체로서 "그리스도의 복음에 합당하게" 살기를 바랐다(빌 1:27).

정확히 어떻게 그렇게 살 수 있는지의 문제는 쉽지 않은 딜레마였는데, 이유는 다음과 같다.

1. 고린도 교회 교인들은 "구원을 받는" 사람들 가운데 있었지만(고전 1:18; 고후 2:15), 여전히 세상과 육신의 죄악된 본성, 사탄의 충동질과 계속 싸우고 있었다.
2. 그들은 이교적 도시에 살면서도, 어떻게 이교적 사회의 가치와 타락한 삶을 따라 살지 않을 수 있는지 방법을 고민해야 했다.
3. 그들은 신념의 영역과 명령의 영역을 구별하는 방법을 고민해야 했다. 특히 이것은 유대인과 이방인이 함께 모일 때 첨예한 문제가 되었는데, 어떻게 하나님을 기쁘시게 하는 삶을 살 수 있는가에 대한 생각은 아주 달랐으며, 모세의 율법 중 어떤 부분이 그리스도와 성령으로 시작된 새 시대에도 유효한가를 놓고도 의견이 나뉘었다.

따라서 이번 장에서는 바울의 윤리학, 바울의 표현대로 하면, 하나님의 백성은 어떻게 살아야 하는가의 문제를 살펴볼 것이다.

새 것이 왔도다

이사야서에 약속된 새 창조(65:17; 66:22)가 오고 있으며, 첫 번째 성취는 이미 주 예수 그리스도를 따르는 자들의 영적 거듭남에서 이루어졌다. 바울은 고린도 교인들에게 이렇게 쓴다. "누구든지 그리스도 안에 있으면, 그는 새로운 피조물입니다. 옛 것은 지나갔습니다. 보십시오, 새 것이 되었습니다!"(고후 5:17) 바울에 따르면, 그리스도가 **그들을 위해** 죽으신 것 그리고 그들 역시 **그리스도와 함께** 죽은 것은 정체성에 근본적 변화가 일어났음을 의미한다. 바울의 주장에 담긴 함축적 의미 하나는 더 이상 인종이 그들의 정체성을 결정하는 요인이 아니라는 것이다. "할례를 받거나 안 받는 것이 중요한 것이 아니라, **새롭게 창조되는 것이 중요[하기]**" 때문이다(갈 6:15; 참고. 갈 3:28; 5:6; 고전 7:19; 골 3:11). 이는 기독교 공동체의 삶에 중요한 파급력을 갖는다.

또한 바울은 그리스도인이 죽었고 다시 살아났으며, 십자가에 못 박혔고 부활했으며, 낡아가지만 날로 새로워진다는 역설을 가르친다(예를 들어, 고후 4:7-18). 그리스도와 연합하고 성령을 받은 그들은 더 이상 이전의 그들이 아니다. 대신, 이제 그들은 '그리스도 안에' 있으며, '그리스도의 것'이다. 마지막에 이르러, 이러한 새 창조로 인해 믿는 자들은 하나님의 아들의 형상과 같은 모습이 될 것이다(롬 8:29; 고후 3:18).

어떤 면에서 이러한 새롭게 됨은 이미 하나의 실재이지만, 그들이 쫓아가고 연습해야 하는 것이기도 하다. 바울이 로마서에서 "이 시대의 풍조를 본받지 말고, 마음을 새롭게 함으로 변화를 받[으십시오]"라고 말하는 이유다(롬 12:2). 아직 완전하지 않다 해도, 새 창조의 일부로 살아야 한다는 것이다. 골로새서와 에베소서에서는 '옛 사람'을 벗고 '새 사람'을 입으라고 말한다. '새 사람'은 현재의 실재이자(골 3:9-10), 반복해서 행해야 하는 것이기도 하다(엡 4:22-24).

나는 설교자들이 그리스도인은 두 가지 본성, 즉 영적 본성과 육적 본성을 갖고 있으며, 이 두 본성은 서로 싸우는 개 두 마리와 같다고 설교하는 것을 자주 들었다. 따라서 우리의 의무는 한 개는 잘 먹여 살찌우고, 다른 개는 굶기는 것이라고 그들은 설교한다. 그러나 사실 그렇지 않다. 그리스도인은 오직 **하나의** 참된 본성을 갖는데, 곧 새로운 피조물의 본성이다. 성화(거룩함, 경건함, 사랑에서 자라가는 것)는 우리의 참된 정체성에 걸맞는 존재가 되어가는 과정, 곧 금이 간 그릇이 귀한 화병으로 바뀌는 과정이다. 죄가 그리스도인에게 영향을 끼치는 것은 우리 육신에서 일어나는 내전에서 영적 본성이 육적 본성에 지고 있기 때문이 아니다(이러한 생각은 로마서 7장의 잘못된 해석에 기초한다). 그보다, 우리의 진정한 정체성인 새로운 피조물로서 **존재**하고 **행동**하지 못하기 때문이다. 더 이상 죄짓는 것을 즐기지 말라는 권면을 하고 싶을 때 들고 싶은 좀더 나은 비유는 CD 플레이어에 LP판을 틀려고 하지 말라고 하는 것이다. CD 플레이어에는 CD를 틀어야 한다. 최신 하드웨어에 구식 소프트웨어를 사용하려는 시도를 멈추라. 우리의 존재, 우리가 되고 있는 존재, 그리스도 예수의 마지막 날에 될 존재로서 살라![1]

이러하니, 그렇게 하라!

의로움과 거룩함에 대한 바울의 권면은 일반적으로 '이러하니, 그렇게 하라!'는 형식을 취한다. 이를 바울 윤리의 **직설법**과 **명령법**이라고 부르기도 한다.[2] 설명을 덧붙이면, 바울의 윤리적 가르침이 그리스도 안에서 성취하신 하나님의 구원 행위에 근거하고 있음을 의미한다. 바울의 호소는 이런 식이다. '여러분을 하나님과 화해시키기 위하여 그리스도는 죽으셨고 다시 살아나셨습니다(직설법). 그러므로 죄악을 떠나 의로움 가운데 행하십시오(명령법).' 서신서에 나오는 몇 가지 예를 들면 다음과 같다.

그러므로 우리는 세례를 통하여 그의 죽으심과 연합함으로써 그와 함께 묻혔던 것입니다. 그것은, 그리스도께서 아버지의 영광으로 말미암아 죽은 사람들 가운데서 살아나신 것과 같이, 우리도 또한 새 생명 안에서 살아가기 위함입니다. (롬 6:4)

형제자매 여러분, 그러므로 나는 하나님의 자비하심을 힘입어 여러분에게 권합니다. 여러분의 몸을 하나님께서 기뻐하실 거룩한 산 제물로 드리십시오. 이것이 여러분이 드릴 합당한 예배입니다. (롬 12:1)

---

1 이 문장을 쓴 뒤, 우연히 똑같은 주장을 하고 있는 훌륭한 강해를 발견했다. T. R. Schreiner, *Paul: Apostle of God's Glory in Christ: A Pauline Theology* (Leicester: Apollos, 2001), pp. 254-255.
2 이렇게 부르는 것에 대한 설명과 근거는 J. D. G. Dunn, *The Theology of Paul the Apostle* (Edinburgh: T.& T. Clark, 1998), pp. 626-631를 보라.

여러분은 새 반죽이 되기 위해서, 묵은 누룩을 깨끗이 치우십시오. 사실 여러분은 누룩이 들지 않은 사람들입니다. 우리들의 유월절 양이신 그리스도께서 희생되셨습니다. 그러므로 묵은 누룩, 곧 악의와 악독이라는 누룩을 넣은 빵으로 절기를 지키지 말고, 성실과 진실을 누룩으로 삼아 누룩 없이 빚은 빵으로 지킵시다. (고전 5:7-8)

여러분의 몸은 여러분 안에 계신 성령의 성전이라는 것을 알지 못합니까? 여러분은 성령을 하나님으로부터 받아서 모시고 있습니다. 여러분은 여러분 자신의 것이 아닙니다. 여러분은 하나님께서 값을 치르고 사들인 사람입니다. 그러므로 여러분의 몸으로 하나님을 영화롭게 하십시오. (고전 6:19-20)

바울 서신의 구조 자체에 종종 이런 직설법과 명령법의 틀이 드러나기도 한다. 로마서 1-5장, 골로새서 1-2장, 에베소서 1-3장은 그리스도가 주신 구원의 선물에 초점을 맞추는 반면, 로마서 6-8장, 골로새서 3-4장, 에베소서 4-6장은 이방 세계에서 거룩한 삶을 사는 것으로 그 선물을 **적절히 활용하는** 것에 초점을 맞춘다.[3] 직설법과 명령법의 연결은 단순한 논리적 순서가 아니다. 믿는 자들이 경험하는 새 창조의 권능과 그들이 받은 성령의 생명에 근거한다. 다시 말해, 하나님은 그리스도인들이 그분이 명령하신 것을 행할 수 있는 원천을 제공하신다.

빌립보서에 나오는 권면을 살펴보자. "그러므로 사랑하는 여러분, 여러분이 언제나 순종한 것처럼 내가 함께 있을 때뿐만 아니라 지금

---

[3] 에베소서 2:8-10은 단연 이러한 패턴을 가장 명료하게 보여 주는 구절이다.

과 같이 내가 없을 때에도 더욱 더 순종하여서, 두렵고 떨리는 마음으로 자기의 구원을 이루어 나가십시오. 하나님은 여러분 안에서 활동하셔서, 여러분으로 하여금 하나님을 기쁘게 해 드릴 것을 염원하게 하시고 실천하게 하시는 분입니다"(빌 2:12-13). 문맥상, "두렵고 떨리는 마음으로 자기의 구원을 이루어 나가십시오"는 바울의 가르침에 계속 순종하라는 말을 다르게 표현한 것이며, 그것은 하나님이 "여러분 안에서 활동하[심]"으로 인해 가능하다. 따라서 바울은 자율적인 윤리 정신을 표방하면서, 그리스도인들에게 훌륭한 사람이 되기 위해 남들보다 더 열심히 노력하라고 말하고 있는 것이 아니다. 선한 일을 행하고 의의 씨를 뿌려야 할 책임은 그들을 붙드시는 하나님과의 지속적 관계와 분리될 수 없다.

다른 예로, 고린도 교인들은 아마 초대교회 가운데서 가장 세속적이고 변화되지 못한 예수 추종자 무리 중 하나였을 텐데, 그럼에도 불구하고 사도는 이렇게 말한다. "우리 주 예수 [그리스도]께서 나타나실 날에 여러분이 흠잡을 데 없는 사람으로 설 수 있도록, 주님께서 여러분을 끝까지 튼튼히 세워주실 것입니다. 하나님은 신실하신 분이십니다. 하나님께서는 여러분을 부르셔서 그 아들 우리 주 예수 그리스도와 친교를 가지게 하여 주셨습니다"(고전 1:8-9). 모든 것이 그들 자신에게 달려 있다면, 이 거듭난 무리는 금세 고린도의 수많은 집단 중 그저 하나로 전락하고 말 것이다. 그들은 결코 "흠잡을 데 없는" 사람들이 아니기 때문이다. 그러나 바울은 하나님이 역사의 마지막에 그들을 인정하고 싶어 하신다는 것, 그렇기에 그때까지 그들의 도덕적 수준이 하나님이 주신 '성도', '아들', '선택받은 자들'이라는 호칭에 걸맞게 점차 변하도록 성령이 그들 안에서 일하고 계신다는 것을 알고 있다. 더 이상 죄를 짓지 않고 거룩함을 추구해야 할 개인적 책임이 아예 없는 것은 아니지만, 그 명령들은 오직 하나님과의 관계, 은혜로 붙드시며 성령이 힘주시는 관계 안에 있을 때만 성립한다.

더 이상 율법 아래 있지 아니하고, 은혜 아래 있으므로

이방인들이 유대교로 개종할 때, 보통 모세의 율법을 지킬 의무가 부과되었다. 그러나 바울은 예수님을 메시아로 믿는 신앙으로 들어온 이방인들에게 동일한 의무를 부과하는 것에 반대했다. 그런데 사도는 왜 교회가 이방인들을 받아들일 때 그들이 지킬 의무 사항으로 율법을 사용하지 않았는가? 그리고 하나님이 주신 토라의 명령이 아니면 무엇으로 그들이 이방인의 삶의 방식으로 돌아가는 것을 막을 수 있다고 생각했을까?

율법의 취약성

바울 연구에서 가장 어려운 주제 중 하나는 그가 율법과 그리스도인의 관계를 어떻게 보았는가 하는 것이다.[4] 갈라디아서는 율법을 매우 강한 어조로 논박하고 있는 듯 보이는 반면, 로마서는 율법의 취약성

---

[4] F. Thielman, *Paul and the Law: A Contextual Approach* (Downers Grove: IVP, 1994)를 보라.

에도 불구하고 구속사에서 율법이 차지하는 역할에 대해 훨씬 긍정적이며 심지어 변호하는 입장을 취한다. 율법은 무엇이 문제이며, 그리스도인의 삶에서 율법의 역할은 무엇인가?

바울은 갈라디아서 3-4장, 로마서 6-8장과 10장, 고린도후서 3장에서 율법의 취약성에 대해 간략하게 설명한다. 두 부분(갈 3:12; 롬 10:5)에서는 레위기 18:5의 "어떤 사람이든 이것[율법]을 지키기만 하면, 그것으로 그 사람이 살 수 있다"를 인용한다. 그러나 사람들이 율법에 불순종하기 때문에, 율법은 생명 대신 저주를 가져온다. 고린도후서 3:6에서는 "문자는 사람을 죽이고, 영은 사람을 살립니다"라고 말한다.[5] 율법은 옛 시대와 묶여 있고, 율법-죄-죽음이라고 하는 힘의 삼각 구도, 곧 유대인과 이방인 모두에게 심판을 가져오는 삼각형의 한 부분이다. 나아가, 율법은 이스라엘의 민족 헌장이었기 때문에, 축복과 구원이 오직 이스라엘에게만 제한되어 있었음을 의미했다. 그러나 그것은 일시적이었고, 아브라함을 통해 왔던 하나님의 원래 계획은 모든 민족을 아우르는 것이었다. 그런 까닭에, 바울은 모세 율법의 주요 기능 세 가지를 다음과 같이 제시한다.

1. **하나님의 거룩하심과 죄의 심각성에 대한 강조.** 따라서 율법의 명령은 하나님의 백성으로 하여금 그들이 도덕적인 우주 안에서, 도덕에 무관심하지 않은 하나님 앞에서 살고 있다는 사실을 깨달을 수 있게 했다. 또한 그들 공동체가 언약에 충실한 삶

---

5 위대한 신학자 아우구스티누스는 로마서를 이러한 핵심을 자세히 설명하는 책으로 보았다.

을 살아감으로써 민족들 앞에 하나님의 영광을 드러내기 위해 선택받았음을 깨달을 수 있게 했다(롬 2:2-4, 17-24; 3:5-8, 19-20; 7:7-13; 갈 2:16).

2. **자기 백성을 다스리시는 하나님의 은혜로운 통치가 이루어지는 잠정적 방식.** 율법은 이스라엘을 다른 민족과 구별시키고 잠시 동안 하나님의 약속을 그들에게만 제한시켜 놓는 기능을 했다. 그러나 약속된 아브라함의 씨(예수 그리스도)가 와서 이방인을 하나님의 언약 가족으로 들어오게 하실 때까지만 그렇게 기능한다(갈 3:15-25; 4:1-7; 롬 10:4).

3. **예수 그리스도의 오심을 미리 보여 주고 소개하는 것.** 그분이 오실 때, 그분은 율법의 저주로부터 자기 백성을 구해 내실 것이다 (롬 3:21-22; 고전 5:7; 10:3; 골 2:17).

이처럼 율법은 **정죄**할 수 있으나 **구속**하지는 못하며(갈 2:21), 죄와 욕정을 드러나게 하지만 제어하지는 못한다(골 2:23). 율법이 할 수 없는 일을 하나님은 자기 아들과 성령을 보내심으로써 하셨다. 이로써 죄인인 유대인과 이방인 모두가 하나님 앞에서 의롭다 여김을 받고 그분 앞에서 의롭게 살아갈 수 있게 하셨다(갈 4:4-6). 이는 로마서 6장에서 바울이 그토록 훌륭하게 설명하고 있는 것으로, 그리스도와 함께 죽음으로써 믿는 자들은 죄와 율법에 대해 죽었고 이제 그리스도께서 가져오신 새로운 생명 안에서 살 수 있다. 따라서 (1) 율법의 **소유** 자체는 율법이 명하는 할례, 안식일 준수, 음식 규정 등의 특수한 규정을 실천하는 것과 더불어 더 이상 하나님의 선택받은 백성임을 구별해 주는 지표가 되지 못하며, (2) 율법을 **행함**은 심판의 날에 신원의 근거가 될 수 없고 되지도 않을 것이며, (3) 율법의 **관습**은 더 이상 새 언약 백성의 삶을 규정하는 헌장이 아니었다.

대신, 이러한 것들은 그리스도를 믿는 믿음과 그리스도의 신실하심으로 대체되었다. 그런데 이것이 사실이라면, 바울은 한 가지 반대에 부딪힐 수 있다. "은혜를 더하게 하려고, [우리가] 여전히 죄 가운데 머물러 있어야 [합니까]?"(롬 6:1) 율법이 없다면, 새로운 그리스도인들이 옛 이방인의 방식대로 사는 것을 어떻게 막을 수 있는가? 율법이 기독교 공동체의 삶에서 조금이라도 중요한가? 우리는 이제 이 질문을 살펴볼 것이다. 그러나 그 전에 로마서 7장을 간략히 살펴보자.

로마서 7장에 대한 소고: 율법과 죄

그리스도인이 삶에서 죄와 싸우는 것을 설명할 때 자주 사용하는 구절이 로마서 7:7-25이다. 많은 경우, 로마서 7장의 '나'와 '비참한 사람'을 바울 자신을 칭하는 자전적 표현이라고 이해한 뒤, 그리스도인들 자신이 벌이는 죄와의 싸움에 적용한다. 그러나 이 구절에서 그것은 누구를 지칭하는지 명확하지 않으며, 가능한 후보로 아담, 이스라엘, 회심 전의 바울, 회심 후의 바울, 혹은 일반적인 그리스도인 등이 있다.[6] 이 문제에 관해 몇 가지를 제안하고자 한다.

1. **로마서 7장을 문맥 안에서 이해해야 한다.** 바울은 그가 전하는

---

6   이 논의에 대한 역사적인 고찰은 M. Reasoner, *Romans in Full Circle: A History of Interpretation* (Louisville: Westminster John Knox, 2005), pp. 67-84를 보라.

복음에 대해 다음과 같은 반대에 부딪힐 수 있다. 율법이 구원의 수단이 아니고, 더 이상 의로운 삶으로 인도하는 결정적 안내서도 아니며, 하나님의 백성을 구별해 주는 표지도 아니라면(이것이 로마서 3:21-6:23의 논지다), 처음에 하나님이 율법을 주신 목적은 무엇인가? 로마서 7장에서, 바울은 구속사에서 차지하는 율법의 위치를 변호하며 이러한 반대에 답한다. 그는 율법이 선하고 거룩하다는 것, 그러나 우리의 죄를 **드러내기는** 하지만 우리를 죄에서 **해방시키지는** 못한다고 주장한다. 나아가, 율법은 죄로 이끌며 결국 죽음을 가져온다. 게다가 그리스도인들은 더 이상 율법 아래 있지 않다. 그리스도의 죽음으로 율법에 대해 이미 죽었기 때문이다. 바울은 "그러나 지금은 [우리가]…율법에서 풀려났습니다"(롬 7:6)라고 쓴 뒤, 로마서 8:1-17에서 이를 자세히 설명한다. 곧 율법이 요구하는 의는 성령을 따라 행하는 자들에 의해 성취된다는 것이다.

2. **그 구절은 회심 전의 바울을 지칭하는 것일 수 없다.** 회심 전의 바울이 자기 죄의 무게로 고통받았다거나, 은혜로우신 하나님을 만나지 못해 괴로워했다는 증거는 어디에도 없기 때문이다. 회심 전의 바울은 성전의 제사 의식을 통한 속죄가 가능함을 알고 있었으며, 무엇보다 빌립보서에서 그는 죄책감에 시달리기는커녕 자신을 "흠 잡힐 데가 없는 사람"으로 여겼다고 명백히 밝히고 있다(빌 3:6). 죄인들에게 그들이 얼마나 비참한지 보여 주기 위해 율법을 설교해야 한다는 것은 청교도들이었다. 이런 면에서 바울은 청교도가 아니다.

3. **바울은 이 문단에서 회심한 그리스도인에 대해 말하는 것도 아니다.** "나는 육정에 매인 존재로서, 죄 아래에 팔린 몸입니다"라는 진술

(롬 7:14)이 그가 로마서 6장에서 그리스도인에 대해 말한 것, 즉 죄에서 해방되었다고 선포했던 것과 충돌하기 때문이다(롬 6:6-7, 17-18, 22). 율법에 매인 자들은 그것에 순종하려고 애쓰는 반면(롬 7:22, 25), 그리스도인들은 율법에서 해방되었다(롬 6:14-15; 7:6).

4. **바울이 명시적으로 아담을 언급하고 있는 것도 아니다.** 아담에 대한 언급은 이미 로마서 5:12-21에서 끝냈으며, 아담이 탐심과 관련된 모세 율법의 조항 아래 있다고 보기는 어렵기 때문이다(롬 7:7). 그러나 로마서 7:7-25과 창세기 2-3장 사이에는 몇 가지 중요한 병행 구절이 존재한다. 예를 들면, "죄가…나를 속이고, 또 그 계명으로 나를 죽였습니다"(롬 7:11)와 "뱀이 저를 꾀어서 [제가] 먹었습니다"(창 3:13)를 보라. 이 병행 관계는 '나'의 경험에서 에덴 동산의 아담이 경험한 것이 반복되고 있음을 보여 준다. 아담 자체에 초점이 있는 것은 아니지만, 이 이야기는 자아 안에서 어두운 아담의 흔적을 발견하는 인류에 대해 말하고 있다.[7]

5. **로마서 7:7-25에 사용된 '나'의 언어는 '나'와 '이스라엘'을 치환해서 사용하는 시편과 아주 유사하다**(예를 들어, 시 129, 139, 131편). 이와 같이, 로마서 7:7-25은 '프로소포포이아'(prosōpopoiia), 혹은 바울 시대에 잘 알려져 있던 수사 기법인 역할 담화의 예로 볼 수도 있다.[8] 따라서 바울은 '이스라엘'로서 1인칭을 사용해 말하고 있다고 볼 수 있으며, 열정적이며 강력한 언어로 율법 아래 있는 유대인들이 처한 곤경,

---

7 L. E. Keck, *Romans*, ANTC (Nashville: Abingdon, 2005), p. 180.
8 D. E. Aune, *The New Testament in its Literary Environment* (Cambridge: James Clark, 1987), p. 168.

율법 때문에 그들이 직면한 죄와의 투쟁, 율법 안에서 구원을 발견할 수 없는 그들의 무력함을 강조하고 있다. 그러나 이러한 분투는 오직 그리스도를 믿는 믿음이라는 유리한 입장에서 거슬러 볼 때 분명하게 보인다.

바울의 편지를 읽었을 로마 교회의 회중 대부분은 한때 어떤 식으로든 유대인 회당과 연결되어 있었고 어느 정도 모세 율법을 준수하던 사람들이었기에, 이러한 이미지는 토라가 아닌 그리스도에 초점을 둔 종교적 틀을 받아들이는 것에 설득력 있는 이유가 되었을 것이다. 이제 그들은 직접 겪지는 않았지만 바울이 들려주는 경험을 동일시함으로써, 율법에 대한 바울의 격렬한 비판을 훨씬 쉽게 이해할 수 있다. 또한 바울이 도덕 폐기론자나 불경건한 행동을 부추기는 것이 아니라는 점에도 동의할 수 있다. 바울은 율법을 지키는 삶에 근거한 의로움 대신, 성령 안에서 사는 삶에 기초한 의로움에 대해 말하고 있기 때문이다.

요약하면, 나는 **회심 전의 그리스도인**을 로마서 7:7-25의 화자로 본다.

그리스도인의 열매 맺는 삶

그리스도인은 율법이 아닌 은혜 아래 있지만(롬 6:14-15), "하나님을 위하여 열매를 맺게 하기 위[해]"(롬 7:4) 또한 "예수 그리스도께서 주시는 의의 열매로 가득 차[기 위해]"(빌 1:11) 그리스도께 속한 사람들이다. 다른 말로 하면, 율법에서 해방된 것은 죄를 지어도 된다는 면죄부가 아니다.

그러면 바울의 윤리학에서 명령의 권위는 어디에서 오는가? 간단히 정리하면, 네 가지 영역에 근거한다.

예수 그리스도의 본

기독교 윤리를 위한 바울의 레시피에서 가장 핵심적인 재료는 예수 그리스도의 본이다. 앞에서 언급했던 빌립보서 2:5-11의 장엄한 그리스도 찬가에서 가장 잘 드러난다. 이 구절을 묵상하는 신학자들은 예수님이 지닌 '하나님의 모습', '하나님과 동등함'(5절), '자기를 비[우심]'(6절)이 무엇을 의미하는지 논쟁을 벌여 왔다. 그러한 논쟁은 타당한 면도 있지만, 기독론보다 기독교 윤리에 초점이 맞추어진 이 찬가의 핵심을 자칫 흐려 놓을 수 있다. 빌립보서 2:5-11의 목적은 자기희생과 겸손의 덕목을 칭찬하여 빌립보에 있는 기독교 공동체 간 관계를 조화롭게 하는 데 있다.

그리스도는 자신의 유익을 '붙드는 것' 혹은 '잡는 것'과 반대로, 종의 모습을 취하심으로써 자신을 주셨고 '자신을 비우[셨다.]' 이는 믿는 자들이 닮기 위해 힘써야 할 본이다. 이에 관한 또 다른 본문은 로마서 5:12-21인데, 여기서는 예수님이 두 번째 아담으로서 첫 번째 아담이 불순종하고 신실하지 못했던 것과 달리 하나님께 순종하고 신실했다고 말한다. 예수님이 두 번째 아담으로서 행하신 "한 사람의 의로운 행위"가 첫 번째 아담 안에 있던 사람들이 의롭다 여김을 받고 생명을 얻게 한다면(롬 5:17-18), 예수님의 순종도 전형과 모범이 되어 다른 이들이 "의인으로 판정을 받[게]" 한다(롬 5:19).

그리스도를 본받음이라는 모티프는 바울 서신 곳곳에 나온다.

관대함에 관해서, 바울은 "여러분은 우리 주 예수 그리스도의 은혜를 알고 있습니다. 그리스도께서는 부요하나, 여러분을 위해서 가난하게 되셨습니다. 그것은 그의 가난으로 여러분을 부요하게 하시려는 것입니다"라고 말한다(고후 8:9). **환대**에 관해서는 "그러므로 그리스도께서 하나님의 영광을 드러내시려고 여러분을 받아들이신 것과 같이, 여러분도 서로 받아들이십시오"라고 말한다(롬 15:7). **화해**에 관한 언급에서는 골로새 교인들에게 이렇게 권면한다. "주님께서 여러분을 용서하신 것과 같이, 여러분도 서로 용서하십시오"(골 3:13).

더 나아가, 바울은 고린도 교인들에게 자신을 본받으라고도 말하는데, 이는 자신이 그리스도를 본받는 사람이기 때문이다(고전 11:1). 그러나 여기서 요점을 정확히 하는 것이 필요한데, 바울이 그리스도인에게 예수님을 본받으라고 하는 것은 소크라테스 같은 위대한 철학자나 가말리엘과 같은 칭송받던 랍비를 본받으라고 하는 것과는 다르다. 예수님은 단순히 거룩한 삶을 위한 열두 단계 프로그램을 정립했던 현자나 지혜로운 사람이 아니었다. 바울이 말하는 본이란 예수님의 인격 안에서 육화한 언약의 하나님과 관련되며, 예수님은 십자가에서 희생적 죽음을 당하신 믿는 자들의 대속 제물이자 구원자시다. 이처럼 예수님의 삶과 죽음에는 고유한 성질과 결과가 있지만, 동시에 그분의 삶과 죽음은 믿는 자들이 따라야 할 본이기도 하다(벧전 2:21-24을 보라). 따라서 하나님이 그리스도 안에서 우리를 향하신 것처럼, 우리 그리스도인들 역시 다른 이들을 향해야 한다는 것이 중요한 핵심이다.

예수님의 가르침

바울 서신에는 예수님의 가르침에 대한 단편적 인용구(예를 들면, 고전 7:10)나 예수 전통을 되울리는 구절들(예를 들면, 롬 14:14)이 나오기는 하지만(1장과 3장을 보라), 전체적으로는 예수님의 가르침을 언급하는 경우가 적은 편이다. 그 이유는 바울이 직면했던 주요 사안들, 즉 할례, 사도 직분의 조건, 유대인과 이방인의 교제 활성화 같은 문제들은 갈릴리와 유대 지방에서 활동하셨던 예수님이 가르침에서 중요하게 다룰 만한 주제가 아니었기 때문이라고 설명할 수 있다. '그리스도의 말씀'(골 3:16)은 그리스도에 관한 가르침일 수도 있고 그리스도의 가르침일 수도 있는데, 둘 중 어느 쪽이 더 합당한지는 결정하기 힘들다. 바울 서신에 나오는 예수님의 가르침에 나타나는 형식을 살펴보기 위해 더 유익한 근거가 되는 것은 '그리스도의 법'에 대한 언급이다.

> 여러분은 서로 남의 짐을 져 주십시오. 그렇게 하면 여러분이 그리스도의 법을 성취하실 것입니다. (갈 6:2)

> 율법이 없이 사는 사람들에게는, 내가 하나님의 율법이 없이 사는 사람이 아니라 그리스도의 율법 안에서 사는 사람이지만, 율법 없이 사는 사람들을 얻으려고 율법 없이 사는 사람같이 되었습니다. (고전 9:21)

그런데 그리스도의 법이란 무엇인가? 바른 해석을 장착하여 재가 동시킨 모세의 율법을 말하는가? 브루스 론제네커(Bruce Longenecker)는 그리스도의 법이란 "성령으로 인해 그리스도의 성품을 닮은 모습으로 삶이 변화된 공동체 안에서 서로를 섬기는 관계를 통해 가장 완전하고 적절한 표현을 갖추게 된 모세의 율법"이라고 주장한다.[9] 그런데 이러한 정의가 갈라디아서 문맥에는 잘 들어맞지만, 고린도전서에도 들어맞는지는 확실하지 않다. 고린도전서 9:21에서 '그리스도의 율법'과 대립하는 위치에 있는 다른 '율법'은 분명 모세의 율법, 즉 토라를 지칭하기 때문이다. 바울의 논리는 때로 이방인 선교를 위해서라면 모세의 율법 외부에 있는 사람처럼 살겠다는 것으로 보이기도 한다.

그러나 이것이 그가 율법 없이 사는 사람임을 의미하지는 않는데, 그는 그리스도의 율법 아래 있어 여전히 하나님의 율법에 매여 있기 때문이다. 그렇다고 하나님이 유대인과 이방인을 위해 각기 다른 율법 세트를 준비하셨다는 말일 수는 없다. 이유는 (1) 바울은 유대인이면서도, 필요하다면 어느 쪽 율법이든 기꺼이 따를 수 있으며, (2) 그리스도의 율법이 모세의 율법과 똑같지는 않을지라도 내용면에서 대립된다고 할 수 없기 때문이다. 나는 '그리스도의 법'이 그리스도가 시작하신 메시아 시대에 속한 모든 명령과 권면을 의미하며, 그리스도의 본, 그리스도의 가르침, 사랑의 법을 모두 포함한다고 본다. 다른 말로 하면, '그리스도의 법'은 기독교 윤리의 모든 실체를 지칭하는 제유적 혹은 상징적 표어라고 볼 수 있다.

성령 안에서 사는 삶

바울은 종종 율법과 성령을 이항 대립의 관계로 묘사한다. 예를 들면,

---

[9] B. Longenecker, *The Triumph of Abraham's God* (Edinburgh: T.&T. Clark, 1998), p. 86.

"그런데 여러분이 성령의 인도하심을 따라 살아가면, 율법 아래에 있는 것이 아닙니다"(갈 5:18)와 "문자는 사람을 죽이고, 영은 사람을 살립니다"(고후 3:6)를 보라. 그리스도인은 율법이 아닌 은혜 아래 있지만, 그것이 무법 상태의 생활 방식을 정당화하는 것은 아니다. 성령 안에서 사는 삶은 의로움과 거룩함의 삶이다. 즉 성령은 거룩함의 영이시다. 성령의 인도함을 받는 그리스도인은 육신의 행위를 버리고, '사랑과 기쁨과 화평과 인내와 친절과 선함과 신실과 온유와 절제'로 나타나는 '성령의 열매'를 맺는다. 바울은 이어서 말한다. "그리스도 예수께 속한 사람은 정욕과 욕망과 함께 자기의 육체를 십자가에 못박았습니다. 우리가 성령으로 삶을 얻었으니, 우리는 성령이 인도해 주심을 따라 살아갑시다"(갈 5:22-25).

로마서 8장에서도 이와 유사한 형식이 나온다. "그것은, 그리스도 예수 안에서 생명을 누리게 하는 성령의 법이 당신을 죄와 죽음의 법에서 해방하여 주었기 때문입니다"(롬 8:2). 그 결과, "육신을 따라 살지 않고 성령을 따라 사는 우리가, 율법이 요구하는 바를 이루게 하시려는 것입니다"(롬 8:4). 바울은 성령을 율법과 대립적인 관계로 보지만, 동시에 '육신'과 대립되는 것으로 보며, 육신을 따라 사는 사람은 죽을 것이며 영원한 나라에 들어갈 수 없다고 엄중히 경고한다(롬 8:6, 13; 갈 5:21; 고전 6:9-10; 15:50). '육신'을 따라 사는 삶이 믿는 자들에게 결코 **어울리지 않는** 것은, 그들이 "주 예수 그리스도의 이름과 우리 하나님의 성령으로 씻기고, 거룩하게 되고, 의롭게 되었[기]" 때문이다(고전 6:11). F. F. 브루스(Bruce)는 이렇게 쓴다. "성령은 믿는 자들의 삶을 거룩하게 만드시는 분이다. 곧 성령은 육신과 끊임없이 전쟁을 일으키시지만 육신보다 강력하시기에, 그분의 통제에 자신을 내어 맡기는 자들의 삶에서 육신의 전투력을 점차 무력화시키신다."[10]

사랑의 법

사랑은 율법이나 1세기 유대인들에게 낯선 개념이 아니었다. 하나님을 사랑하고(신 6:5) 이웃을 사랑하라는 명령(레 19:18)은 율법과 유대교의 핵심이었다. 예수님은 가장 큰 계명이 무엇이냐는 질문에, 이 두 주제를 훌륭히 조합하신다(막 12:29-31). 여러 교회에서 분쟁이 일어나고 교인들은 이기적인 야심에 마음을 빼앗겨 자기 이익과 영광만 구할 때, 바울은 그들 관계에서 사랑이 가장 우선시되어야 한다고 주장한다. 바울의 윤리에서 사랑이 핵심이라는 점은 분명하다.

> 사랑에는 거짓이 없어야 합니다. 악한 것을 미워하고, 선한 것을 굳게 잡으십시오. 형제의 사랑으로 서로 다정하게 대하며, 존경하기를 서로 먼저 하십시오. (롬 12:9-10)

> 서로 사랑하는 것 외에는, 아무에게도 빚을 지지 마십시오. 남을 사랑하는 사람은 율법을 다 이룬 것입니다. (롬 13:8)

그대가 음식 문제로 형제자매의 마음을 상하게 하면, 그것은 이미 사랑을

---

10 F. F. Bruce, *Paul: Apostle of the Free Spirit*, rev. ed. (Carlisle, UK: Paternoster, 1980), p. 210.

따라 살지 않는 것입니다. 음식 문제로 그 사람을 망하게 하지 마십시오. 그리스도께서 그 사람을 위하여 죽으셨습니다. (롬 14:15)

우상에게 바친 고기에 대하여 말하겠습니다. 우리는 우리 모두가 지식이 있는 줄로 알고 있습니다. 지식은 사람을 교만하게 하지만, 사랑은 덕을 세웁니다. (고전 8:1)

모든 일을 사랑으로 하십시오. (고전 16:14)

그리스도 예수 안에서는, 할례를 받거나 안 받는 것이 문제가 되는 것이 아닙니다. 가장 중요한 것은, 믿음이 사랑을 통하여 일하는 것입니다. (갈 5:6)

이 명령의 목적은…사랑을 불러일으키는 것입니다. (딤전 1:5)[11]

바울에게 사랑은 자신의 유익이 아닌 다른 이들의 유익을 구하는 것을 의미한다. 사랑의 계명은 진정한 율법의 성취다(갈 5:14; 롬 13:9). 바울은 고린도전서 13:1-13에서 사랑에 대한 시대를 초월한 아름다운 묵상을 남겼는데, 예배 및 영적 은사에 관한 논쟁을 다루던 바울이 뜬금없이 모든 세대의 그리스도인들이 결혼 예배에서 사용할 만한 말을 남겨야겠다는 생각이 들어서 이전 문맥과 상관없이 그냥 삽입

---

[11] 또한 고전 13:1-13; 14:1; 갈 5:13-14; 엡 4:15-16; 5:2; 6:23; 빌 1:9; 2:1-2; 골 3:14; 살전 3:12; 4:9; 5:8; 딤전 1:5; 4:12을 보라.

해 놓은 구절이 아니다. 고린도전서 12-14장의 논쟁은 참된 예배, 영적인 존재가 되었다는 참된 표지는 무엇인가에 관한 것이었다. 사랑에 관한 바울의 감동적인 묵상은 참된 예배와 진정한 영성을 결정하는 것은 사랑이지, 모든 관심을 자신에게 집중시켜 줄 화려한 영적 은사를 드러내는 것이 아님을 보여 준다.

그렇다면 기독교 윤리에서 모세의 율법이 갖는 의미는 무엇인가?

위에서 언급한 네 가지가 바울 윤리학의 기본 토대라면, 십계명은 어떻게 되는가? 바울을 따를 때 그리스도인의 삶에서 십계명이 중요하기는 한가? 단도직입으로 답하자면, 꼭 그렇지는 않다! 개혁주의 전통은 일반적으로 율법을 **시민법**, **제사법**, **도덕법**이라는 세 영역으로 구분하고, 그리스도가 시민법과 제사법을 성취하셨지만 (십계명이 규정한) 도덕법은 새 언약 시대에도 지속되며 유효하다고 규정한다. 여기서 두 가지 문제가 제기된다.

첫째, 고대 유대인들은 율법을 시민 생활, 제사, 도덕이라는 세 부분으로 명확하게 구분하지 않았다. 그들에게 토라는 토라였고, '노모스'(nomos, '법'을 의미하는 헬라어)는 노모스였으며, 분리될 수 없는 하나의 전체, 즉 하나님이 지키라고 주셨으므로 순종해야 할 명령이었다. 고대의 유대인들은 모세의 율법에서 자신들의 상황에 유효하다고 생각되는 부분만 선별적으로 뽑아내고 선택하지 않았다. 무엇이 '도덕법'에 해당하는가(어떤 면에서 안식일은 도덕법이면서 제사법에 해당할 수 있다)를 결정하는 데 따르는 문제는 차치하더라도, 율법을 구분하는 것은 바울 같은 유대인이 성경을 읽던 방식에 이질적 범주를 적용하게 한다. 사실, 모세의 율법을 세 부분으로 구분한 가장 초기 문서는 『진리의 복음서』 (Gospel of Truth)라는 제목의 후기 영지주의 작품이었는데, 여기서는 율법을 하나님이 주신 명령, 모세의 명령, 장로들의 명령으로 나눈다(『진리의 복음서』 19-21장).

둘째, 도덕법은 토라의 십계명 외부에서도 발견되며, 성, 공동체 정의, 국가의 통치에도 적용된다. 십계명이 토라의 도덕적 가르침을 요약하고 있는 것은 분명하지만, 그것이 도덕에 관한 모든 것을 담고 있는 것은 아니라는 말이다. 따라서 율법을 세 부분으로 나누는 것은 시대착오적이며, 십계명을 율법에 나오는 도덕적 조항의 전부로 보고 거기에만 초점을 두는 것 역시 자의적인 태도다.

그러나 바울이 자신의 도덕적 훈계에서 모세의 율법을 아예 무시했다는 말은 아니다. 새로운 피조물의 삶과 율법의 관계에 대해 말하면서, 바울은 "할례를 받은 것이나 안 받은 것이나, 그것은 문제가 아니고, 하나님의 계명을 지키는 것이 중요합니다"라고 말한다(고전 7:19). 이 구절의 의미는 곧 새로운 피조물이 새로운 종말론적 틀 안에 자신을 위치시킴으로써 율법 내에 존재하던 구분을 상대화시키지만, 이것이 하나님의 새 창조 세계에서도 지속되는 율법에 담긴 도덕적 질서에 대한 감각마저 제거하는 것은 아니라는 말이다. 덧붙여, 바울은 로마서에서 이렇게 말한다. "'간음하지 말아라. 살인하지 말아라. 도둑질하지 말아라. 탐내지 말아라' 하는 계명과 그 밖에 또 다른 계명이 있을지라도, 모든 계명은 '네 이웃을 네 몸과 같이 사랑하여라' 하는 말씀에 요약되어 있습니다"(롬 13:9). 사랑의 계명은 그리스도인 전통(마 5:43-48;

19:19; 22:34-40; 갈 5:14; 약 2:8)과 유대인 전통[『바빌로니아 탈무드』 "안식일 편" (Babylonian Talmud, Šabbat) 31a; 『시프라』(Sifra) 19.18]에 따라 율법을 요약할 때 가장 빈번하게 사용되는 방법이었다. 사랑의 계명은 율법에 반대되는 것이 아니라, 율법 전체의 요약이자 전형이며 응축된 표현이다.[12] 사랑이 율법을 완성한다면, 율법을 행하는 것은 사랑의 표현이다. 다르게 표현하면, 십계명을 따라 다른 이들을 대하는 것은 우리가 할 수 있는 가장 큰 사랑의 행위 중 하나다.

신념과 명령

초대교회에는 엄청난 다양성이 존재했다는 점이 특징이다. 구성원 모두가 율법에 관한 바울의 관점을 지지하는 호주식 억양의 빨강머리 개혁주의 침례교 교인은 아니었다.[13] 이 같은 다양성은 다른 어떤 곳보다 기독교 공동체에서 작용하는 유대 율법의 적실성과 기능에 관한 폭넓은 관점에 있어서 뚜렷하게 나타났다. 신약성경에 있는 율법에 관

---

12 Dunn, *Theology of Paul the Apostle*, p. 656.
13 여기서 어떤 신학자들은 이렇게 물을 것이다. "율법에 관한 바울의 어떤 관점을 말하는 겁니까? 사도로 활동하던 초기 관점인가요, 아니면 보다 성숙하고 발전된 후기 관점을 말하는 건가요? 갈라디아서에 나오는 율법에 관한 관점인가요, 아니면 로마서의 관점인가요? 그의 서신서에 나오는 관점을 말하나요, 아니면 사도행전에 묘사된 바울의 관점을 말하는 건가요?" 이와 같이 바울과 율법이라는 주제는 매우 복잡할뿐더러, 율법에 관한 바울의 생각이 점진적으로 성숙하고 발전하는 양상을 보인다는 점을 인정하면서도, 나는 바울이 부딪혔던 다양한 상황과 문맥을 고려할 때, 그리고 이 주제에 대한 그의 입장은 신학적으로 체계화된 것이 아니라 그러한 다양한 상황에 대한 반작용적 반응이었음을 고려할 때, 바울 서신 전체에는 이 주제에 대한 꽤 일관적인 생각의 흐름이 존재한다고 주장하는 바다. 그 일관적 흐름이란, 구원을 가져오는 능력에 관한 한 그리스도와 율법을 대립적으로 보며, 하나님의 백성을 구별 짓는 경계로서의 율법의 역할을 부정한다는 것이다.

한 다양한 입장들을 요약해 놓은 다음의 예를 비교해 보라.[14]

- 할례를 비롯하여 모세의 율법 전체를 지킬 것을 주장했던 유대인 그리스도인과 이방인 개종자
- 할례는 받지 않아도 되지만 개종자들이 유대인의 일부 관례를 지켜야 한다고 주장한 유대인 그리스도인과 이방인 개종자
- 할례 및 유대의 음식법을 따르지 않아도 된다고 주장하던 유대인 그리스도인과 이방인 개종자
- 할례와 유대의 음식법 및 유대의 의식과 절기를 지키지 않아도 된다고 주장하던 유대인 그리스도인과 이방인 개종자

메시아의 오심이 현재의 모든 것에 변화를 가져왔으며, 심지어 이스라엘의 고대 율법에도 영향이 미쳤다는 사실에는 모든 이가 동의했다. 남아 있는 문제는 '누가, 어떤 율법을, 왜, 어떤 조건에서 지켜야 하는가'였다. 유대인 그리스도인은 율법을 지켜야 하지만, 이방인 그리스도인은 그럴 필요가 없다고 주장한다면, 유대인과 이방인이 함께 있는 공동체에서 식탁 교제는 어떻게 해야 하는가?(갈 2:11-14을 보라) 유대인 그리스도인이 이방인을 배려하기 위해 그들의 음식법을 포기해야 하는가, 아니면 이방인들이 유대인 형제자매가 받을 양심의 가책을 덜어 주기 위해 그들의 음식법을 따라야 하는가? 모든 사람이 돼지고기

---

14 이 예들은 R. Brown and J. Meier, *Antioch and Rome: New Testament Cradles of Catholic Christianity* (New York: Paulist, 1983), pp. 1-9에서 가져왔다.

샌드위치를 먹어야 하는가, 아니면 양고기와 양배추와 토마토를 얹은 호밀빵을 먹어야 하는가?

우리는 바울이, 이방인들이 율법의 무거운 짐을 지는 것에서 자유로울 수 있는 권리가 있음을 변호한 반면, 유대인 그리스도인에게 율법 준수를 완전히 버리도록 요구하지는 않았다는 점에 주의를 기울여야 한다.[15] 여기서 초기 기독교의 토라에 관한 논쟁을 길게 다룰 수는 없지만,[16] 모세의 율법에 대한 대립적 신념들이 혼재하던 공동체를 향한 바울의 가르침이 부차적 문제들에 대해 의견이 다른 그리스도인들로 하여금 어떻게 하나님께 영광이 되는 조화 속에서 함께 살면서 예배할 수 있는지 알려 주는 훌륭한 예라는 것을 증명하고자 한다.

---

15 바울이 보인 율법에 대한 비판적 태도와 이방인에게 율법을 부과하는 것을 막아내고자 했던 단호한 노력에도 불구하고, 그가 율법을 지키기 원했고 이를 선택한 유대인 그리스도인들과도 아무 문제가 없었음을 인지하는 것은 중요하다. W. S. Campbell은 이렇게 쓴다. "바울이 이 사실(복음이 유대교로 개종하지 않은 이방인에게도 유효하다는 것)을 양보할 수 없었다는 것이 그가 유대인의 모든 것에 반대했다거나 유대인 그리스도인들이 그리스도인이 된 후에는 유대인의 생활 방식을 더 이상 따라서는 안 된다고 주장했다는 의미는 아니다. 유대인 그리스도인들이 이방인 그리스도인 역시 하나님의 백성으로 받아들여질 수 있고 이방인 (그리스도인)의 생활 방식을 계속 따라 살 수 있음을 인정했다는 조항이 그러한 유대인 그리스도인은 유대인 생활 방식으로 계속 살 수 있는 권리를 갖지 못함을 의미하지는 않는 것이다. 과거의 신약학자들은 유대인 생활 방식을 계속 따르고자 했던 모든 유대인 그리스도인들은 이방인 그리스도인들이 이방인 생활 방식으로 살 권리를 인정하지 않았을 것이라고 추정하는 것을 당연시하는 경향이 있었다. 그러나 논리적으로 꼭 이러한 결론이 따르는 것은 아니다. 두 입장, 즉 유대인식 삶의 방식을 계속 따르는 유대인 그리스도인과 이방인식 삶의 방식을 계속 따르는 이방인 그리스도인은 상호 배타적인 것이 아니다"[*Paul's Gospel in an Intercultural Context: Jew and Gentile in the Letter to the Romans* (Frankfrut am Main: Peter Lang, 1992), p. 100].
16 M. Bockmuehl의 흥미로운 작품, *Jewish Law in Gentile Churches: Halakhah and the Beginning of Christian Public Ethics* (Edinburgh: T. & T. Clark, 2000)를 보라.

화평을 도모하는 일에 힘을 쓰라

초대교회에서 가장 논쟁이 되던 주제는 여성 안수나 예배 음악, 영아 세례 같은 문제가 아니었다. 오히려 논쟁의 주제는 **음식**과 **친교**였다.

고린도전서 8장에서 바울은 그리스도인이 우상에게 제사 지낸 음식을 먹는 것이 가능한가를 다룬다. 고린도 같은 도시의 시장에서 팔리는 고기는 대부분 이방 신전에서 이방 신들에게 제사를 지내고 벌인 잔치에서 먹고 남은 음식이었다. 분명히 일부 그리스도인들은 자신이 이전에 살던 이방 삶의 방식과 관련된다는 이유로 혹은 우상숭배를 금하는 성경의 가르침에 근거하여 이런 고기를 먹는 것은 잘못이라는 생각을 강하게 가지고 있었다(고전 8:7). 바울은 이에 대해, 우리는 우상이 아무것도 아니며 고기는 단지 고기일 뿐이므로 먹는 것을 가지고 염려할 필요가 없음을 알고 있다고 답한다. 그러나 이 같은 일에 대해 강경한 입장에 있고 우상에게 바친 고기를 먹는 것 때문에 쉽게 시험에 들 수 있는 그리스도인 친구와 함께 있다면, "그가 걸려서 넘어지지 않게 하기 위해서" 그런 고기를 먹지 않는 것이 그리스도인의 의무라고 말한다(고전 8:13).

로마서 14:1-15:7에서도 바울은 비슷하게 말한다. 로마 교회에서 문제가 되던 사안은 채식주의와 포도주 그리고 유대인 절기를 지키는 문제였다. 바울은 그가 '약한' 사람과 '강한' 사람으로 부르는 두 집단을 중재하고 있다. 그런데 그들은 누구인가? 아마도 '약한' 자는 유대인 그리스도인들이었을 것이며, '강한' 자는 이방인 그리스도인들이라 유추할 수 있다. 그러나 또한 바울 같은 일부 유대인 그리스도인들은 자신을 '강한' 자로 구분했을 것이며, 이방인 그리스도인들 중에도 전부터 하나님을 경외하는 자 혹은 유대교 개종자로서 유대 관습을 지켰던 사람들은 '약한' 자에 속할 가능성이 높다는 점도 간과해서는 안 된다. 중요한 것은, 여기서 '약한' 것이 단지 '믿음이 약한' 것을 의미하지는 않는다는 점이다. 오히려 양심을 거스르기 쉬운 사람이라는 의미가 강하다. 그리스-로마 세계에서, 약함이란 '피해야 할 것인데도 피할 필요가 없다고 생각하는 강한 신념'을 지칭하기도 했다[키케로(Cicero), 『투스쿨란 논쟁』(Tusculanae disputationes) 4.22]. 고기를 아예 먹지 않는 것은 금욕주의 또는 이방인의 음식과 관련된 부정함을 피하려는 열심과 연관되어 있을 수도 있다(예를 들어, 단 1:8-16).

바울의 주된 관심은 '강한' 사람들이 자기 행실로 '약한' 사람들의 마음을 고의적으로 상하게 하면 안 된다는 것 그리고 '강한' 사람들이 '약한' 사람들을 배려한다고 해서 그들이 자신들을 괴롭게 하도록 내버려 두어서는 안 된다는 것이었다. 이를 위해 바울은 다음과 같이 주장한다.

1. 논란을 일으키는 문제에 대한 판단은 하나님께 맡겨라. 누구든지 하나님이 의롭다 하신 것을 심판할 수 없기 때문이다.
2. 음식 문제로 다른 사람이 걸려 넘어지게 하지 말라. 하나님 나라는 먹는 일과 마시는 일이 아니라, 성령 안에서 누리는 의와 평화와 기쁨이기 때문이다.
3. 그리스도를 섬기는 사람, 따라서 하나님이 받으신 사람을 거부하지 말라.

4. 먹든지 먹지 않든지, 강한 사람이든지 약한 사람이든지, 하나님 앞에서 각자의 믿음에 따라 행하라.

5. 서로를 받아들이고 믿음 안에서 서로를 세워 주는 것이 각자에게 주어진 상호 간 의무다.

바울이 고기와 음주와 안식일 준수에 대해 단일한 입장을 주장하지 않으며, 그 사안에 대한 각자의 판단을 따를 수 있게 개인의 자유를 인정한다는 점에 주목하라. 이러한 자세는 그리스도인을 하나로 묶어 주는 것이 그들을 나누어지게 하는 어떤 것보다도 훨씬 강하다는 확신에서 나온다. 로마서에서 내가 가장 좋아하는 구절은 로마서 14:19이다(바라기는 모든 교회에서 어떤 모임이든 시작하기 전에 이 구절을 읽었으면 좋겠다). "그러므로 우리는 서로 화평을 도모하는 일과, 서로 덕을 세우는 일에 힘을 씁시다." 테스코나 월마트에서 우상에게 바친 제사 음식을 찾아볼 수는 없지만, 아시아의 그리스도인이나 불교를 믿는 가족을 둔 그리스도인이 조상에게 제사 지낸 음식을 먹어야 할지 말지를 놓고 벌이는 갈등과 싸움을 생각해 보라. 바울이 여기서 말하는 것들은 그리스도인이 술을 마셔도 되는지, 혹은 그리스도인이 특정 텔레비전 프로그램을 봐도 괜찮은지 등의 문제를 논의할 때 적용할 수 있다.

바울의 가르침을 실제로 적용하기

적용과 관련하여, 고린도전서 8장과 로마서 14:1-15:7은 다음과 같은 점들을 알려 준다.

- 신념의 영역과 명령의 영역을 구별하는 법을 배울 것.
- 부차적인 교리에 집착하지 말 것.
- 복음이 위협받지 않는 한 판단을 유보할 것.
- 자신이 갖고 있는 신념을 내세울 때, 다른 이들을 무너뜨리는 대신 덕을 세우도록 노력할 것.
- 그리스도 안에 있는 자유를 인간이 만든 전통의 노예가 되는 것과 맞바꾸지 말 것.
- 어떤 경우에도 사랑 안에서 행하며, 그리스도의 법을 행할 것.

자유, 자율, 그리고 방종

바울은 자타공인 '자유의 사도'이지만,[17] 그 자유에 제한이 없는 것은 아니다. 한편으로, 바울은 "그리스도 예수 안에서 생명을 누리게 하는 성령의 법이 당신을 죄와 죽음의 법에서 해방하여 주었기 때문입니다"(롬 8:2), "그리스도께서 우리를 해방시켜 주셔서, 자유를 누리게 하셨습니다"(갈 5:1)라고 말한다. 다른 한편으로는 죄악을 자라게 할 목적으로 자유를 남용하지 말라고 경고한다. "그러나 여러분은 그 자유를 육체의 욕망을 만족시키는 구실로 삼지 [마십시오]"(갈 5:13, 또한 고전 6:12; 10:23을 보라). 방종과 율법주의의 두 극단 사이에는 자유에 대한 확신과 사랑의 명령이 균형을 이루는 중간 영역이 존재한다.[18]

---

17 참고. R. N. Longenecker, *Paul, Apostle of Liberty* (New York: Harper&Row, 1964).
18 Dunn, *Theology of Paul the Apostle*, p. 660.

```
방종 ——————————— 자유 ——————————— 율법주의
        사랑              사랑
```

개인이나 가족, 교회, 교단에서 이렇게 균형을 이루는 것은 어려운 일이다. 그러나 많은 면에서, 결국 이것은 우리가 누구의 영광을 위해 사는가의 문제로 귀착된다. 그리스도인은 몸으로 하나님을 영화롭게 해야 하며(고전 6:19-20), 자신보다 다른 이들을 영화롭게 하려는 열심을 드러내야 한다(롬 12:10).

바울, 성과 여성

바울이 최근 많은 바울 주석가들이 보이는 것만큼의 큰 관심을 성 문제에 두지는 않았다. 대부분의 경우, 바울을 따르는 기독교 전통에서는 독신의 금욕 생활과 결혼에서의 정절을 그리스도인의 규준으로 옹호한다. 이는 많은 부분이 간음, 근친상간, 수음, 동성애를 금하던 구약성경의 가르침에 근거한다(레 18-20장). 바울은 그리스도인에게 매춘(고전 6:15-16), 간음(롬 13:9; 고전 6:9; 딤전 1:10), 음행(롬 1:24; 13:13; 고전 5:1; 6:13; 7:2; 10:8; 고후 12:21; 갈 5:19; 엡 5:3; 골 3:5; 살전 4:3), 동성애(롬 1:26-28; 고전 6:9; 딤전 1:10)를 피하라고 가르쳤다. 성 문제에 대한 바울의 가르침이 집약된 곳은 단연 고린도전서 7장이다. 여기서 바울은 독신의 가치를 옹호하면서도 결혼을 문제 삼지 않는데, 이는 결혼한 부부들이 건강한 성관계를 누리길 바라기 때문이다. 그는 예수님이 이혼을 금하셨음을 알고 있지만, 때로 이혼하는 경우가 생기는 것 역시 이해한다.

궁극적으로, 바울은 성과 성욕이 하나님이 인간에게 주신 선물이라는 관점을 견지한다. 그러나 그가 성에 관해 다양한 제한을 두었기 때문에, 마치 그리스도인들이 성생활을 즐기지 못하도록 철저히 막는 것을 매우 중요하게 여긴 것처럼 보이기도 한다. 그러나 사실은 아주 다르다. 성에 대한 바울의 제한은 상당히 실용적이었다. 피임과 낙태가 언제든 가능하고, 만일 피임에 실패하더라도 한 부모 가정을 지원하는 복지 제도가 잘 갖추어진 오늘날의 문화에서 혼전 성관계는 일반적인 것으로 받아들여지는 듯 보일 테지만, 고대 세계에서는 그렇지 않았다. 더욱이, 서로에 대한 헌신 없는 친밀감은 어떤 관계에서도 건강하지 않다. 음란물은 여성 및 남녀의 관계를 비하시킨다. 간음은 관계에서 상대방에게 저지를 수 있는 가장 고통스러운 배신 행위다. 음행은 성적 중독에 빠지거나 성적 충동에 지배당하게 만들기 쉽다. 성에 사로잡힌 문화는 여성과 특히 아이들을 지나치게 성적 대상화하거나 이용당하게 만들 수 있다.

이러한 일들을 죄라고 하는 것은, 하나님이 온 우주의 즐거움을 빼앗아가는 분이기 때문이 아니다. 오히려 이러한 일들은 인간의 성에 대한 하나님의 의도를 거부했다는 표지다. 또한 인간관계에 고통스러운 영향을 주며, 사회 전반에도 건강하지 못한 결과를 가져온다. 하나님을 거부한 사회는 힘 아니면 쾌락, 주먹 아니면 남근, 히틀러 아니면 헤프너(Hefner)를 추구하게 된다. 원래 의도와 달리, 이야기가 잘못된 방향으로 흘러가는 것이다. 그러나 또한 좋은 소식은, 바울은 모든 사람이 교회에 초대받았다고 말한다는 사실이다. 음행하는 사람, 동성애자, 매춘업자, 성중독자, 성도착자 모두 말이다. 누구든 지금 그대로 올 수 있으나, 누구도 그런 모습으로 계속 남아 있어서는 안 된다. 모든 사람이 죄를 지었고 하나님의 영광에 미치지 못했으므로, 모든 사람이 구원의 좋은 소식을 들어야 하고, 하나님이 처음부터 의도하셨던 인간이 될 수 있도록 새롭게 변화시키시는 성령의 능력을 경험해야 하기 때문이다(롬 3:21-26; 골 3:1-17을 보라).

이제 바울과 동성애를 살펴보려고 하는데, 이 주제를 다룰 때는 세밀하고도 목회적인 감수성이 요구된다. 구약성경의 많은 구절이 동성애 행위를 명시적으로 금지하며(예를 들면, 레 18:22; 20:13), 바울 서신에서도 관련 주제가 여러 번 나온다(롬 1:26-27; 고전 6:9-10; 딤전 1:10). 고대 세계에서 동성애 관계와 동성애 행위는 잘 알려져 있었으며, 동성애에 대한 바울의 진술은 이러한 문화적 문맥 안에서 이해되어야 한다. 그리스-로마 세계에서 결혼하지 않은 남자가 성적 욕구를 해결하는 주요 수단은 노예, 매춘, 전쟁 중 강간, 동성 파트너였다. 동성 간 결혼 역시 아주 생소한 주제는 아니었는데, 예를 들어 네로는 노예와 두 번의 동성 결혼을 한 전력이 있었다. 그중 한 번은 네로가 신랑이었고(자기 노예인 스포루스를 거세시킨 뒤에 했던 결혼), 다른 한 번은 그가 신부였다(피타고라스와의 결혼). 여자끼리 성관계를 갖는 일 역시 빈번했는데, 후기 공화제와 초기 로마제국 시기에 남성 작가들이 관심을 갖는 주제가 되기도 했다.[19]

어떤 작가들이 보기에 절제된 동성애는 그저 삶의 일부이거나 사랑의 가장 지고한 표현이었다[예를 들면, 플라톤, 『향연』(*Symposium*) 178C-180D].

---

19 C. H. Talbert, *Romans* (Macon: Smyth&Helwys, 2002), p. 65.

반대로, 어떤 그리스-로마 작가들은 동성애가 '본성에 어긋나는' 것이라고 주장했으며[플라톤, 『법률』(Laws) 1.2], 어떤 이들은 성관계에서 남자가 여성스럽다거나 주도적이지 못한 것에 대해 거부감을 갖기도 했다(율리우스 카이사르는 비두니아 왕 니코메데스와의 성관계에서 순종적 파트너였다는 소문 때문에 자기 군사들로부터 혐오감을 일으켰다). 대부분의 경우, 유대인이 동성애를 죄 짓는 행위로 여겨 반대한 것은 그것이 본성을 거스르는 일이었기 때문이다. 예를 들어, 이집트의 유대인 철학자였던 필로는 이렇게 썼다. "그들은 자연의 법칙을 버렸다.…단지 여자를 미친 듯이 탐하거나 다른 이의 결혼 생활을 더럽혔기 때문만이 아니라, 남자들끼리 욕정을 느끼기 때문이다"(『아브라함에 관하여』 135). 다음은 로마서에서 바울이 말하는 바다.

> 이런 까닭에, 하나님께서는 사람들을 부끄러운 정욕에 내버려 두셨습니다. 여자들은 남자와의 바른 관계를 바르지 못한 관계로 바꾸고, 또한 남자들도 이와 같이, 여자와의 바른 관계를 버리고 서로 욕정에 불탔으며, 남자가 남자와 더불어 부끄러운 짓을 하게 되었습니다. 그래서 그들은 그 잘못에 마땅한 대가를 스스로 받았습니다. (롬 1:26-27)

우리는 이러한 바울의 언급에서 몇 가지를 발견한다. (1) 그는 남자와 여자 모두의 동성애적 행위에 대해 지적한다. (2) 인간의 성에 대해 창조된 질서를 거부하는 것은 창조주 하나님을 거부하는 것과 같은 징후다. (3) 이러한 방식의 성 행위는 하나님과 인간을 동시에 욕보이는 것이다. (4) 동성애적 행위가 가져오는 (신체적·감정적·심리적) 결과는 어떤 면에서 그들 스스로에 대한 처벌이다.

이러한 동성애적 행위들은 죄와 반역이라는 사슬의 일부로, 인간에 대한 하나님의 진노를 촉발한다. 물론 이 본문에 대한 다른 해석이 제시되기도 하는데, 예를 들어 바울이 비난하는 것은 오직 아동 남색이라거나[20] 혹은 이성애자가 동성애적 혼음을 즐기는 경우, 노예에 대한 성적 착취나 우상숭배의 일환으로 이루어지는 동성애 같은 것에만 제한되어 있었다고 보는 것이다. 그러나 그런 해석은 해당 문맥과 바울이 주장하는 내용 모두를 심각하게 훼손한다. 바울은 (남자와 여자 모두를 포함하여) 모든 종류의 동성애 관계와 행위를 금하고 있으며, 로마서 1장의 논지는 동성애 자체의 자연스럽지 못한 본성까지 아우른다.

많은 주석가들은 바울이 동성애에 관해 언급할 때 그가 타고난 성적 성향의 문제나 오래 지속되는 동성애 관계에 관해서는 잘 몰랐다는 단서를 달아야 한다고 주장한다. 그러나 당시 꽤 일반적이었던 헌신된 동성애 관계에 관해 바울이 잘 몰랐다고 말하는 것은 터무니없다. 당시에는 동성애가 전적으로 자연스러운 일이라거나[필로스트라투스(Philostratus), 『편지』(Epistle) 64; 아리스토텔레스, 『니코마코스 윤리학』(Ethica nicomachea) 7.5.3-5], 철학적으로 우월한 방식의 사랑[루키아누스(Lucian)의 위작으로 알려진 『마음의 연애』(Affairs of the Heart)에서 칼리크라티다스의 말]이라는 주장도 존재했다.[21] 바울과 그 뒤를 잇는 그리스도인들의 관점에 따르면, 동성애는 창조된 인간의 본성에 부합하지 않으며 그 같은 행

---

20 여기서 아동 남색(pederasty)이란 어른 남자와 소년 간의 동성애 관계를 말한다. 고린도전서 6:9에서 말한 것은 이것을 염두에 둔 것일 가능성이 높으나, 거기서도 바울은 동성애 행위에서 주도적인 편(arsenokoitēs)과 여성 노릇을 하는 사람(malakos) 모두를 비난한다.

위를 하는 사람들은 인간성을 훼손하는 결과를 낳는다. 그렇지만 나는 여기에, 바울이 동성애적 죄악을 이성애적 죄악보다 더 나쁘다거나 특별히 더 용납할 수 없는 것으로 보는 것은 아니라는 점을 덧붙이고 싶다. 하나님이 게이와 레즈비언만 특별히 혐오하시는 것이 아니다. 그리스도인들은 동성애를 대하면서, '환영하되 인정할 수는 없다' 또는 '죄는 미워하되 죄 지은 사람은 사랑하라'는 함축적 문구로 에둘러 반응한다. 그러나 아마도 이 문제에 관한 가장 좋은 반응은 바울이 레위기 19:18을 인용했던 로마서 13:9, "네 이웃을 네 몸과 같이 사랑하여라"가 아닐까 한다(또한 마 19:19; 22:39; 막 12:33; 눅 10:27을 보라).[22]

여성과 관련해서, 바울은 수많은 논쟁의 원천이 되어 왔다. 바울이 쓴 몇몇 구절은 아내를 다스리는 남편의 권위에 관해 말한다(고전 11:2-16; 엡 5:22-33; 골 3:18). 디모데전서 2:11-15에서는 에베소 교회에서 여자가 남자를 가르치는 것을 금한다. 이는 아마도 창조 서사를 왜곡함으로써 여성의 역할에 대한 재정의를 시도하려던 이단의 출현 때문이었던 것 같다. 우리는 또한 신약성경에 바울과 관련된 교회들에서 경우에 따라 여성이 가르치는 사역을 담당했음이 분명히 언급된다는 점을 함께 고려해야 한다. 브리스길라와 아굴라는 아볼로를 함께 가르쳤고(행 18:26), 기독교 모임에서 여성 예언자들이 예언을 하기도 했다(행 21:9; 고전 11:5). 또한 초대교회에서 가정의 가장 역할을 하는 여성들

---

21 더 자세한 내용을 위해서는 R. J. Gagnon, *The Bible and Homosexual Practice: Texts and Hermeneutics* (Nashville: Abingdon, 2001)를 보라. 성경이 동성애에 관해 말하는 것을 다루는 책으로 이와 나란히 견줄 작품은 더 이상 없다.
22 이러한 요점은 나의 친구 스캇 맥나이트의 웹 사이트 〈http://www.jesuscreed.org〉의 도움을 받았다.

은 잠재적으로 가정 교회에서도 지도자 역할을 수행했을 것이다(고전 1:11; 행 16:14-15; 골 4:15). 또한 유오디아, 순두게, 브리스길라는 복음 안에 있는 바울의 '동역자'(synergos)로 불렸는데(빌 4:3; 롬 16:3), 같은 단어가 바울의 무리에서 주요 그리스도인 지도자들이 했던 사역을 기술할 때도 사용되었다(예를 들면, 롬 16:9, 21; 고전 16:15-16; 고후 8:23; 빌 2:25; 골 4:11; 살전 3:2; 몬 1, 24절). 게다가 여성 사도인 유니아의 이름이 로마서의 마지막에 언급되고 있다(롬 16:7).[23] 또한 바울은 자신의 편지를 로마에게 전달하는 일을 맡긴 뵈뵈라는 자매를 겐그레아 교회의 '일꾼'이라고 부른다(롬 16:1).

대부분의 경우, 바울은 고대 세계의 가부장적 관점을 드러내고 있지만 남편과 아내 사이의 서로에 대한 순종(엡 5:21)과 서로에 대한 권위(고전 7:4)를 말한다. 당시의 문화적 감성을 고려할 때 꽤 충격적인 발언을 하기도 한다. "유대 사람도 그리스 사람도 없으며, 종도 자유인도 없으며, **남자와 여자**가 없습니다. 여러분 모두가 그리스도 예수 안에서 하나이기 때문입니다"(갈 3:28). 이 구절은 종종 문맥과 상관없이 인용되거나 오용되기도 한다. 여기서 바울은 그리스도인에게 더 이상 성 구분이 존재하지 않는다고 말하는 것이 아니다. 마치 하나님이 이제부터는 사람을 보실 때 목 윗부분만 보기로 결정이라도 하신 양, 성별

---

[23] 로마서 16:7에 관한 사본들의 문서적 증거에 기초한 권위 있는 연구에서, 엘돈 엡(Eldon Epp)은 최근 분명한 증거 자료가 유니아를 사도로 다루고 있다는 결론지었다. 그는 이렇게 결론을 내린다. "기독교의 가장 초기 세대에, 분명히 사도라는 호칭으로 불린 여성이 있었다는 것은 바뀌지 않는 사실이며, 우리 시대의 그리스도인은—평신도와 목회자 모두— 이러한 사실을 직시해야 한다(그리고 직시하게 될 것이다)." Eldon J. Epp, *Junia: The First Woman Apostle* (Minneapolis: Fortress, 2005), p. 81.

구분의 부적절함을 증명하는 구절이 아니라는 말이다. 이러한 하나 됨은 구원에서의 평등에만 적용되므로 그리스도인은 가부장적 관습을 유지해야 한다고 말하는 것도 아니다. 바울은 그리스도 안에서 드러난 새로운 피조물의 영광은 일반적으로 사람들을 갈라놓던 구분을 부정한다는 것을 말하고 있다. 인종도 계급도 성별도, 사람이 하나님 보좌로 더 가까이 나갈 수 있는 조건이 될 수 없다. 아브라함의 가족은 빈부의 격차나 남자와 여자 상관없이 모든 민족의 모든 사람을 포함하는 다양성을 지닌 가족이다. 이는 복음에서의 평등 원칙을 부각시키는데, 곧 하나님 앞에서는 모든 사람이 같은 자리에 서 있다는 것이다. 하나님 앞에서는 그 누구에게도 유리한 위치란 없으며, 다른 사람보다 자신이 더 훌륭하거나 유용하다고 주장할 수 있는 사람도 없다.

결론

바울의 관점에서 지적인 삶과 실제적인 삶은 불가분의 관계다. 실천으로 연결되지 않는 건조한 지적인 신앙이 머물 곳은 어디에도 없으며, 복음에 관한 신학적 묵상에 근거하지 않은 그리스도인의 생활 방식 역시 설 자리가 없다. 마지막 심판 때 궁극적으로 양과 염소를 갈라놓는 것은 신학 전공시험이 아니라, 우리의 행함이 우리의 말과 일치했는지 그리고 우리의 행함이 믿음에 기인했는지에 달려 있다. 우리가 행위로 구원받는 것은 아니지만, 행위 없이 구원받을 수는 없다. 마지막 날 의롭다 여김을 받는 것은 오직 그리스도께서 행하신 일에 기인하지만, 동일한 그리스도는 우리 안에서 일하시며, 그 일들은 우리 믿음의 진실성을 증명한다. 덴마크 철학자인 죄렌 키르케고르(Søren Kierkegaard)가 말한 것처럼, **당신이 살아낸 만큼 당신은 믿은 것이다.** 진정한 믿음을 규정하는 궁극적 잣대는 말이나 슬로건이 아닌, 하나님 앞에서 그리고 사람들 사이에서 살아낸 삶이다. 그런 까닭에 바울은 교회들을 향해 복음에 합당한 삶을 살고, 그들의 주님을 충성되고 신실하게 섬기기를 엄중하게 경고하며 따뜻하게 격려한다. 톰 슈라이너(Tom Schreiner)는 바울의 윤리학을 다음과 같이 명쾌하게 요약한다.

믿는 사람들은 그리스도가 그들을 위해 행하신 일과 그들 안에 거하시는 성령의 능력을 통해 새로운 삶을 살 수 있게 되었다. 그러나 하나님이 행하시는 일은 이에 대한 인간의 반응을 쓸모없는 것으로 만드는 것이 아니라, 이를 견고하게 한다. 직설법은 명령법의 기초이며, 바울은 그의 교회들에게 받아들인 복음을 삶으로 살아내라고 명령한다.[24]

---

24 Schreiner, *Paul*, p. 270.

10장

복음화 개론 수업:
바울의 영성

바울에게 그리스도인의 삶이란 복음이 이끄는 삶이다. 복음의 중심성은 복음을 그리스도인의 신앙과 삶에 필수적인 것으로 지목하는 바울 서신의 문법에서 명백히 드러난다. 우리는 "하나님의 복음"(롬 1:1; 15:16; 고후 11:7; 살전 2:8-9)을 알 때에만 하나님에 대해 말할 수 있고, 하나님께 기도할 수 있다. 여기서 존 웹스터(John Webster)를 인용하지 않을 수 없는데, 그는 이렇게 말한다. "기독교 신학이 관심을 기울여야 하는 문제 그리고 기독교 신학이 나아갈 방향을 결정하는 것은 복음이 선포한 완벽하신 하나님의 임재다."[1] 바울에 따르면, 기독론이란 "사람 그리스도 예수"(딤전 2:5)와 "그리스도의 복음"(롬 15:19; 고전 9:12; 고후 2:12; 9:13; 10:14; 갈 1:7; 빌 1:27; 살전 3:2)을 해석한 것이다.

기독교 윤리학은 "복음에 합당하게" 사는 것(빌 1:27) 그리고 사람들 앞에서 "그리스도의 복음을 고백하[는]" 것과 함께 순종을 실천하는 것(고후 9:13)을 의미한다. 성령의 은사는 복음이 약속하는 것 중 일부인 거듭남을 가져온다(롬 5:5). 그리스도의 구원을 이해한다는 것은 구원의 복음이 갖는 다채로운 음색의 풍성함을 풀어내는 것을 의미한다(롬 1:16; 엡 1:13). 변증학이란 "복음을 변호하[는]" 일이다(빌 1:16). 교회론이란 복음화된 공동체에 관한 교리이며, 선교학은 복음화를 연구하는 학문이다. 그렇다면, 신약성경에서 이러한 복음의 신학에 가장 크게 기여한 사람은 분명 바울일 것이다. 그의 서신만 감안해도, 바울 신학의 중심에는 그리스도 예수 안에 있는 구원에 관한 좋은 소식이 있다.

---

1 J. Webster, *Confessing God: Essays in Christian Dogmatics II* (London: T.&T. Clark, 2005), p. 1.

신학과 사역에서 복음은 단순한 학문적 활동으로 존재하는 것이 아니라, 그리스도인의 삶과 사역에 실제적 결과를 가져온다. 제자도의 과정은 대체로 **복음화**(gospelization) 과정이라 할 수 있는데, 곧 복음이 창조해 내고자 하는 실재를 사람의 삶 속에 반영해 내기 시작하는 것을 말한다(9장을 보라). 제자도란 우리 자신을 '복음화'하는 과정이며, 이를 통해 우리와 다른 이들 모두가 그리스도의 충만한 분량에까지 자라 가고, 각자의 삶이 그리스도의 발자취를 따라가게 되는 것이다. 바울에 따르면, 이러한 복음화 과정은 그리스도인의 삶에서 크게 두 가지 방식으로 이루어진다. 하나는 '십자가를 본받음'을 통해, 다른 하나는 '부활에 동참함'을 통해서다.

십자가를 본받음

십자가를 본받음: 그리스도의 십자가를 따라 삶이 빚어지는 것.[2]

> 형제자매 여러분, 내가 여러분에게로 가서 하나님의 비밀을 전할 때에, 훌륭한 말이나 지혜로 하지 않았습니다. 나는 여러분 가운데서 예수 그리스도 곧 십자가에 달리신 그분 밖에는, 아무것도 알지 않기로 작정하였습니다.
> (고전 2:1-2)

---

2 M. J. Gorman, *Apostle of the Crucified Lord: A Theological Introduction to Paul and His Letters* (Grand Rapids: Eerdmans, 2004), pp. 115-130.

캠퍼스를 걷고 있는데, 본관 안뜰에서 남아메리카 출신의 어떤 노인이 사람들을 향해 하나님의 사랑과 구원에 대해 크게 외치는 소리가 들린다고 상상해 보라. 노인은 카를로스 헤르난데즈가 전한 '복음'을 선포하고 있다. 그는 페루의 소작농이던 카를로스가 많은 기적과 놀라운 능력의 일들을 행했고 세상의 종말을 선포하던 사람이라고 전한다. 그런데 리마의 지도급 인사들은 농민들 사이에서 카를로스의 인기가 올라가는 것을 두려워했고, 그에게 알카에다 테러범이라는 거짓 혐의를 뒤집어 씌워 전기의자에서 사형을 당하게 했다. 그러나 일주일 뒤, 카를로스는 죽은 사람들 가운데서 살아났고, 미국 관광객 여러 명이 그를 보았다. 노인은 이렇게 선언한다. "카를로스는 바로 여러분의 죄를 위해 전기의자에서 죽었습니다. 그리고 구원은 그를 믿는 믿음 안에 있습니다." 그런 다음 설상가상으로, 이렇게 노래하기 시작한다.

카를로스는 그 끔찍한 의자 위에 계셨네.
그들은 빗장으로 그를 묶어 놓고 4만 볼트의 전류를 흘려보냈네.
우리의 구세주가 새까맣게 타서 죽은 것은 당신을 위한 것이었다네.
그의 머리카락은 불에 다 타버렸지만, 그는 하나님의 진짜 메시아라네.
카를로스가 전기의자에서 죽은 것을 세상의 지혜로는 이해할 수 없다네.
그는 나의 구세주, 나의 등불이시네. 그가 죽음의 전류를 모두 끌어안으셨기 때문이지.
나는 이제 하나님이 나를 사랑하심을 아네. 그분이 카를로스 헤르난데즈를 전기의자로 보내셨기 때문이라네.

이런 비유를 계속 사용할 생각은 없다. 그러나 바울이 아테네, 데살로니가, 혹은 고린도 같은 도시에서 로마 관원들에 의해 십자가에 못 박혀 죽은 유대인을 '구원자'이자 '주님'이라고 선포했던 것은 오늘날 우리가 이 노인이 카를로스 헤르난데즈에 관해 말하는 내용을 듣는 것과 비슷하게 들렸을 것이다. 우리는 이 노인의 이야기가 너무 바보 같다고 생각할 것이다. 바울이 마주해야 했던 태도가 그런 것이었다. 십자가에 못 박힌 그리스도를 전하는 메시지가 헬라인에게는 어리석은 것이었으며, 유대인에게는 걸림돌이었다(고전 1:18, 22-23; 롬 9:32). 십자가의 메시지는 인류를 두 종류, 즉 멸망할 자들과 구원을 받는 자들로 나눈다(고전 1:18). 십자가를 통해 하나님은 세상의 지혜가 가짜임을 드러내셨다(고전 1:19-21). 믿음의 눈으로 보는 사람들에게 십자가는 하나님의 지혜와 능력을 나타내며, 예수님은 지혜와 의와 거룩과 구원의 원천이시다(고전 1:24-25, 30).

나아가, 기독교 공동체야말로 기대하지 못했던 방식으로 계시된 하나님의 자비를 표상하는 상징이다. 그들이 (대부분) 강하거나 훌륭한 가문 출신이 아니었음에도 하나님은 그들을 택하셨기 때문이다. 하나님은 어리석고 약한 사람들, 눈에 잘 띄지 않고 사회의 소모품 같던 사람들을 택하셔서 자신의 능력과 지혜를 드러내는 그릇으로 삼으셨다(고전 1:26-29). 십자가의 어리석음(처럼 보이는 것)과 짝을 이룰 수 있는 것은 오직 구원받을 자들을 택하시는 하나님의 선택의 어리석음(처럼 보이는 것)밖에 없다. 하나님이 구원을 위해 부르신 사람들의 연약함, 열등함, 평범함은 십자가의 살아 있는 은유다. 즉 하나님은 가장 기대하지 않았던 곳에서 그분의 구원을 드러내신다.

중요한 것은 십자가가 구원의 길일 뿐 아니라, 우리가 따라야 할 삶의 방식과 표본이라는 점이다. 그리스도인들은 어리석은 메시지를 믿고 어리석은 삶을 살라고 부름받았다. 십자가는 우리의 영성, 태도, 가치, 사역을 형성해야 하고, 그리스도인으로서 또 교회로서 우리가 두려워해야 할 것, 피해야 할 것, 되고자 하는 것을 결정해야 한다. 여기에는 몇 가지 논리적 귀결이 따라온다.

첫째, 더 이상 십자가의 살아 있는 은유로 존재하지 않는 공동체는 하나님의 지혜를 인간의 어리석음과 맞바꾼다. 바로 그것이 고린도 교회의 문제였다. 많은 고린도 교인들은 영적 능력을 과시하는 것에 마음을 빼앗겼고, 지위, 권력, 지혜, 영향력에 대한 자기 욕망을 채워 줄, 십자가를 뺀 그리스도를 원했다.

둘째, 십자가를 구현하는 공동체는 서로를 용서하는 모습에서 하나님의 성품을 반영할 것이다(고후 2:7, 10). 골로새 교회에서, 그리스도인들끼리 용서하는 것은 공동체의 평화를 유지하는 방법이었다. "누가 누구에게 불평할 일이 있더라도, 서로 용납하여 주고, 서로 용서하여 주십시오. 주님께서 여러분을 용서하신 것과 같이, 여러분도 서로 용서하십시오"(골 3:13). 주님께로부터 그들에게 흘러온 용서가 다시 다른 이들에게로 흘러가야 하는 것은 당연한 일이며, 선택사항이 아니라 명령이다.

셋째, 십자가가 빚어낸 공동체는 사랑이 흘러넘칠 것이다. 바울에게, 영성의 진정한 척도는 화려한 영적 은사가 아니라 사랑에 있었다(고전 13:1-13). 그리스도인은 "사랑을 추구"해야 하며(고전 14:1), 무슨 일을 하든 "사랑으로" 해야 한다(고전 16:14).

넷째, 십자가를 닮은 공동체는 그리스도가 본을 보이신 방식을 따른다. 고린도 교회에 쓴 편지에서, 바울은 자신이 그리스도를 본받는 사람인 것같이 그들도 자신을 본받으라고 말한다(고전 11:1). 그것이 바로 바울이 그리스도인들에게 새 옷을 입듯 "그리스도를 옷으로 입으십시오"라고 권면하는 이유다(롬 13:14; 갈 3:27). 믿는 사람들은 옛 삶의 방식을 버리고 새 삶의 방식을 입어야 하며, 새로운 피조물에 걸맞은 가치와 태도를 길러야 한다. 이것은 받아들이든 말든 상관없는 충고가 아니다. 새 사회의 헌장이자 새로운 시민의 행동수칙이다. 앞서 살펴보았던 빌립보서 2:5-11에서 숭고한 그리스도 찬가에 나타나는 지배적 이미지는 종이 되신 그리스도였다. 따라서 그리스도를 따르는 자들 역시 서로에게 종이 되어야 한다. 우리가 정말로 종의 마음을 가졌는지는 진짜 종으로 취급받을 때 우리가 어떤 반응을 보이느냐에 달려 있음을 기억해야 한다.

다섯째, 십자가를 붙드는 믿음의 공동체는 자신들이 세상과 불편한 관계에 놓여 있음을 지속적으로 깨달을 것이다. 바울은 "내 쪽에서 보면 세상이 죽었고, 세상 쪽에서 보면 내가 죽었습니다"라고 말한다(갈 6:14). 다시 말해, 바울은 십자가의 가치를 위해 모든 세상적 가치를 부인한다. 제자도는 세상이 제안하는 것에 대해 매일 죽는 것, 죄를 향해서는 '아니오'라고 말하며 거룩함에 대해서는 '예'라고 말하는 것, 그리스도를 붙들기 위해 세상의 값싼 장신구를 포기하는 것, 세상에서의 성공이 아니라 하나님 나라를 구하는 것을 의미한다.

여섯째, 십자가를 지는 공동체는 그들의 정체성을 십자가에서 찾는다. 바울은 갈라디아서에서 이렇게 말한다. "나는 그리스도와 함께 십자가에 못박혔습니다. 이제 살고 있는 것은 내가 아닙니다. 그리스도께서 내 안에서 살고 계십니다. 내가 지금 육신 안에서 살고 있는 삶은, 나를 사랑하셔서 나를 위하여 자기 몸을 내어 주신 하나님의 아들을 믿는 믿음 안에서 살아가는 것입니다"(갈 2:20). 곧 자신을 지칭하는 'I'(나)는 그것을 관통하여 'I'(나)를 †(십자가)로 바꿔주는 가로선이 있을 때에만 존재한다는 의미다. 마이클 버드는 한 유대인 순교자와 함께 십자가에 못 박혀 죽었다. 그런데 버드는 그의 인격을 변화시키고, 그의 영혼을 구원하며, 그의 내적인 그릇을 새롭게 하는 십자가에 못 박히신 메시아, 그 주님과 연합함으로써 신기하고 놀라운 되살아남을 경험하며 살아간다. 즉 나는 세상에 대해 죽었지만, 예수 그리스도 안에서 살아 있다. 나에게 생기를 불어넣고 나를 지탱하는 것은 힘에 대한 약속이나 세상에서의 성공이라는 함정이 아니라 다함없는 그리스도의 사랑이다. 나는 나에게 맡기신 일을 할 수 있도록 붙들어 주시는 그분의 신실하심에 나를 온전히 의탁한다.

따라서 바울이 주는 교훈은, 그리스도의 십자가가 아닌 다른 어떤 것에 뿌리를 둔 영성은 처음에는 참신해 보여도 필연적으로 잠시 승리에 도취되었다가 그다음 미지근해지고, 그다음 세속적이 되고, 그다음 시시해지고, 결국 돌처럼 딱딱하게 굳어 버린다는 것이다. 바울에게 그리스도인의 영성은 우리의 지적 삶이나 정신적 영역에서 일어나는 개인적 문제가 아니라 행함으로 드러나는 무언가다. 십자가를 닮은 영성이란, 단지 십자가 목걸이를 매달고 다니는 것이 아니라 그것을 정말로 **지는 것**을 의미한다(막 8:34).

부활에 동참함

부활에 동참함: 그리스도의 부활의 능력으로 되살아나는 것.

그러므로 우리는 세례를 통하여 그의 죽으심과 연합함으로써 그와 함께 묻혔던 것입니다. 그것은, 그리스도께서 아버지의 영광으로 말미암아 죽은 사람들 가운데서 살아나신 것과 같이, 우리도 또한 새 생명 안에서 살아가기 위함입니다. (롬 6:4)

십자가에 굳건히 초점을 맞추는 복음주의 신학에서는 종종 부활을 하나님이 십자가에서 행하신 일을 증명해 주는 것 정도로 소홀히 취급해 왔다.[3] 우리는 바울의 복음에서 십자가가 핵심이라는 것을 확인했지만, 이는 부활 역시 마찬가지다(예를 들면, 고전 15:17; 롬 4:25). 부활을 소홀히 하는 이러한 경향은 신학뿐만 아니라 영성 전반에도 퍼져 있다. 그러면 부활은 우리의 영적 여정과 그리스도인으로서 걷는 걸음에 어떤 영향을 미치는가? 그 영향은 여러 면에서 나타난다.

첫째, 바울은 믿는 자들이 "그리스도와 함께 살아났[다고]" 말한다 (골 2:12; 3:1; 엡 2:6). 이 표현은 그리스도인들이 생기를 불어넣는 성령을 통해 생명을 주시는 하나님의 능력을 지금 여기에서 이미 경험하고 있음을 나타낸다. 그들의 겉사람은 낡아가지만, 속사람은 날로 새로워

---

3 참고. M. F. Bird, *The Saving Righteousness of God: Studies in Paul, Justification, and the New Perspective*, PBM (Milton Keynes: Paternoster, 2007), pp. 40-59.

진다(고후 4:16). 믿는 자들에게는 하늘의 생명이 여기 땅에서도 움트고 있는 것이다.

둘째, 부활은 그리스도인에게 희망을 준다. 많은 이들이 죽음의 공포와 인생의 허무 속에서 방황하는 시대에(참고. 히 2:14-15), 바울은 그리스도인에게는 소망이 있으며, 그 소망은 미래에 일어날 믿는 자들의 부활로 굳건해진다고 말한다. 그 희망을 아직 눈으로 볼 수는 없다. 그래서 우리는 보이지 않는 것이 보일 때까지 인내로 기다린다(롬 8:24-25). 그리스도인의 부활에 대한 소망은 그저 죽음 앞에서 두려움을 달래주는 가짜 진통제가 아니라, 그리스도의 부활로 검증된 분명한 실체를 가진 소망이다.

셋째, 부활은 그리스도께서 믿는 자들을 부르신 목적을 향해 나아가는 동력이 된다. 바울은 이렇게 말한다.

내가 바라는 것은 그리스도를 알고, 그분의 부활의 능력을 깨닫고, 그분의 고난에 동참하여, 그분의 죽으심을 본받는 것입니다. 그리하여 나는 어떻게 해서든지, 죽은 사람들 가운데서 살아나는 부활에 이르고 싶습니다. 나는 이것을 이미 얻은 것도 아니며, 이미 목표점에 다다른 것도 아닙니다. 그리스도 예수께서 나를 사로잡으셨으므로, 나는 그것을 붙들려고 쫓아가고 있습니다. (빌 3:10-12)

부활의 약속은 두려움과 고난 그리고 죽음 앞에서 그리스도인에게 소망을 준다. 헤르만 리더보스(Hermann Ridderbos)는 다음과 같이 쓴다.

그러므로 고난이 또한 승리의 다른 이름이 되는 것은, 고난이 그리스도의 발자취를 따라가게 하기 때문이다. 그러나 죽음이 생명으로, 고난이 부활로 이어지는 것이, 그리스도의 죽음과 부활이 집약된 정형화된 틀이거나 누구나 자동적으로 따라가는 과정은 아니다. 오히려 그리스도를 아는 모든 지식을 동원하는 씨름이며, 아직 얻지 못한 것을 향해 손을 뻗는 영혼의 거침없는 노력이다.[4]

그리스도인은 수천 번 환생해야 하는 업보의 굴레에 묶인 존재가 아니다. 마침내 약속된 생명을 받게 될 끝을 향해 사는 이들이다. 내가 자기 계발 전문가는 아니지만, 마음속에 마지막에 대한 그림을 가지고 시작하는 사람은 경기와 싸움과 임무와 책임에서 성공할 확률이 높다는 것쯤은 안다. 결승선을 볼 수 있고 또 결승선이 어디에 있는지 안다면, 혹은 적어도 결승선이 있다는 것만 알아도, 경기를 끝까지 마칠 확률이 높아지는 것이다.

넷째, 부활은 하나님이 힘을 주신다는 확신을 갖게 한다. 부활이 놀라운 것은 그것이 하나님의 선하심과 하나님의 능력의 선하심을 입증한다는 점이다.[5] 십자가의 영성은 진정한 그리스도인의 삶을 사는 사람이라면 자신이 끊임없이 실패하고 약하며 비참한 존재임을 느껴야 한다고 하지만, 부활은 하나님이 그러한 약함 가운데 사는 사람들

---

4 H. Ridderbos, *Paul: An Outline of His Theology* (Grand Rapids: Eerdmans, 1975), p. 251. 나에게 이 인용문을 알려 준 Joshua Schow에게 감사드린다.
5 L. E. Keck, *Who Is Jesus? History in Perfect Tense* (Columbia: University of South Carolina, 2000), p. 129.

을 일으키시며 힘주신다는 것을 보여 줌으로써 균형을 잡는다. 바울은 예수님이 "약하셔서 십자가에 못박혀 죽으셨지만, 하나님의 능력으로 살아 계십니다. [이와 같이] 우리도 그분 안에서 약합니다마는, 하나님의 능력으로 그분과 함께 살아나서, 여러분을 대할 것입니다"(고후 13:4)라고 말한다. 하나님은 약하고 깨진 그릇, 금이 간 점토 항아리 같이 연약한 자아를 가진 우리를 택하셔서, 우리가 섬기는 행위를 통해 엄청나고도 놀라운 그분의 일들을 이루도록 하늘의 능력을 우리 안에 채우신다. 하나님의 능력과 은혜로 또 하나님의 영광을 위해, 우리는 살고 섬기며 죽는다.

11장

에필로그

지금까지 나의 목표는 독자들에게 바울의 일생과 서신 그리고 서신에 드러난 그의 신학적 기본 요소를 소개함으로써 바울에 관해 간략하게 살펴보는 것이었다. 그러나 우리가 아무리 상상력을 동원한다 해도, 바울에 관해 완벽하게 알 수는 없다. 오히려 우리가 바울 서신을 통해 알게 된 것들은 아주 오래전 극장에서 상영된 영화의 주요 장면들을 편집해 놓은 동영상과 같다. 우리는 바울의 머릿속에 들어가 그를 정신 분석해 본 적도 없으며(그럴 수도 없거니와), 그에 관한 모든 지식을 다 섭렵한 것도 아니다. 그런 이유로, 우리는 시작할 때보다 오히려 더 많은 질문거리만 갖게 되었는지도 모른다. 그런데 바로 그것이 바울과 그의 서신이 그렇게 큰 매력을 지니는 이유다. 로마서든, 고린도전서든, 빌립보서든, 일단 읽기 시작하면 모든 것은 예전 같지가 않다. 당신의 머릿속에 들어와 자리 잡은 바울은 이제 당신을 가만히 내버려 두지 않을 것이다. 그는 정답이 있는 문제가 아니며, 아무리 정교한 신학 체계라도 그를 길들일 수 없고, 그를 해석하는 미로에는 출구가 없다.

  바울과의 씨름에서 우리가 누리는 즐거움은 그가 가르친 모든 것을 완벽하게 이해하는 마지막 목적지에 닿는 데 있는 것이 아니라, 거기에 이르는 과정에 있다. 바울의 말을 빌리면, 그 과정은 "그리스도 예수 안에서, 하나님께서 위로부터 부르신 그 부르심의 상을 받으려고, 목표점을 바라보고 달려가[는]" 것이다(빌 3:14). 바울의 구세주를 모르고는 바울도 제대로 알 수 없다. 바울은 우리가 그리스도를 아는 지식과 통찰력의 깊이가 깊어지면서 궁극적으로는 "하나님을 [더 잘] 알게" 되기를 바란다(엡 1:17). 그렇기에 바울의 가르침이 목표하는 바는 주 예수 그리스도와의 더 친밀한 관계다.

그렇다면 바울의 유산은 무엇인가? 먼저 역사적인 면에서 보면, 바울은 이방인들에게 유대교 개종을 거치지 않고 이방인으로서 교회에 참여할 수 있는 권리를 보장했고, 이를 통해 복음을 율법주의와 민족중심주의로부터 지켜 냈다. 그뿐만 아니라 신학적인 면에서도, 역사적으로 위대했던 모든 신학자들에게 (그리고 이름난 이단에게도) 영감의 출처는 바울이었다. 오리게네스로부터 칼 바르트(Karl Barth)에 이르기까지, 갱신과 개혁은 늘 바울과의 새로운 만남에서 기인했다. 그러나 바울이 남긴 가장 중요한 유산은 성령의 인도하심을 받은 기독 교회가 그가 쓴 서신들을 정경으로 인정했다는 점이다. 성경으로서 그의 글들은 하나님의 영감으로 쓰였으며, 독보적인 권위를 갖는다. 다시 말해, 하나님은 바울을 통해 말씀하셨다. 따라서 바울의 서신을 읽는 것은 하나님의 말씀을 읽는 것이다. 이 말씀은 원래 우리**에게** 쓴 것은 아니지만, 우리를 **위해** 쓰인 것이다. 구약성경처럼 바울의 편지는 "우리에게 교훈을 주려고 한 것이며, 성경이 주는 인내와 위로로써, 우리로 하여금 소망을 가지게 하려고 한 것"이다(롬 15:4).

오늘날의 교회에 바울의 편지가 중요한 이유 중 하나는 다원주의적이며 포스트모던적인 서구 세계가 점점 바울이 살던 고대 그리스-로마 세계와 닮아 간다는 점이다. 우리가 기독교 세계의 사제라는 생각은 이제 버려야 한다. 그런 시대는 지나갔다. 그리고 교회가 이러한 어려운 환경에서 살아남고 부흥하기 원한다면, 우리는 바울의 가르침에 유의하는 것이 좋을 것이다.

비정하고 잔인하며 잔혹하고 어두운 세상에서, 그리스도인에게는 사랑과 자비를 발하는 공동체를 이루어 냄으로써 별과 같이 빛나야 할 책임이 있다. 진리라고 주장하는 모든 것이 사실은 권력을 향한 위장된 투쟁으로 의심받는 시대에, 그리스도인은 그들이 전하는 모든 진리에서 하나님의 은혜를 드러내야 한다. 각자 자기 소견에 옳은 대로 행하며 책임이란 단어는 상투적인 말쯤으로 치부되는 시대에, 그리스도인은 모든 것이 주 예수 그리스도 앞에 무릎을 꿇어야 하며 그분이 모든 천사와 인간을 심판하실 것이라고 선포해야 한다.

거대 서사 혹은 온 우주를 아우르는 이야기를 소유했다는 주장이 곧장 편협함으로 치부되어 버리는 시대에, 그리스도인은 왜 세상이 이토록 끔찍하게 잘못된 길로 가게 되었는지에 대한 답으로 복음을 제시해야 한다. 소비자 영성과 천국으로 안내하는 소책자 대신, 그리스도인은 모든 것을 포괄하시는 구세주에 관한 배타적 주장으로 세상과 맞서야 한다. 개개인의 쾌락과 욕망의 충족이 최고의 선으로 여겨지는 문화에서, 그리스도인은 과시와 과잉으로 뒤덮인 이 세상의 사라져 버릴 기쁨보다 하나님으로부터 오는 훨씬 뛰어난 말할 수 없는 기쁨을 대안적 경험으로 제시할 수 있어야 한다.

무엇보다도 바울은, 오늘날의 그리스도인들은 지구라는 대도시에 내걸린 살아있는 전광판으로써 하나님이 그리스도 안에서 세상을 자신과 화해시키셨다는 좋은 소식을 광고하고 구경꾼들에게 하나님이 만유의 주가 되실 그날이 오고 있음을 알리는 자들임을 일깨워 준다.

마지막으로, 바울의 사역과 관련해 성공회 기도서에 담긴 우리를 위한 간구를 살펴보자.

오, 축복받은 사도 성 바울의 설교를 통해 온 땅에 복음을 비춰 주신 하나님,
주께 구하오니, 사도를 기념하면서 우리에게도 그렇게 놀라운 변화가 일고,
예수 그리스도 우리 주를 통해 사도가 가르쳤던 거룩한 교리를 따름으로써,
하나님께 동일한 감사를 드릴 수 있게 하옵소서. 아멘.

참고문헌

Aulén, G., *Christus Victor: An Historical Study of the Three Main Types of the Idea of Atonement*, trans. A. G. Herber (New York: Macmillan, 1977). 『속죄론 연구』(대한기독교서회).

Aune, D. E., *The New Testament in its Literary Environment* (Cambridge: James Clark, 1987).

Bauckham, R., *God Crucified: Monotheism and Christology in the New Testament* (Carlisle: Paternoster, 1998).

_____, 'What if Paul Had Travelled East Rather Than West?', in *Virtual History and the Bible*, ed. J. C. Exum (Leiden: Brill, 1999), pp. 171-184.

Bauer, W., Arndt, W. F., Danker, F. W., and Gingrich, W. F. (eds.), *A Greek-English Lexicon of the New Testament and other Early Christian Literature*, 3rd ed. (Chicago: University of Chicago Press, 2000).

Baur, F. C., *Paul the Apostle of Jesus Christ: His Life and Works, His Epistles and Teachings: Two Volumes in One* [Peabody: Hendrickson, 2003 (1873-1875)].

Beasley-Murray, P., 'Pastor, Paul as', in *DPL*, ed. G. F. Hawthorne, R. P. Martin and D. G. Reid (Downers Grove and Leicester: IVP, 1993), pp. 654-658.

Beker, J. C., *Paul the Apostle: The Triumph of God in Life and Thought* (Philadelphia: Fortress, 1980). 『사도바울』(한국신학연구소).

Best, E., *Paul and his Converts* (Edinburgh: T. & T. Clark, 1988).

Bird, M. F., 'The Purpose and Preservation of the Jesus Tradition: Moderate

Evidence for a Conserving Force in its Transmission', *BBR* 15 (2005), pp. 161-185.

_____, *The Saving Righteousness of God: Studies in Paul, Justification, and the New Perspective*, PBM (Milton Keynes: Paternoster, 2007).

Blomberg, C. L., *From Pentecost to Patmos* (Nottingham: Apollos, 2006). 『오순절 성령강림에서 밧모섬까지』(CLC).

Bockmuehl, M., *Jewish Law in Gentile Churches: Halakhah and the Beginning of Christian Public Ethics* (Edinburgh: T. & T. Clark, 2000).

Brown, R., and Meier, J., *Antioch and Rome: New Testament Cradles of Catholic Christianity* (New York: Paulist, 1983).

Bruce, F. F., *Paul: Apostle of the Free Spirit*, rev. ed. (Carlisle, UK: Paternoster, 1980). 『바울』(크리스천다이제스트).

Burke, T. J., *Adopted into God's Family: Exploring a Pauline Metaphor* (Nottingham: Apollos; Downers Grove: IVP, 2006).

Campbell, W. S., 'Israel', in *DPL*, ed. G. F. Hawthorne, R. P. Martin and D. G. Reid (Downers Grove and Leicester: IVP, 1993), pp. 441-446.

_____, *Paul's Gospel in an Intercultural Context: Jew and Gentile in the Letter to the Romans* (Frankfurt am main: Peter Lang, 1992).

Carson, D. A., 'Atonement in Romans 3:21-26', in *The Glory of the Atonement: Biblical, Theological, and Practical Perspectives*, ed. C. E. Hill and F. A. James (Downers Grove: IVP; Leicester: Apollos, 2004), pp. 119-139.

Charlesworth, J. H. (ed.), *The Old Testament Pseudepigrapha*, ABRL, 2 vols. (New York: Doubleday, 1983-1985).

Cranfield, C. E. B., *The Epistle to the Romans*, ICC, 2 vols. (Edinburgh: T. & T. Clark, 1975-1979). 『로마서 주석』(로고스).

Cullmann, O., *Christ and Time*, trans. F. V. Filson (Philadelphia: Westminster, 1950). 『그리스도와 시간』(나단).

Dahl, N. A., *Studies in Paul* (Minneapolis: Augsburg, 1977).

deSilva, D. A., *4 Maccabees: Introduction and Commentary on the Greek Text of Codex Sinaiticus*, SCS (Leiden: Brill, 2006).

Dunn, J. D. G., *The Theology of Paul the Apostle* (Edinburgh: T. & T. Clark, 1998). 『바울신학』(크리스천다이제스트).

Elliott, J. K. (ed.), *The Apocryphal New Testament: A Collection of Apocryphal*

Christian Literature in an English Translation Based on M. R. James (Oxford: Clarendon, 1993).

Epp, E. J., *Junia: The First Woman Apostle* (Minneapolis: Fortress, 2005).

Evans, C. A., *Mark 8:27-16:20*, WBC (Nashville: Thomas Nelson, 2001). 『마가복음 하: WBC 성경주석』(솔로몬).

Fee, G. D., *Paul's Letter to the Philippians*, NICNT (Grand Rapids: Eerdmans, 1995).

Fitzmyer, J. A., *Paul and His Theology: A Brief Sketch* (Englewood Cliffs: Prentice Hall, 1989). 『바울로의 신학』(분도출판사).

Gagnon, R. J., *The Bible and Homosexual Practice: Texts and Hermeneutics* (Nashville: Abingdon, 2001).

Gathercole, S., 'The Cross and Substitutionary Atonement', *SBET* 21 (2003), pp. 152-163.

Gorday, P. (ed.), *Colossians, 1-2 Thessalonians, 1-2 Timothy, Titus, Philemon*, ACCS 9 (Downers Grove: IVP, 2000). 『교부들의 성경 주해 신약성경11』(분도출판사).

Gorman, M. J., *Apostle of the Crucified Lord: A Theological Introduction to Paul and His Letters* (Grand Rapids: Eerdmans, 2004).

Green, J. B., and Baker, M. D., *Recovering the Scandal of the Cross: Atonement in New Testament and Contemporary Contexts* (Carlisle, UK: Paternoster, 2000). 『십자가와 구원의 문화적 해석』(죠이선교회).

Harrison, J. R., 'Paul and the Imperial Gospel at Thessaloniki', *JSNT* 25 (2002), pp. 71-96.

Hays, R. B., *Echoes of Scripture in the Letters of Paul* (New Haven: Yale University Press, 1989).

_____, *First Corinthians* (Louisville: Westminster John Knox, 1997). 『고린도전서』(한국장로교출판사).

Hengel, M., *The Pre-Christian Paul*, trans. J. Bowden (London: SCM, 1991).

Holland, T., *Contours of Pauline Theology* (Fearn, Ross-shire: Christian Focus, 2004). 『바울 신학 개요』(크리스천다이제스트).

Holmes, S., 'Can Punishment Bring Peace? Penal Substitution Revisited', *SJT* 58 (2005), pp. 104-123.

Hooker, M. D., *Jesus and the Servant* (London: SPCK, 1959).

_____, 'Interchange in Christ', *JTS* 22 (1971), pp. 349-361.
Horace, trans. J. Michie, *The Odes of Horace* (Harmondsworth: Penguin, 1964).
Hultgren, A. J., *Paul's Gospel and Mission* (Philadelphia: Fortress, 1983).
Jeffery, S., Ovey, M., and Sach, A., *Pierced for our Transgressions: Rediscovering the Glory of Penal Substitution* (Nottingham: IVP, 2007).
Jervis, L. A., *At the Heart of the Gospel: Suffering in the Earliest Christian Message* (Grand Rapids: Eerdmans, 2007).
Jonge, M. de, *God's Final Envoy: Early Christology and Jesus' Own View of His Mission* (Grand Rapids: Eerdmans, 1998).
Josephus, trans. W. Whiston, *The Complete Works of Josephus* (Peabody: Hendrickson, 1995).
Kähler, M., *Schriften zur Christologie und Mission* [Munich: C. Kaiser, 1971 (1908)].
Keck, Leander E., , 'Paul in New Testament Theology: Some Preliminary Remarks', in *The Nature of New Testament Theology*, ed. C. Rowland and C. Tuckett (Oxford: Blackwell, 2006), pp. 109-122.
_____, *Romans*, ANTC (Nashville: Abingdon, 2005).
_____, *Who Is Jesus? History in Perfect Tense* (Columbia: University of South Carolina, 2000).
Kim, S., 'Jesus, Sayings of', in *DPL*, ed. G. F. Hawthorne, R. P. Martin and D. G. Reid (Downers Grove and Leicester: IVP, 1993).
_____, *Paul and the New Perspective: Second Thoughts on the Origin of Paul's Gospel* (Grand Rapids: Eerdmans, 2002). 『바울 신학과 새 관점』(두란노).
Ladd, G. E., *A Theology of the New Testament*, rev. ed., ed. D. A. Hagner (Grand Rapids: Eerdmans, 1993). 『신약 신학』(은성).
Lightfoot, J. B., Harmer, J. R., and Holmes, M. W. (trans. and ed.), *The Apostolic Fathers*, 2nd ed. (Grand Rapids: Baker, 1989). 『속사도 교부들』(CLC).
Longenecker, B., *The Triumph of Abraham's God* (Edinburgh: T. & T. Clark, 1998).
Longenecker, R. N., *Paul, Apostle of Liberty* (New York: Harper & Row, 1964).
Luther, M., 'A Brief Instruction on what to Look for and Expect in the Gospels', in *Luther's Works*, ed. J. Pelikan and H. T. Lehmann, 55 vols. (St. Louis: Concordia; Fortress: Philadelphia, 1955-1986).
McGowan, A. T. B., 'The Atonement as Penal Substitution', in *Always Reforming: Explorations in Systematic Theology*, ed. A. T. B. McGowan (Leicester:

Apollos, 2006), pp. 183-210.

McKnight, S., *Galatians*, NIVAC (Grand Rapids: Zondervan, 1995). 『NIV 적용주석 갈라디아서』(솔로몬).

_____, *Jesus and his Death: Historiography, the Historical Jesus, and Atonement Theory* (Waco: Baylor University Press, 2005).

Marshall, I. H., *1 and 2 Thessalonians*, NCB (Grand Rapids: Eerdmans, 1983).

_____, *New Testament Theology: One Gospel, Many Witnesses* (Downers Grove: IVP; Leicester: Apollos, 2004). 『신약성서 신학』(크리스천다이제스트).

Martin, R. P., *2 Corinthians*, WBC (Waco: Word, 1986). 『고린도후서: WBC 성경주석』(솔로몬).

_____, *Reconciliation: A Study of Paul's Theology* (Atlanta: Westminster John Knox, 1981).

Montefiore, C. G., *Judaism and St. Paul: Two Essays* (London: Macmillan, 1914).

Moo, D. J., *The Epistle to the Romans*, NICNT (Grand Rapids: Eerdmans, 1996). 『NICNT 로마서』(솔로몬).

Morris, L., *The Apostolic Preaching of the Cross*, 3rd ed. (Grand Rapids: Eerdmans, 1984).

Murphy-O'Connor, J., *Paul: A Critical Life* (Oxford: Oxford University Press, 1997). 『바울 이야기』(두란노).

Neusner, J., *Genesis Rabbah* (Atlanta: Scholars, 1987).

Packer, J. I., 'What Did the Cross Achieve? The Logic of Penal Substitution', *TynBul* 25 (1974), pp. 3-45.

Philo, trans. C. E. Yonge, *The Complete Works of Philo* (Peabody: Hendrickson, 1993).

Plevnik, J., 'The Center of Paul's Theology', *CBQ* 51 (1989), pp. 460-478.

Porter, S. E., 'Images of Christ in Paul's letters', in *Images of Christ: Ancient and Modern*, ed. S. E. Porter, M. A. Hayes and D. Tombs (Sheffield: Sheffield Academic Press, 1997), pp. 95-112.

_____, *Katallasso in Ancient Greek Literature, with Reference to the Pauline Writings* (Cordoba: Ediciónes El Almendro, 1994).

Price, S. R. F., *Rituals and Power: The Roman Imperial Cult in Asia Minor* (Cambridge: Cambridge University Press, 1984).

Ramsay, W. M., *St. Paul the Traveller and Roman Citizen*, 11th ed. (London:

Hodder & Stoughton, 1895).

Reasoner, M., *Romans in Full Circle: A History of Interpretation* (Louisville: Westminster John Knox, 2005).

Ridderbos, H., *Paul: An Outline of His Theology* (Grand Rapids: Eerdmans, 1975). 『바울신학』(개혁주의신행협회).

Riesner, R., *Paul's Early Period: Chronology, Mission Strategy, Theology*, trans. D. Scott (Grand Rapids: Eerdmans, 1998).

Roberts, A., and Donaldson, J. (eds.), *The Ante-Nicene Fathers*, 10 vols. [Grand Rapids: Eerdmans, 1979 (1885)].

Schreiner, T. R., *Paul: Apostle of God's Glory in Christ: A Pauline Theology* (Leicester: Apollos, 2001). 『바울신학』(부흥과개혁사).

_____, 'Penal Substitution View', in *The Nature of the Atonement: Four Views*, ed. P. R. Eddy and J. K. Beilby (Downers Grove: IVP, 2006), pp. 67-98.

Schweitzer, A., *Mysticism of Paul the Apostle*, trans. W. Montgomery [Baltimore: Johns Hopkins University Press, 1998 (1931)]. 『사도 바울의 신비주의』(한들).

Segal, A. F., *Paul the Convert: The Apostolate and Apostasy of Saul the Pharisee* (New Haven: Yale University Press, 1990).

Seifrid, M., *Christ, our Righteousness*, NSBT 9 (Leicester: Apollos; Downers Grove: IVP, 2000).

Stott, J., *The Cross of Christ*, rev. ed. (Leicester: IVP, 1989). 『그리스도의 십자가』(IVP).

Strelan, R., *Paul, Artemis, and the Jew in Ephesus*, BZNW 80 (Berlin: W. de Gruyter, 1996).

Talbert, C. H., *Romans* (Macon: Smyth & Helwys, 2002).

Thielman, F., *Paul and the Law: A Contextual Approach* (Downers Grove: IVP, 1994).

Thiselton, A. C., *The First Epistle to the Corinthians*, NIGTC (Grand Rapids: Eerdmans, 2000).

Tidball, D., *Skilful Shepherds: Explorations in Pastoral Theology* (Leicester: Apollos, 1997). 『효과적인 목회를 위해』(엠마오).

Tobin, T. H., *Paul's Rhetoric in Its Cotnexts: The Argument of Romans* (Peabody: Hendrickson, 2004).

Towner, P. H., *The Letters of Timothy and Titus*, NICNT (Grand Rapids: Eerdmans, 2006).

Vickers, B., *Jesus' Blood and Righteousness: Paul's Theology of Imputation* (Wheaton: Crossway, 2006).

Wallace, D. B., *Greek Grammar Beyond the Basics* (Grand Rapids: Zondervan, 1996).

Watson, F. B., 'The Triune Divine Identity', *JSNT* 80 (2000), pp. 99-124.

Webster, J., *Confessing God: Essays in Christian Dogmatics II* (London: T. & T. Clark, 2005).

Wenham, D., *Paul: Follower of Jesus or Founder of Christianity?* (Grand Rapids: Eerdmans, 1995). 『바울』(크리스천다이제스트).

Witherington, B., III, *1-2 Thessalonians: A Socio-Rhetorical Commentary* (Grand Rapids: Eerdmans, 2006).

_____, *Letters and Homilies for Hellenized Christians*, vol. 1: *A Socio-Rhetorical Commentary on Titus, 1-2 Timothy and 1-3 John* (Nottingham: Apollos, 2006).

_____, *Paul's Narrative Thought World* (Louisville: Westminster John Knox, 1994).

Wright, N. T., *The Climax of the Covenant* (Edinburgh: T. & T. Clark, 1991).

_____, *Paul: Fresh Perspectives* (London: SPCK, 2005). 『톰 라이트의 바울』(죠이선 교회).

_____, 'Paul's Gospel and Caesar's Empire', 〈http://www.ctinquiry.org/publications/wright.htm〉 2007년 4월 4일 접속.

_____, 'The Paul of History and the Apostle of Faith', *TynBul* 29 (1978), pp. 61-88.

_____, 'Romans', in *New Interpreters Bible*, ed. L. E. Keck, 12 vols. (Abingdon: Nashville, 2002), vol. 10, pp. 392-770. 『로마서』(에클레시아북스).

_____, *What Saint Paul Really Said* (Oxford: Lion, 1997). 『톰 라이트 바울의 복음을 말하다』(에클레시아북스).

이름 찾아보기

A
Aulén, G. *169*
Aune, D. E. *218*

B
Baker, M. D. *149*
Barth, K. *262*
Bauckham, R. *28, 191*
Baur, F. C. *157*
Beasley-Murray, P. *37*
Beilby, J. K. *154*
Beker, J. C. *141*
Best, E. *39*
Bird, M. F. *34, 38, 73, 83, 106, 142, 147, 253, 254*
Blomberg, C. L. *91*
Bockmuehl, M. *231*
Brown, R. *230*
Bruce, F. F. *42, 224, 225*
Burke, T. J. *165*

C
Campbell, W. S. *182, 231*
Carson, D. A. *154*
Chrysostom, J. *169*
Cranfield, C. E. B. *34*
Cullmann, O. *175*

D
Dahl, N. A. *22*
de Jonge, M. *192*
deSilva, D. A. *150*
Dodd, C. H. *153*
Dunn, J. D. G. *157*

E
Eddy, P. R. *154*
Epp, E. J. *242*
Evans, C. A. *134*
Exum, J. C. *28*

F
Fee, G. D. *196*
Filson, F. V. *175*
Fitzmyer, J. A. *34*

G
Gagnon, R. J. *241*
Gathercole, S. *123*
Gibson, J. *39*
Glover, T. R. *42*
Gorday, P. *169*
Gorman, M. J. *131, 133-134, 248*
Green, J. B. *149*

H
Hagner, D. A. *175*
Harrison, J. R. *132*
Hawthorne, G. F. *182*
Hayes, M. A. *85*
Hays, R. B. *91*
Hengel, M. *52*
Herber, A. G. *169*
Hill, C. E. *154*
Holland, T. *152*
Holmes, S. *154*
Hooker, M. D. *153, 155*
Hultgren, A. *144, 145*

J
James, F. A. *154*
Jeffery, S. *154*
Jervis, L. A. *41*

K
Kähler, M. *32*
Keck, L. E. *83, 128, 152, 218, 256*
Kim, S. *35, 85*

L
Ladd, G. E. *175*
Lehmann, H. T. *120*
Lewis, C. S. *182*
Longenecker, B. *222*
Longenecker, R. N. *235*
Lucas, G. *67*
Luther, M. *120*

M
Marshall, I. H. *91, 159, 183*
Martin, R. P. *37, 85, 155, 159, 182*
McGowan, A. T. B. *154*
McKnight, S. *36, 78, 122, 179, 241*
Meier, J. *230*
Milton, J. *64*
Montefiore, C. G. *56*
Montgomery, W. *176*
Moo, D. J. *126, 128*
Morris, L. *149, 153*
Murphy-O'Connor, J. *83*

O
Ovey, M. *154*

P
Packer, J. I. *154*
Pelikan, J. *120*

Plevnik, J. *34*
Pope, A. *200*
Porter, S. E. *85, 159*

R
Price, S. R. F. *130-131*
Ramsay, W. M. *28*
Reasoner, M. *216*
Reid, D. G. *37, 85, 182*
Riesner, R. *29*
Ridderbos, H. *255-256*
Rowland, C. *83*

S
Sach, A. *154*
Schow, J. *256*
Schreiner, T. R. *154, 210, 244*
Schweitzer, A. *176*
Scott, D. *29*
Segal, A. F. *54*
Seifrid, M. *185*
Strelan, R. *30*
Stott, J. *149*

T
Talbert, C. H. *238*
Thielman, F. *213*
Thiselton, A. C. *124*
Tidball, D. *39*
Tobin, T. H. *81, 108*
Tombs, D. *85*
Towner, P. H. *109*
Tuckett, C. *83*

V
Vickers, B. *147*

W
Wallace, D. B. *123*
Watson, F. B. *191*
Webster, J. *247*
Wenham, D. *84*
Witherington, B. *75, 76, 132-134*
Wright, N. T. *51, 127, 128, 136, 152, 182, 192, 196*

성구 찾아보기

창세기
2-3장 *218*
3장 *64*
3:13 *218*
12:1-3 *69*
14:19 *62*
14:22 *62*
15장 *71, 75*
15:6 *70, 93*
15:7-21 *69*
17장 *75*
17:2 *69*
17:4 *69*
17:6 *76*
17:8 *69*
17:9-21 *69*
18:25 *142*
22장 *71*
22:1-18 *69*
22:16 *152*

24:3 *62*
26:4-5 *70*

출애굽기
4:22 *164, 199*
6:6 *161*
19:5-6 *80*
21:28-32 *162*

레위기
1-7장 *149*
5:11 *123*
7:37 *123*
16장 *153*
16:1-34 *149*
17:11 *149*
18-20장 *236*
18:5 *93, 214*
18:22 *238*
19:18 *225, 241*
20:13 *238*
23:26-32 *149*
25:25 *162*
25:47-55 *162*

민수기
25:11 *51*

신명기
6:4 *193*
6:5 *225*
7:8 *161*
7:9 *143*
9:26 *161*
13:5 *161*
15:15 *161*
21:23 *55*
24:18 *161*
25:1 *145*
26:5 *76*

26:5-9 *62*
27:26 *93*

여호수아
24:2-3 *69*

사사기
5:11 *143*

사무엘상
12:7 *143*

역대상
16:33-34 *142*
17:21 *161*

느헤미야
1:10 *161*
9:7-8 *70*

욥기
33:28 *161*

시편
16:8-11 *123*
19:14 *161*
32:2 *72*
46:10-11 *143*
49:15 *161*
68:18 *170*
77:15 *161*
78:42 *161*
89:27 *199*

98:9 *142*
103:3-4 *161*
110:1-4 *123*
111:7-8 *143*
115:15 *62*
129편 *218*
130편 *218*
130:8 *161*
131편 *218*

이사야
2:12-22 *183*
40:9-11 *119*
42:1-7 *54*
42:6 *80*
43:1-7 *161*
45:23 *197*
48:20 *161*
49:1-7 *54*
49:6 *54, 80*
51:10-11 *161*
52:7-10 *119*
52:15 *54*
53장 *149*
53:5-6 *122*
53:11-12 *122*
56:1 *143*
62:12 *161*
64:4 *203*
65:17 *208*
66:19 *28*
66:22 *208*

예레미야
1:4-5 *54*
16:14-15 *161*
31:11-12 *161*

에스겔
16:45 *76*
45:18-22 *152*

다니엘
1:8-16 *233*

호세아
11:1 *164*
13:14 *161*

아모스
5:18 *183*

미가
4:10 *161*
6:4 *161*

하박국
2:4 *93*

스가랴
8:8 *143*
10:8 *161*

마태복음
5:31-32 *84*
5:43-48 *228*

11:2-6 *119*	사도행전	15장 *47, 48, 91*
15:24 *116*	사도행전 *25, 38*	15:35-41 *43*
19:3-9 *84*	1-5장 *50*	15:39-41 *31*
19:19 *229, 241*	2:5 *30*	16:7 *28*
20:28 *163*	2:38 *51*	16:14-15 *242*
22:34-40 *229*	4:2 *126*	16:18 *51*
22:39 *241*	4:30 *51*	17:1 *30*
24:8 *178*	7:26 *158*	17:7 *43, 136*
26:25-29 *85*	7:58 *25*	17:10 *30*
	8:1 *25*	17:17 *30*
마가복음	8:3 *25*	17:31 *127*
1:14-15 *119*	8:35 *124*	18:2 *47*
8:27-16:20 *134*	9:1-2 *25*	18:3 *30*
8:34 *253*	9:1-21 *53*	18:4 *30*
10:9-12 *84*	9:15 *30*	18:6 *31*
10:45 *163*	9:19-25 *54*	18:11-13 *47*
12:29-31 *225*	9:20-25 *27, 30*	18:22 *48*
12:33 *241*	9:24-25 *47*	18:26 *241*
13:8 *178*	9:26-27 *26, 57*	19:5 *51*
14:22-25 *85*	9:28-30 *30*	19:8 *30*
14:24 *152*	10-11장 *31*	19:17 *51*
	10:48 *51*	20:24 *38*
누가복음	11:19-21 *31, 52*	20:33-35 *30*
4:18-21 *119*	11:28-30 *47*	21:9 *241*
7:18-23 *119*	13:5 *30*	21:21 *30*
10:7 *84*	13:14-5 *30*	22:1-21 *53*
10:27 *241*	13:32-33 *118*	22:15 *54*
16:18 *84*	13:32-34 *43*	22:21 *54*
22:14-23 *85*	13:46 *31*	23:6 *25, 126*
24:25-27 *124*	13:47 *54*	26:2-23 *53*
24:44-46 *124*	14:1-7 *30*	26:5 *25*
	14:2 *31*	26:10 *25*
	14:5 *31*	26:17-18 *54*

26:23 *31*
28:14-31 *41*

로마서
1-5장 *211*
1-8장 *105, 154*
1:1 *19, 247*
1:1-4 *29, 125, 128*
1:1-7 *106*
1:3 *85*
1:3-4 *127*
1:3-5 *125*
1:4 *54, 126-127*
1:5 *29*
1:8-15 *106*
1:11-12 *39*
1:16 *30, 143, 247*
1:16-17 *106*
1:17 *142*
1:18 *143, 153*
1:18-32 *63, 106*
1:20-25 *62*
1:22-23 *63*
1:23 *71*
1:24 *236*
1:25 *63*
1:26-27 *238, 239*
1:26-28 *236*
2장 *79*
2:1-11 *79*
2:1-3:8 *106*
2:2-4 *215*
2:12-16 *79, 185*

2:13-16 *146*
2:16 *127*
2:17-24 *79, 215*
2:25-29 *79*
3-5장 *29*
3:1-5 *80*
3:3 *143*
3:5 *63, 143*
3:5-8 *215*
3:7 *143*
3:9-20 *106*
3:19-20 *215*
3:20-23 *145*
3:20-25 *145*
3:21-22 *142, 215*
3:21-25 *143*
3:21-26 *153, 238*
3:21-31 *106*
3:21-6:23 *217*
3:22-25 *122*
3:23-24 *145*
3:24 *161*
3:24-25 *163*
3:25 *151, 153, 154*
3:27-4:25 *146*
3:30 *63*
4장 *29, 72*
4:1-5 *147*
4:1-25 *107*
4:5 *145*
4:17 *63*
4:20 *71*
4:25 *85, 118, 122, 146,*

254
5장 *64, 67*
5:1-11 *107, 159*
5:5 *247*
5:6 *85, 122, 45*
5:8 *85, 122*
5:9 *29, 179*
5:10-11 *158, 160*
5:12 *65*
5:12-21 *65, 66, 82, 107*
5:15 *85*
5:15-19 *143*
5:17-18 *220*
5:18 *156*
5:19 *220*
5:21 *187*
6장 *215, 218*
6-8장 *211, 214*
6:1 *216*
6:1-23 *107*
6:4 *210, 254*
6:4-5 *156*
6:6 *156, 163*
6:6-7 *218*
6:7 *146*
6:14-15 *218, 219*
6:17-18 *218*
6:18 *146*
6:22 *218*
6:22-23 *187*
7장 *209, 216, 217*
7:1-25 *107*
7:4 *219*

7:6 *218*	8:32 *152*	12:3-8 *108*
7:7 *218*	8:33-34 *145, 185*	12:5 *56*
7:7-13 *215*	8:34 *85, 185*	12:9-10 *225*
7:7-25 *216, 217, 218, 219*	8:37-39 *170*	12:9-21 *108*
7:11 *218*	9장 *81*	12:10 *236*
7:14 *218*	9-11장 *80, 105, 108, 182*	13:1-7 *108, 134*
7:22 *218*	9:3 *123*	13:8 *225*
7:25 *218*	9:5 *63, 85, 117, 202*	13:8-10 *108*
8장 *224*	9:6-29 *81*	13:9 *226, 228, 236, 241*
8:1 *151, 185*	9:7-8 *71*	13:11-14 *108*
8:1-3 *145, 152*	9:30-10:21 *81*	13:13 *236*
8:1-17 *217*	9:32 *250*	13:14 *252*
8:1-39 *108*	9:32-33 *50*	14-15장 *31, 86, 105*
8:2 *224, 235*	10장 *214*	14:1-15:7 *232, 234*
8:3 *82, 123, 151, 154, 201*	10:1-13 *118*	14:1-15:13 *109*
	10:3 *142*	14:10 *44, 127, 185*
8:4 *224*	10:4 *56, 81, 215*	14:14 *222*
8:6 *224*	10:5 *214*	14:15 *122, 226*
8:11 *187*	11:1-2 *181*	14:19 *234*
8:13 *185, 224*	11:1-31 *31*	15:4 *262*
8:15 *164*	11:1-36 *81*	15:7 *221*
8:15-16 *164*	11:3-6 *181*	15:8 *73, 117, 143*
8:17 *165*	11:7-14 *181*	15:12 *85*
8:17-18 *179*	11:13 *31*	15:14-33 *109*
8:19 *186*	11:15 *181*	15:15-20 *29*
8:19-23 *63*	11:25-26 *31, 117*	15:16 *29, 126, 247*
8:21 *186*	11:26 *29, 43, 82, 181*	15:19 *28, 247*
8:22-27 *186*	11:33-36 *63*	15:20-23 *29*
8:23 *161, 163, 165*	12-13장 *105*	15:21 *54*
8:24-25 *255*	12-15장 *84*	15:24 *42*
8:27 *63*	12:1 *210*	15:24-28 *28*
8:29 *55, 87, 176, 208*	12:1-2 *108*	15:28 *42*
8:31-34 *146*	12:2 *87, 166, 209*	16:1 *242*

16:1-2 *109*
16:3 *242*
16:3-16 *109*
16:7 *242*
16:9 *242*
16:17-27 *109*
16:20 *63, 169*
16:21 *242*
16:25 *31, 125*
16:26 *29, 63*
16:27 *55, 63*

고린도전서
1:1-3 *96*
1:4-9 *96*
1:7 *177, 183*
1:8 *183*
1:8-9 *87, 212*
1:10-17 *19*
1:10-4:21 *96*
1:11 *96, 242*
1:17 *29*
1:18 *207, 250*
1:18-23 *50*
1:19-21 *250*
1:22-23 *250*
1:23 *85*
1:24-25 *250*
1:26-29 *250*
1:26-31 *27*
1:30 *56, 161, 163, 250*
2:1-2 *248*
2:1-16 *204*

2:6 *84*
2:9 *203*
2:10 *204*
3:1-3 *37*
3:4-5 *19*
3:5-10 *19*
3:6-11 *37*
3:10-15 *38, 185*
4:9 *40, 170*
4:9-13 *178*
4:11-13 *40*
4:15 *37*
5:1 *236*
5:1-6:19 *96*
5:5 *183*
5:7 *151, 152, 155, 215*
5:7-8 *211*
5:9 *96*
6:9 *236*
6:9-10 *185, 224, 238*
6:9-11 *27*
6:11 *224*
6:12 *235*
6:13 *236*
6:14 *186, 187*
6:15-16 *236*
6:19-20 *161, 164, 211, 236*
7장 *236*
7-15장 *84*
7:1-40 *96*
7:1-16:11 *97*
7:2 *236*

7:4 *242*
7:10 *222*
7:10-11 *84*
7:11 *158*
7:19 *86, 208, 228*
7:23 *163*
8장 *31, 109, 232, 234*
8:1 *226*
8:1-13 *97*
8:6 *192, 193, 203*
8:7 *232*
8:11 *85*
8:13 *232*
9:1 *53*
9:1-27 *97*
9:3-7 *30*
9:5 *85*
9:12 *125, 247*
9:14 *84*
9:16 *29*
9:19-23 *29*
9:20 *30*
9:21 *222, 223*
9:22 *44*
10:1-13 *97*
10:3 *215*
10:8 *236*
10:11 *55, 176*
10:14-22 *97*
10:16 *56*
10:23 *235*
10:23-11:1 *97*
11장 *64*

11:1 *221, 252*	15:28 *178*	2:12 *247*
11:2-16 *97, 241*	15:29 *123*	2:12-3:3 *98*
11:5 *241*	15:29-30 *186*	2:14 *170*
11:17-34 *97*	15:35-50 *184*	2:15 *207*
11:23-25 *85*	15:42-43 *184*	3장 *79, 214*
11:23-26 *62*	15:45-49 *64*	3:1-5 *98*
12-14장 *227*	15:47 *203*	3:4-18 *98*
12:1-14:40 *97*	15:50 *224*	3:6 *214, 224*
12:2 *27*	15:51 *186*	3:9 *145*
12:12-13 *56*	15:52 *183*	3:18 *87, 208*
12:27 *56*	15:56-57 *170*	4:1-18 *99*
13:1-13 *226, 251*	16:1-4 *97*	4:4 *125-126, 200*
14:1 *226, 251*	16:5-18 *97*	4:4-6 *55*
15장 *34, 64, 67, 178*	16:14 *226, 251*	4:7-18 *208*
15:1-5 *121*	16:15-16 *242*	4:14 *187*
15:1-8 *29*	16:17 *96*	4:16 *166, 255*
15:1-58 *97, 187*	16:22 *51, 79, 193, 203*	5장 *34*
15:3 *85*		5:1 *187*
15:3-5 *125, 127, 128*	**고린도후서**	5:1-10 *99*
15:4 *85*	고린도후서 *98, 159-160*	5:4 *187*
15:5-7 *85*	1:1-11 *98*	5:5 *55, 176*
15:8-9 *53*	1:5-6 *179*	5:10 *44, 127, 185*
15:9 *25, 50*	1:5-11 *40*	5:11 *29*
15:17 *118, 123, 254*	1:8-11 *178*	5:11-21 *99*
15:19 *187*	1:12-2:4 *98*	5:14 *156*
15:20 *55, 126, 176*	1:14 *38, 183*	5:14-15 *122*
15:21-22 *64*	1:19 *54*	5:14-21 *159*
15:23 *55, 126, 176, 183*	1:20 *43*	5:15 *122, 123*
15:23-25 *184*	1:22 *55, 176*	5:16 *83*
15:23-28 *177*	2:3-9 *98*	5:17 *86, 208*
15:24 *184*	2:5-11 *98*	5:18-19 *160*
15:25 *184*	2:7 *251*	5:18-21 *29, 158*
15:26 *170*	2:10 *251*	5:19-21 *29*

5:21　*122, 142, 147, 151,*
　　　155
6:1-2　*99*
6:3-13　*99*
6:13　*37*
6:14-7:1　*99*
7:2-16　*99*
7:8-13　*98*
8:1-5　*40*
8:1-9:15　*99*
8:9　*82, 194, 221*
8:23　*55, 242*
9:13　*38, 126, 247*
10-13장　*99*
10:1-18　*99*
10:14　*247*
10:15-18　*29*
11장　*37*
11:1-3　*38*
11:1-33　*100*
11:4　*84*
11:7　*247*
11:13-15　*98*
11:23-30　*40*
11:24　*30, 43*
11:28-29　*37*
11:32　*54*
11:32-33　*27, 47*
12:1-10　*100, 178*
12:11-13:10　*100*
12:14　*37*
12:21　*236*
13:4　*257*

13:11-13　*100*

갈라디아서

갈라디아서　*31*
1장　*27*
1:1-5　*92*
1:4　*122, 126*
1:6-10　*92*
1:7　*126, 247*
1:11-24　*92*
1:13　*25*
1:13-14　*50*
1:15　*44*
1:15-16　*53*
1:16　*54*
1:17　*27, 54*
1:19　*85*
1:23-24　*57*
1:24　*26*
2:1-10　*47, 92*
2:7-16　*31*
2:8　*31*
2:11-14　*43, 48, 93, 230*
2:11-21　*146*
2:14　*38*
2:15-21　*29, 93*
2:16　*145, 215*
2:19-20　*44*
2:20　*54, 122, 156, 253*
2:21　*215*
3장　*70, 73*
3-4장　*29, 214*
3:1-5　*93*

3:6-14　*93*
3:12　*214*
3:13　*55, 122, 151, 155,*
　　　161, 163
3:13-14　*117, 163*
3:14　*73*
3:14-29　*93*
3:15-25　*215*
3:15-4:7　*78*
3:23-24　*56*
3:27　*252*
3:28　*86, 208, 242*
3:29　*165*
4장　*78*
4:1-7　*93, 215*
4:4　*82, 85, 201*
4:4-5　*152, 165, 201*
4:4-6　*215*
4:5　*161, 164*
4:6-7　*164*
4:8-9　*27*
4:8-20　*93*
4:19　*37*
4:21-31　*77, 93*
4:31　*146*
5:1　*164, 235*
5:1-12　*93*
5:5　*146*
5:6　*86, 208, 226*
5:11　*50*
5:13　*164, 235*
5:13-14　*226*
5:13-26　*93*

5:14 226, 229
5:18 224
5:19 236
5:21 185, 224
5:22-25 224
6:1-10 93
6:2 222
6:8 187
6:11-18 94
6:12-14 50
6:14 252
6:15 86, 208
6:16 29, 78

에베소서
에베소서 109
1-3장 211
1:1-14 104
1:7 161, 163
1:12 55
1:13 247
1:13-14 55, 73, 176
1:14 161, 163
1:15-23 104
1:17 261
2:1-3 27
2:1-10 104
2:6 156, 254
2:8-10 211
2:11-3:6 29, 104, 146
2:14-17 158
2:16 160
3:3-6 31

3:7 29
3:7-11 29
3:7-13 104
3:12 82
3:14-21 104
4-6장 211
4:1-16 105
4:5 86
4:8 170
4:15-16 226
4:17-5:21 105
4:21 84
4:22-24 209
4:23-24 167
4:30 161, 163
5:2 226
5:3 236
5:21 242
5:22-33 241
5:22-6:9 105
5:23 56
6:10-20 105
6:19-20 29
6:21-24 105
6:23 226

빌립보서
1:1-11 100
1:6 183
1:9 226
1:10 183
1:11 219
1:12-14 40

1:12-18 100
1:15-18 31
1:16 247
1:19-26 100
1:20-26 40, 186
1:21 44
1:23 187
1:27 38, 126, 207, 247
1:27-30 100
1:29 179
1:29-30 40
1:30 40
2:1-2 226
2:1-4 100
2:5-11 82, 100, 194, 203, 220, 252
2:6-8 196
2:8 85
2:9-11 197
2:10-11 43
2:12-13 87, 166, 212
2:12-18 100
2:16 38, 183
2:19-24 101
2:22 37
2:25 242
2:25-30 101
3장 27
3:1-11 101
3:3 29, 78
3:5 25
3:5-7 50
3:6 25, 50, 217

3:6-9 *147*
3:6-11 *26*
3:8 *26*
3:8-9 *82*
3:9 *82, 142, 143*
3:10 *179, 180*
3:10-12 *187, 255*
3:12-4:1 *101*
3:14 *261*
3:18 *50*
3:21 *184*
4:1 *38*
4:2-9 *101*
4:3 *187, 242*
4:10-20 *101*
4:19 *55*
4:21-23 *101*

골로새서
골로새서 *37*
1-2장 *211*
1:1-14 *102*
1:5 *187*
1:14 *161, 163*
1:15 *55, 176*
1:15-20 *102, 197-198*
1:18 *55, 126, 176*
1:20-22 *158, 160*
1:21 *27*
1:21-23 *102*
1:24 *31, 40, 178*
1:24-2:5 *102*
1:28 *37*

1:28-29 *29*
1:29 *29*
2:6 *84*
2:6-23 *102*
2:12 *156, 254*
2:15 *169, 200*
2:17 *215*
2:23 *215*
3장 *84*
3-4장 *211*
3:1 *156, 254*
3:1-17 *87, 102, 238*
3:4 *183, 187*
3:5 *236*
3:7 *27*
3:9-10 *209*
3:11 *86, 208*
3:12 *78*
3:13 *221, 251*
3:14 *226*
3:16 *222*
3:17-4:1 *102*
3:18 *241*
4:2-6 *102*
4:7-18 *102*
4:11 *242*
4:15 *242*
4:16 *22, 101*

데살로니가전서
1-2장 *179*
1:1-3 *94*
1:4-10 *94*

1:6 *40*
1:10 *29, 179*
2:1-12 *94*
2:2 *126*
2:7 *37*
2:8-9 *126, 247*
2:11 *37*
2:13-16 *94*
2:14 *40*
2:15 *85*
2:17-20 *94*
2:19 *183*
2:19-20 *37*
3:1-13 *95*
3:2 *37, 126, 242, 247*
3:3 *40*
3:4 *179*
3:12 *226*
3:13 *183*
4장 *178*
4-5장 *179*
4:1-12 *95*
4:3 *236*
4:9 *226*
4:13 *178*
4:13-18 *95, 186*
4:14 *85, 122*
4:15 *183*
4:16 *183, 187*
5장 *84*
5:1-11 *95*
5:3 *178*
5:8 *226*

5:9 29, 179
5:9-10 122
5:12-28 95
5:23 183
5:27 22

데살로니가후서
데살로니가후서 109
1:1-4 95
1:4 40
1:5 40
1:5-10 95
1:7 183
1:10 183
1:11-12 95
2:1 183
2:1-2 95
2:1-12 179
2:3-12 95
2:8 183
2:8-9 134
2:13-17 95
2:14 55
3:1-5 95
3:6-9 30
3:6-15 95
3:16-17 95-96

디모데전서
디모데전서 36
1:1-2 110
1:3 41
1:3-11 110

1:5 226
1:10 236, 238
1:11 126
1:12-17 110
1:15 110
1:16 27, 187
1:18-20 110
2장 64
2:1-7 110
2:5 247
2:6 122, 155, 161, 163
2:7 27
2:8-15 110
2:11-15 241
3:1 110
3:1-13 110
3:14-15 110
3:16 110
4:1-5 110
4:6-16 110
4:8 187
4:9 110
4:12 226
5:1-6:2 111
6:3-10 111
6:11-16 111
6:12 187
6:14 110, 183
6:17-21 111

디모데후서
디모데후서 36
1:1 187

1:1-2 111
1:3-7 111
1:8 40
1:8-14 111
1:10 110, 183
1:12 11, 40
1:15-18 111
1:18 183
2:1-7 111
2:8 29, 125-129
2:8-13 111
2:9 40
2:11 110
2:14-26 111
3:1-9 111
3:10-13 111
3:14-17 111
4:1 110, 127, 183
4:1-5 111
4:6 186
4:6-8 112
4:8 183
4:9-18 112
4:13 41
4:19-22 112
4:20 41

디도서
디도서 36
1:1-4 112
1:2 187
1:5 46
1:5-9 112

1:10-16 *112*
2:1-10 *112*
2:11-15 *112*
2:13 *55, 110, 183*
2:14 *161, 163*
3:1-8 *112*
3:5-6 *167*
3:7 *187*
3:8 *110*
3:9-11 *112*
3:12-15 *112*

빌레몬서
1 *242*

1-3 *103*
4-7 *103*
8-11 *103*
10 *37*
12-16 *103*
17-21 *103*
22 *103*
23-25 *103*
24 *242*

히브리서
2:14-15 *255*
9:5 *153*

야고보서
2:8 *228-229*

베드로전서
2:21-24 *221*

요한계시록
1:5 *126*
20:1-10 *184*
22:20 *51*

고대문헌 찾아보기

《외경》

마카베오상
2.24-26 *51*
2.52 *71*
2.50 *52*
2.58 *53*
6.44 *151*

마카베오하
7.33 *159*
7.37-38 *151*

마카베오4서
마카베오4서 *150*
1.16-17 *56*
6.28-29 *150*

바룩
3.29-4.1 *56*

집회서
24.1-23 *56*
44.20 *70*

《위경》

『바룩2서』
29 *185*
54.15 *66*

『성서고대사』(위-필로)
6.3-18 *70*
18.5 *151*

『솔로몬의 시편』
11 *119*

『시빌 신탁』
3.194-195 *80*

『아담과 이브의 생애』
   3.1 *151*

『아브라함의 묵시』
   4.3-6.19 *70*

『에스라4서』
   7 *185*
   7.118 *66*

『희년서』
   11.16 *70*
   12.1-8 *70*

〈12족장의 유언〉
『레위의 유언』
   14.4 *80*

『모세의 유언』
   9.6-10.1 *151*

『베냐민의 유언』
   3.8 *151*

《유대 문헌》

『아브라함에 관하여』(필로)
   135 *239*
   172 *152*

『아피온 반박문』(요세푸스)
   2.291-295 *80*

『유대고대사』(요세푸스)
   3.315 *158*
   11.131-133 *28*
   18.34 *28*
   18.311-313 *28*
   18.379 *28*

『유대전쟁사』(요세푸스)
   4.618 *133*
   4.656-657 *133*
   5.129 *159*

《랍비 문헌》

『바빌로니아 탈무드』 "안식일편"
   31a *229*

『시프라』
   19.18 *229*

『창세기 랍바』
   14.6 *71*

《사해사본》

『공동체 규율서』
   8.3-4 *151*

『메시아 묵시록』
   2.8-14 *119*

『아자리야의 기도』
3.38-40 *151*

『욥기 타르굼』
38.2-3.99 *151*

《교부 문헌》

『열두 사도의 가르침』
10.6 *51*

『클레멘스1서』
5:5-7 *41*

『폴리카르푸스의 순교』
8.2 *136-137*

《그 밖의 초기 기독교 문헌》

"고린도3서" *42*

『교회사』(에우세비우스)
2.25.5-8 *42*

"바울의 순교" *42*

"바울과 테클라 행전" *42*

『바울행전』
11.2 *137*

『켈수스 반박문』(오리게네스)
5.41 *200*

《나그함마디 문서》

『진리의 복음서』
19-21 *228*

《그리스-로마 문헌》

『니코마코스 윤리학』(아리스토텔레스)
7.5.3-5 *240*

『로마사』(리비우스)
8.9.10 *150*

『목가』(베르길리우스)
1.6-8 *131*

『법률』(플라톤)
1.2 *239*

『역사』(타키투스)
5.5 *181*

『오데스』(호라티우스)
3.5 *131*

『옥시링쿠스 파피루스』
246 *133*

『클라우디우스 황제』(수에토니우스)
25.4 *47*

『투스쿨란 논쟁』(키케로)
4.22 *233*

『편지』(필로스트라투스)
64 *240*

『펠로피다스』(플루타르코스)
20-21 *150*

『향연』(플라톤)
178C-180B *238*

옮긴이 **백지윤**은 이화여대 의류직물학과를 졸업하고, 서울대 미술대학원에서 미술이론을, 리젠트 칼리지에서 기독교 문화학을 공부했다. 현재 캐나다 밴쿠버에서 살면서, 다차원적이고 통합적인 하나님 나라 이해, 종말론적 긴장, 창조와 재창조, 인간의 의미, 그리고 이 모든 주제에 대해 문화와 예술이 갖는 관계 등에 관심을 가지고 번역 일을 하고 있다. 역서로 『땅에서 부르는 하늘의 노래, 시편』 『신약의 모든 기도』 『십자가와 부활을 사는 일상 영웅』 『알라』(이상 IVP) 등이 있다.

손에 잡히는 바울

초판 발행_ 2016년 11월 7일

지은이_ 마이클 버드
옮긴이_ 백지윤
펴낸이_ 신현기

펴낸곳_ 한국기독학생회출판부
등록번호_ 제313-2001-198호(1978.6.1)
주소_ 04031 서울 마포구 동교로 156-10
대표 전화_ (02)337-2257 팩스_ (02)337-2258
영업 전화_ (02)338-2282 팩스_ 080-915-1515
홈페이지_ http://www.ivp.co.kr 이메일_ ivp@ivp.co.kr
ISBN 978-89-328-1466-7

ⓒ 한국기독학생회출판부 2016

책값은 뒤표지에 있습니다.
무단 전재와 복제를 금합니다.